# DIGITALE MEDIEN

## IN DER HOCHSCHULLEHRE

Eine Publikationsreihe des ELAN e.V.

herausgegeben vom

ELAN e.V.

Band 1

Markus Schmees, Janine Horn

# E-Assessments an Hochschulen:
# Ein Überblick

Szenarien.
Praxis.
E-Klausur-Recht.

Waxmann 2014
Münster • New York

**Bibliografische Informationen der Deutschen Nationalbibliothek**

Die Deutsche Nationalbibliothek verzeichnet diese Publikation in der
Deutschen Nationalbibliografie; detaillierte bibliografische Daten sind
im Internet über http://dnb.d-nb.de abrufbar.

**Digitale Medien in der Hochschullehre, Band 1**

ISSN 2199-7667
Print-ISBN 978-3-8309-3165-2

© Waxmann Verlag GmbH, Münster 2014
Steinfurter Str. 555, 48159 Münster

www.waxmann.com
info@waxmann.com

Umschlaggestaltung: Steffen Ottow, Clausthal-Zellerfeld
Titelbild: © Adam Gregor – Fotolia.com
Druck: Hubert und Co., Göttingen
Gedruckt auf alterungsbeständigem Papier, säurefrei gemäß ISO 9706

Printed in Germany

# Grußwort

Im Jahr 2008 wurde der ELAN e.V. von einer Reihe Niedersächsischer Hochschulen mit dem Ziel gegründet, als Impulsgeber zur stetigen Qualitätsverbesserung der medienbasierten Lehre zu wirken und die Kooperation der Mitgliedshochschulen in den Bereichen standortübergreifende und E-Learning gestützte Lehre zu stärken. Damit wurde die über sieben Jahre andauernde und sehr erfolgreiche Projektförderung des Niedersächsischen Ministeriums für Wissenschaft und Kultur im Bereich E-Learning durch die Mitgliedshochschulen verstetigt und die damals aufgebauten Strukturen konnten erhalten und ausgebaut werden.

Der ELAN e.V. setzt sich aktuell aus 11 Mitgliedshochschulen mit über 86.000 Studierenden sowie einer assoziierten Volkshochschule zusammen. In zahlreichen Projekten und mit unterschiedlichen Kooperationspartnern agiert er auch über die niedersächsische Landesgrenze hinaus. Die vielfältigen Aktivitäten des ELAN e.V. können im Netz unter `http://www.elan-niedersachsen.de` nachgelesen werden.

Der ELAN e.V. hat bereits vieles hervorgebracht, nun ist er um ein Buch zweier langjähriger Mitarbeiter/innen, Herr Schmees und Frau Horn, reicher. Es widmet sich dem wichtigen Thema „E-Assessments an Hochschulen" und gibt einen aktuellen und umfassenden Überblick über die Einsatzmöglichkeiten elektronischer Assessment-Verfahren in Studium und Lehre bis hin zu den rechtlichen Rahmenbedingungen elektronischer Klausuren. Es ist ein höchst hilfreicher Ratgeber entstanden, nicht nur für Lehrende, die den Einsatz solcher Verfahren planen, sondern auch für Studiendekane und -dekaninnen, CIOs und Präsidiumsmitglieder, in deren Verantwortungsbereich Studium und Lehre liegen. Mit diesem Buch wurde eine Lücke geschlossen, die viele von dem Einsatz dieser Verfahren abgehalten haben dürfte. Ich danke den Autor/inn/en für dieses Buch und wünsche ihm viel Erfolg.

Prof. Dr.-Ing. Claus Rollinger
Vorstandsvorsitzender des ELAN e.V.

# Inhalt


**1  Hochschulen und digitale Medien**      **11**

**2  Elektronische Assessments**      **15**
2.1  Lernziele und Lernerfolg . . . . . . . . . . . . . . . . . . . . . 15
2.2  Prüfen und Lernprozess . . . . . . . . . . . . . . . . . . . . . 17
2.3  Einsatz von Technologien . . . . . . . . . . . . . . . . . . . . 19
2.4  Bezug zum Leistungsstand . . . . . . . . . . . . . . . . . . . 20
2.5  Typische Charakteristika . . . . . . . . . . . . . . . . . . . . 22

**3  Einsatz an Hochschulen**      **27**
3.1  Beratende Assessments . . . . . . . . . . . . . . . . . . . . . 29
    3.1.1  Studienorientierung . . . . . . . . . . . . . . . . . . 29
    3.1.2  Studienberatung . . . . . . . . . . . . . . . . . . . . 32
3.2  Diagnostische Assessments . . . . . . . . . . . . . . . . . . . 34
    3.2.1  Studierfähigkeitstests . . . . . . . . . . . . . . . . . 34
    3.2.2  Auswahltests . . . . . . . . . . . . . . . . . . . . . . 35
    3.2.3  Zulassungstests . . . . . . . . . . . . . . . . . . . . 37
    3.2.4  Einstufungstests . . . . . . . . . . . . . . . . . . . . 38
3.3  Formative Assessments . . . . . . . . . . . . . . . . . . . . . 40
    3.3.1  Veranstaltungsvorbereitung . . . . . . . . . . . . . . 41
    3.3.2  Audience Response im Hörsaal . . . . . . . . . . . . 43
    3.3.3  Nachbereitung und E-Übungen . . . . . . . . . . . . 49
    3.3.4  Gemeinsames Lernen fördern . . . . . . . . . . . . . 52
    3.3.5  Codeanalyse bei Programmierübungen . . . . . . . . 54
    3.3.6  Motivierende Quizzes zur Wiederholung . . . . . . . 56
    3.3.7  Zwischentests in Selbstlernphasen . . . . . . . . . . 58
    3.3.8  Gewissheit prüfen . . . . . . . . . . . . . . . . . . . 59
3.4  Summative Assessments . . . . . . . . . . . . . . . . . . . . 60
    3.4.1  Vorher-/Nachher-Messungen . . . . . . . . . . . . . 61
    3.4.2  Elektronische Klausuren . . . . . . . . . . . . . . . 62
    3.4.3  Scan-Klausuren für Massenprüfungen . . . . . . . . 66
    3.4.4  Video-Distanzprüfungen . . . . . . . . . . . . . . . 71

3.4.5 Elektronische Werkzeuge in Praxistests . . . . . . . . . . 73

3.5 Qualitätssichernde Assessments . . . . . . . . . . . . . . . . 75

 3.5.1 Elektronische Progresstests. . . . . . . . . . . . . . 75

 3.5.2 Hilfe bei der Plagiaterkennung . . . . . . . . . . . . . 77

 3.5.3 Exam Retake zur Wiederholung . . . . . . . . . . . . 80

 3.5.4 Elektronische Lehrevaluationen . . . . . . . . . . . 82

 3.5.5 E-Prüfungsvorbereitung . . . . . . . . . . . . . . . . 85

## 4 E-Assessments in der Praxis  87

4.1 Didaktische Entscheidungen . . . . . . . . . . . . . . . . . . 88

 4.1.1 Zweck identifizieren . . . . . . . . . . . . . . . . . . . 88

 4.1.2 Lernziele bestimmen . . . . . . . . . . . . . . . . . . 89

 4.1.3 Aufgabentypen auswählen . . . . . . . . . . . . . . . 89

 4.1.4 Einsatzszenario auswählen . . . . . . . . . . . . . . 90

 4.1.5 Assessment-Typ festlegen . . . . . . . . . . . . . . . 90

 4.1.6 Aufgaben erstellen . . . . . . . . . . . . . . . . . . . 91

4.2 Technische Systeme. . . . . . . . . . . . . . . . . . . . . . . . 92

 4.2.1 Softwareübersicht . . . . . . . . . . . . . . . . . . . 92

 4.2.2 Funktionsumfang ausgewählter Systeme . . . . . . . . . . 94

 4.2.3 Zuverlässigkeit . . . . . . . . . . . . . . . . . . . . 96

 4.2.4 Überlegungen zur Sicherheit . . . . . . . . . . . . . 98

 4.2.5 Anbindung an Hochschulsysteme . . . . . . . . . . . . 102

4.3 Organisation der Abläufe . . . . . . . . . . . . . . . . . . . 105

 4.3.1 Aktivitäten im Assessment-Prozess . . . . . . . . . . 106

 4.3.2 Prozessbeispiele . . . . . . . . . . . . . . . . . . . 111

4.4 Qualitätssicherung . . . . . . . . . . . . . . . . . . . . . . 114

 4.4.1 Gütekriterien . . . . . . . . . . . . . . . . . . . . . 114

 4.4.2 Item-Analyse . . . . . . . . . . . . . . . . . . . . . 116

4.5 Aufgaben . . . . . . . . . . . . . . . . . . . . . . . . . . . . 117

 4.5.1 Geschlossene Aufgaben . . . . . . . . . . . . . . . . 117

 4.5.2 Offene Aufgaben . . . . . . . . . . . . . . . . . . . . 123

 4.5.3 Sonstige Aufgaben . . . . . . . . . . . . . . . . . . . 126

 4.5.4 Aufgabenerstellung . . . . . . . . . . . . . . . . . . 128

 4.5.5 Bearbeiten von MC-Aufgaben . . . . . . . . . . . . . 131

4.6 Checklisten . . . . . . . . . . . . . . . . . . . . . . . . . . . 137

 4.6.1 Allgemeine Vorüberlegungen . . . . . . . . . . . . . . 137

 4.6.2 Vorbereitung von Technologien . . . . . . . . . . . . 138

 4.6.3 Räume und Aufsichten . . . . . . . . . . . . . . . . . 139

 4.6.4 Vorbereitung der Aufgaben . . . . . . . . . . . . . . 139

**5 Einführung an Hochschulen**     **141**
  5.1  Strukturierter Ansatz . . . . . . . . . . . . . . . . . . . . 141
      5.1.1  Ansprechpartner/innen vor Ort . . . . . . . . . . 142
      5.1.2  Hochschulübergreifende Begleitung . . . . . . . . 143
      5.1.3  Expert/inn/ennetzwerk im Hintergrund . . . . . . 144
  5.2  Phasenweise Begleitung . . . . . . . . . . . . . . . . . 144
      5.2.1  Bestandsaufnahme und Heranführung . . . . . . . 145
      5.2.2  Einführung und Verstetigung . . . . . . . . . . . 146
      5.2.3  Ausbau und Kooperation . . . . . . . . . . . . . 147
      5.2.4  Flankierende Maßnahmen . . . . . . . . . . . . . 148
  5.3  Einführungsunterstützung . . . . . . . . . . . . . . . . 148
      5.3.1  Changemanagement . . . . . . . . . . . . . . . . 149
      5.3.2  Projektbeispiele . . . . . . . . . . . . . . . . . . 150
  5.4  Hochschulentwicklung . . . . . . . . . . . . . . . . . 152

**6 Rechtliche Aspekte bei E-Klausuren**     **155**
  6.1  Vorbereitung . . . . . . . . . . . . . . . . . . . . . . 156
      6.1.1  Ausgestaltung der Prüfungsordnung . . . . . . . . 156
      6.1.2  Gleichwertigkeit von Prüfungsformen . . . . . . . 160
      6.1.3  Aufgabenerstellung . . . . . . . . . . . . . . . . 161
      6.1.4  Elektronische Kommunikation . . . . . . . . . . . 165
      6.1.5  Zulassung zur Prüfung . . . . . . . . . . . . . . 169
      6.1.6  An- und Abmeldung . . . . . . . . . . . . . . . . 170
  6.2  Durchführung . . . . . . . . . . . . . . . . . . . . . . 174
      6.2.1  Chancengleichheit . . . . . . . . . . . . . . . . . 174
      6.2.2  Zuordnung der Prüfungsleistung . . . . . . . . . 175
      6.2.3  Informations- und Protokollierungspflicht . . . . . 177
      6.2.4  Überwachung der Prüflinge . . . . . . . . . . . . 178
      6.2.5  Beauftragung eines Datenverarbeitungsunternehmens . . . 183
      6.2.6  Störungen . . . . . . . . . . . . . . . . . . . . . 184
      6.2.7  Bewertung . . . . . . . . . . . . . . . . . . . . . 185
  6.3  Abschluss . . . . . . . . . . . . . . . . . . . . . . . 192
      6.3.1  Bekanntgabe der Bewertung . . . . . . . . . . . 193
      6.3.2  Einsichtsrecht . . . . . . . . . . . . . . . . . . . 194
      6.3.3  Archivierung . . . . . . . . . . . . . . . . . . . 195
      6.3.4  Speicherung von Aufgaben (Hosting) . . . . . . . 196
  6.4  Checklisten . . . . . . . . . . . . . . . . . . . . . . 197

**7 Zusammenfassung**     **199**
  7.1  Mehrwerte und Herausforderungen . . . . . . . . . . . 201

7.2   Entwicklung der Hochschullehre . . . . . . . . . . . . . . . . . . 203

**Abbildungen**      **205**

**Tabellen**      **207**

**Literatur**      **209**

**Index**      **219**

# 1 Hochschulen und digitale Medien

Die klassische Hochschule verändert sich durch die Verbreitung digitaler Medien zunehmend zum E-Campus: Verwaltungen setzen z. B. Identity Management oder Prüfungsverwaltungssysteme ein, um Abläufe effizienter zu gestalten. Statt Briefe zu schreiben, kommunizieren Studierende per E-Mail mit den Lehrenden. Sie melden sich online zu Prüfungen an, statt Antragsformulare direkt im Prüfungsamt abzugeben – das können sie sogar außerhalb der Öffnungszeiten tun. Lehrende erstellen Multimedia-Präsentationen für Vorlesungen, statt an die Tafel zu schreiben. Und sogar bei der Organisation von Lehrveranstaltungen helfen Technologien: Studierende nutzen Folien und Skripte zur Vorbereitung, die sie in Lernmanagementsystemen finden. Treten beim Durcharbeiten Unklarheiten oder Unstimmigkeiten auf, können sie diese direkt in einer zugehörigen Veranstaltung klären, statt erst zu einem späteren Zeitpunkt darauf zurückkommen zu müssen.

Gleichzeitig sind Hochschulen mit neuen Herausforderungen konfrontiert: Aufgrund des Wegfalls der Wehrpflicht und durch doppelte Abiturjahrgänge erhöhen sich die Studierendenzahlen. Dadurch erscheint eine individuelle Betreuung Studierender mit permanenten Rückmeldungen zu ihrem Lernfortschritt kaum machbar; dies gilt insbesondere für Massenveranstaltungen. Darüber hinaus fallen aufgrund der Bologna-Reform mehr Prüfungen als bisher an. Die Idee liegt nahe, Informations- und Kommunikationstechnologien (IKT) einzusetzen, um diesen Herausforderungen zu begegnen. Denn Automatisierungseffekte versprechen z. B. eine Verringerung von Arbeitsaufwand und Korrekturzeit, aber auch zeitnahes, individuelles Feedback: Studierende können u. a. selbst tätig werden und ohne weiteren Zusatzaufwand für die Lehrenden ihre eigene Lernleistung besser einschätzen. Dadurch können sie schneller als bisher auf dieses Ergebnis reagieren und z. B. Themen wiederholen, bei denen sie noch Nachholbedarf sehen.

Lehrende haben zumeist ganz eigene Vorstellungen davon, wie sie eine elektronische Leistungsmessung (E-Assessment) am besten in ihre Lehrveranstaltungen integrieren können. Hinzu kommt, dass jede Hochschule individuelle Anforderungen an den Einsatz von Technologien stellt: Diese gehen aus ihrer Entwicklung, der Kreativität ihrer Lehrenden, verschiedenen Fachkulturen, bereits eingesetzten Systemen sowie bereits gewonnenen Erfahrungen hervor. Diesen Anforderungen gegenüber steht eine nahezu undurchschaubare Menge an Ideen, Einsatzmöglich-keiten und Technologien – aber auch Risiken. Im Rahmen einer Einführung von E-Assessments sind Hochschulen daher mit vielen Fragen konfrontiert: Welche Vor- und Nachteile bringen sie mit sich? Wie müssen sie gestaltet sein? Welche Einsatzmöglichkeiten gibt es dafür überhaupt? Welche Technologien stehen zur Verfügung – und sind diese zuverlässig? Gibt es Erfahrungen, auf die sich auf-bauen lässt? Wie sind Abläufe zu organisieren und ist vielleicht rechtlich etwas zu beachten?

Darüber hinaus hat jede Hochschule – bezogen auf ihre Beschäftigung mit E-Assessments – einen unterschiedlichen Entwicklungsstand: Einige führen be-reits elektronische Klausuren durch und haben dazu Testcenter aufgebaut, an-dere beziehen zu diesem Zweck externe Dienstleister ein. Wieder andere set-zen auf elektronische Übungsaufgaben oder statten Hörsäle mit Feedbacksys-temen aus, um Studierende innerhalb von Veranstaltungen besser einbeziehen zu können. Noch andere haben bisher kaum über das Thema nachgedacht. Um die aufgeworfenen Fragen zu beantworten und Orientierung rund um das The-ma „E-Assessments" zu geben, hat der ELAN e.V. eine Informationssammlung[1] (E-Assessment-Wiki) aufgebaut und öffentlich bereitgestellt. Diese umfasst als Wissensbasis zahlreiche Erfahrungen, die an verschiedenen Hochschulen (insbe-sondere in Niedersachsen) und im Rahmen von Einführungsprojekten gesammelt wurden. Ein zuständiger ELAN-Kompetenzbereich pflegt und aktualisiert die In-halte kontinuierlich, und zwar unabhängig von einer zeitlich begrenzten Projekt-förderung.

Das hier vorliegende Buch fasst die wesentlichen Informationen aus diesem Wi-ki zusammen. Es adressiert Hochschulen und Lehrende, die sich für das Thema interessieren, und bietet ihnen einen zusätzlichen Informationskanal. Ziel des Bu-ches ist es, einen möglichst breiten Überblick über das Thema zu geben und die Vielzahl zugehöriger Unterthemen zumindest kurz anzusprechen – immer unter der Berücksichtigung, dass ein solcher Überblick niemals absolut vollständig sein kann. Entsprechend versteht sich dieses Buch als Praxisbericht, der die Erfahrun-gen verschiedener Standorte zusammenstellt, um Hochschulangehörigen dadurch Ideen zu liefern, wie sie ihre Lehre mit E-Assessments anreichern können.

Dieses Buch will Anregungen für den Einsatz von E-Assessments geben und in vielfältigen Beispielen Möglichkeiten aufzeigen, wie Technologien Hochschul-lehre bereichern können, um dadurch im besten Fall ihre Qualität zu steigern. Ka-pitel 2 beschreibt dafür zunächst die zentralen Aspekte elektronischer Leistungs-messung. Es stellt die Ziele einer Prüfung im Allgemeinen vor und geht auf ihre

---

1 http://ea.elan-ev.de

Stellung im Lernprozess ein. Daraus leiten sich verschiedene Einsatzmöglichkeiten an Hochschulen ab, sowohl rund um Lehrveranstaltungen als auch schon vor Studienbeginn. Mit diesen Szenarien beschäftigt sich Kapitel 3. Es führt Möglichkeiten auf, wie E-Assessments die Hochschullehre erweitern und Lernende vorm und im Studium begleiten können. Die beschriebenen Szenarien sind dabei jeweils in gleicher Weise aufgebaut: Einer Beschreibung folgen mögliche Ziele sowie Punkte, die bei der Organisation zu beachten sind; dann folgen Beispiele für technische Systeme sowie Beispiele für bereits praktizierte Einsätze. Eine abschließende Bewertung führt sowohl Vor- als auch Nachteile auf und nennt Anknüpfungspunkte zu weiteren Szenarien.[2]

Kapitel 4 geht einen Schritt weiter und beleuchtet die Praxis elektronischer Assessments. Es nennt notwendige Einsatzvoraussetzungen und geht auf die Qualität von Aufgaben ein. Zudem beantwortet es die Frage, welche Aufgabentypen zur Überprüfung welcher Lernziele geeignet sind. Am Beispiel von Mehrfachauswahlaufgaben (Multiple-Choice-Aufgaben) reißt es das Vorgehen bei der Erstellung von Aufgabenstamm und Antwortoptionen an. Ein weiteres Thema ist die Einführung von E-Assessments an Hochschulen. Kapitel 5 zeigt dafür am Beispiel verschiedener Projekte erfolgversprechende Ansätze. Es nennt Informationsquellen, aus denen Lehrende Anregungen gewinnen können, und geht auf die Hochschulentwicklung näher ein.

Elektronische Klausuren (E-Klausuren, engl. e-exams) sind ein Spezialfall der E-Assessments. Bei ihnen ist insbesondere Rechtssicherheit ein wichtiges Thema; Kapitel 6 betrachtet zu diesem Zweck zugehörige Rechtsfragen. Es behandelt Aspekte zu Prüfungs-, Verwaltungs- und Datenschutzrecht, beschreibt die Anpassung von Prüfungsordnungen und zeigt passende Musterordnungen auf. Schließlich fasst Kapitel 7 wesentliche Aspekte des Themas noch einmal zusammen: Es nennt Mehrwerte, hinterfragt aber auch Nachteile, die der Einsatz von E-Assessments mit sich bringen kann. Zudem beginnt es eine Diskussion darum, was Hochschulen leisten können bzw. sollen und wie die Zukunft der Hochschullehre unter Beteiligung von Technologien aussehen kann.

---

2 Die Formulierenden haben sich zudem bemüht, geschlechtergerechte Ausdrücke zu verwenden, z. B. Prüfende, Prüflinge, Lehrende, Studierende usw. Zur leichteren Eingabe wurden lange Internetadressen durch URL-Shortener abgekürzt. Ihre Verfügbarkeit wurde kurz vor Veröffentlichung überprüft, entsprechend wurde auf ein „abgerufen am" an jedem Link verzichtet.

# 2 Elektronische Assessments

Eine Prüfung (engl. assessment) misst Wissen, Kompetenzen und/oder Fertigkeiten von Prüflingen. Sie ermittelt deren Ausprägung zum Prüfungszeitpunkt und erlaubt somit Rückschlüsse auf ein bereits erzieltes Lernergebnis. Auf diese Weise helfen Prüfungen dabei, das Erreichen von Lernzielen einzuschätzen. Die Psychologie kennt solche Messungen als „Assessments": Diese sind ein Ansatz, um Merkmale einer Person zu erfassen und darauf aufbauend eine Entscheidung zu treffen, siehe dazu z. B. [ASA06]. Sowohl Endergebnis als auch Lösungsweg können ausgewertet und zur Bestimmung der Merkmalsausprägung verwendet werden. An Hochschulen ist der Begriff „Prüfung" jedoch häufig bedeutungsgleich mit einer (abschließenden und zumeist benoteten) Leistungsbeurteilung, wie er z. B. in Prüfungsamt, Prüfungsordnung usw. vorkommt. Daher soll im Folgenden von Assessments[1] statt von Prüfungen die Rede sein, um Missverständnisse zu vermeiden und noch einmal den messenden Charakter einer solchen Untersuchung zu unterstreichen. Bei einem elektronischen Assessment (E-Assessment) sind Informations- und Kommunikationstechnologien an Vorbereitung, Durchführung und/oder Auswertung einer solchen Messung beteiligt.

Der folgende Abschnitt 2.1 geht zunächst auf Lernziele und ihre Besonderheiten ein. Abhängig vom Bezug zum Lernprozess sind verschiedene Assessment-Typen unterscheidbar; Abschnitt 2.2 stellt diese und ihren Zweck vor. Mit dem „E" der E-Assessments und den Möglichkeiten, die aus einer Beteiligung von Technologien resultieren, beschäftigt sich Abschnitt 2.3. Abschnitt 2.4 verknüpft danach den Einsatz von E-Assessments mit dem Leistungsstand von Prüflingen sowie der bestehenden Praxisnähe. Schließlich fasst Abschnitt 2.5 die Charakteristika von E-Assessments zusammen und geht näher auf ihr Potential ein.

## 2.1 Lernziele und Lernerfolg

Ein Lernziel ist die Erwartung an ein Lernergebnis, das Lernende in einer bestimmten Lerneinheit oder einem Lernabschnitt erreichen sollen. Der Lernerfolg

---

1 „E-Prüfung" ist zudem gleichbedeutend mit dem englischen „e-assessment".

gibt an, zu welchem Grad dieses Lernergebnis mit den ursprünglichen Lernzielen übereinstimmt. Um sie besser bestimmen zu können, unterscheidet [Blo76] verschiedene Klassen von Lernzielen, nämlich kognitive, affektive und psychomotorische. Diese sind in der folgenden Tabelle 2.1 dargestellt.

| *Kognitiv* | *Affektiv* | *Psychomotorisch* |
| --- | --- | --- |
| Wissen | Aufmerksamwerden | Imitation |
| Verstehen | Beachten | Manipulation |
| Anwenden | Reagieren | Präzision |
| Analyse | Werten | Handlungsgliederung |
| Synthese | Wertesystem aufbauen | Naturalisierung |
| Evaluation | Erfüllung durch Werte | |

Tabelle 2.1: Lernzieltaxonomie i. A. a. Bloom

Ein Assessment ist ein Instrument, um das aktuelle Lernergebnis zu messen. Dieses Messergebnis ist wiederum Voraussetzung, um Aussagen über den Lernerfolg und damit das Erreichen von Lernzielen machen zu können. Um sicherzustellen, dass auch das Richtige gemessen wird, d. h. dass ein Assessment „valide"[2] ist, muss es eng mit den zu untersuchenden Lernzielen verknüpft sein. Diese stellen damit die wesentliche Grundlage für sämtliche Assessments dar. Aus didaktischer Sicht soll ein Assessment also feststellen, ob oder wie stark ein Lernziel (bisher schon) erreicht wurde. Voraussetzung ist, dass dieses vorab identifiziert wurde. Dafür und zur besseren Einordnung haben [AKA+01] das Modell von Bloom erweitert und eine eigene Taxonomie beschrieben. Diese bezieht neben den Wissensdimensionen auch Schritte des kognitiven Prozesses ein. Die auf der nächsten Seite folgende Abb. 2.1 zeigt eine beispielhafte Ausprägung dieses Modells nach [Hee12]. Darin angegebene Beispiele für Lernziele bestehen jeweils aus Verb und Objekt, wobei das Verb den kognitiven Prozess und das Objekt das zu konstruierende bzw. zu erlernende Wissen beschreibt. Eine weitere Beschreibung von Taxonomien mit Einsatzideen für den Unterricht gibt z. B. [Bau11].

Assessments bestehen i. d. R. aus mehreren Aufgaben, sog. „Items" (auch „Prüfungsitems" genannt). Diese beziehen sich jeweils auf individuelle Lernziele, so dass ein Assessment mit mehreren Aufgaben das Erreichen verschiedener Lernziele untersuchen kann. Sind Lernziele im Voraus spezifiziert, fällt es leichter, dazu passende Aufgaben zu erstellen. Der folgende Abschnitt beschäftigt sich näher mit der Frage, wann solche Messungen im Lernprozess sinnvoll sind.

---

2 Siehe zur Validität von Aufgaben auch Abschnitt 4.4.1 ab S. 114.

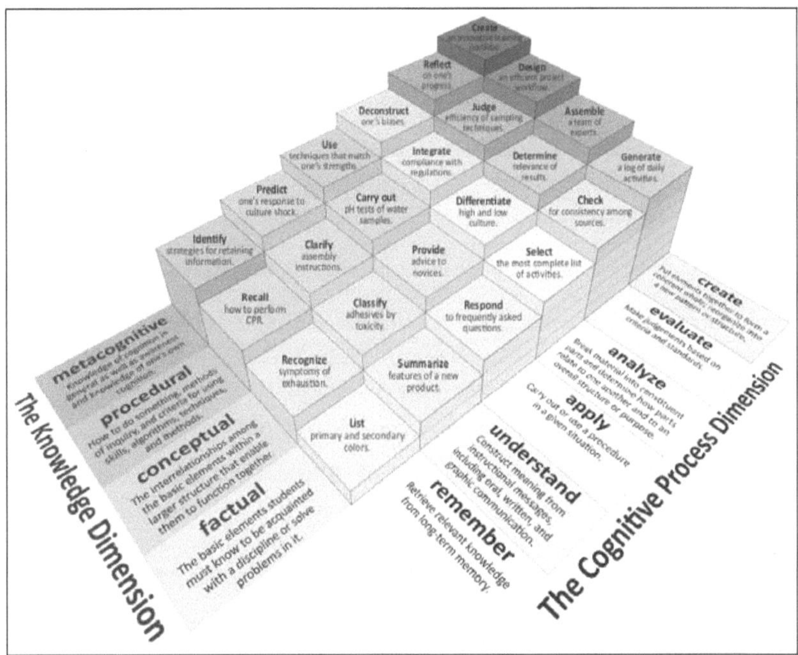


Abbildung 2.1: Ausprägung Taxonomiemodell (http://goo.gl/229GmS)

## 2.2 Prüfen und Lernprozess

Generell sind drei Zeitpunkte für ein Assessment zu unterscheiden: vor dem Lernprozess, mitten drin oder im Anschluss daran. Der Lernprozess selbst kann ein längerer Abschnitt sein, z. B. ein ganzes Semester, oder ein kurzer Moment, wie ein inhaltlich abgegrenzter Teil einer Veranstaltung. Die folgende Abb. 2.2 illustriert verschiedene Zeitpunkte, zu denen solche Messungen stattfinden können.

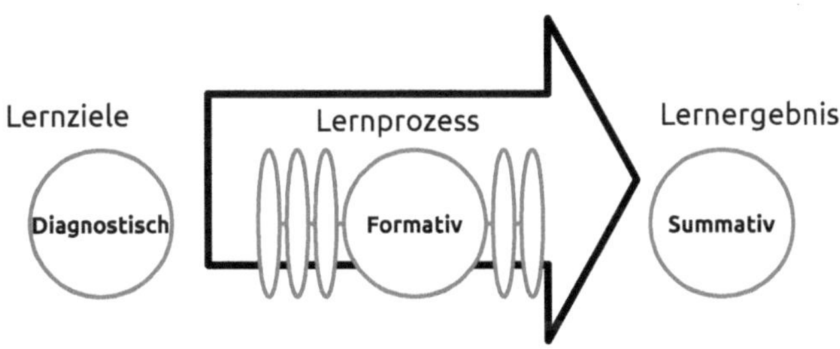


Abbildung 2.2: Messzeitpunkte bezogen auf den Lernprozess

Abhängig von ihrem Bezug zum Lernprozess können verschiedene Typen von Assessments unterschieden werden, nämlich diagnostische, formative und summative Assessments. Diese haben eine jeweils unterschiedliche Zielsetzung. Ihre Charakteristika sind nachfolgend aufgeführt.

- *Diagnostisches Assessment* findet i. d. R. vor dem Lernprozess statt und ermittelt den „Ist-Zustand" der Prüflinge. Lehrende erhalten dadurch einen Überblick über Stand und Vorkenntnisse ihrer Studierenden. Das kann ihnen dabei helfen, Lehre besser zu planen, Veranstaltungstypen oder Lehrmethoden auszuwählen, Gruppen ihren Vorstellungen entsprechend zusammenzustellen oder Lernwege vorzugeben. Verschiedene Szenarien diagnostischer E-Assessments beschreibt Abschnitt 3.2 ab S. 34.

- *Formatives Assessment* identifiziert im Lernprozess den bereits erzielten Stand. Es deckt als Zwischenmessung Probleme oder Nachholbedarf auf und hilft, den Lernprozess besser zu steuern. Lehrende identifizieren darüber den aktuellen Bedarf ihrer Studierenden und können auf dieser Basis die Lehre anpassen. Sie können ihre Lehre stärker auf die Lernenden ausrichten und dabei gleichzeitig ihr Zeitmanagement optimieren. Im Hochschulbereich begleiten formative Assessments die Lehrveranstaltungen vor allem in Form von Übungen oder Tutorien. Verschiedene Szenarien formativer E-Assessments beschreibt Abschnitt 3.3 ab S. 40.

- *Summatives Assessment* ermittelt im Anschluss an den Lernprozess den Lernerfolg und damit die Übereinstimmung von Lernzielen mit dem Lernergebnis. Solche Assessments finden sich z. B. als Klausur am Semesterende, als Zwischentest nach thematischen Einheiten oder als gestalterische Abschlussarbeit in den bildenden Künsten. Weil sie häufig benotet sind, beeinflussen sie den weiteren Studienverlauf: Nach mehrmaligem Scheitern kann ein Studium im schlimmsten Fall beendet sein. Darum sind i. d. R. hohe Anforderungen an ihre Rechtssicherheit gestellt. Verschiedene Szenarien summativer E-Assessments beschreibt Abschnitt 3.4 ab S. 60; auf die rechtlichen Aspekte geht im weiteren Verlauf Kapitel 6 ab S. 155 ein.

Auf einen Lernabschnitt folgt i. d. R. ein weiterer, daher ist es häufig sinnvoll, verschiedene Assessment-Typen miteinander zu kombinieren. Der folgende Abschnitt geht auf Besonderheiten ein, die aus dem Einsatz von Technologien bei solchen Assessments resultieren.

## 2.3 Einsatz von Technologien

Elektronisches Assessment findet unter Beteiligung von Informations- und Kommunikationstechnologien statt. Diese können dabei die Aufgabenstellung, Leistungserbringung oder Leistungsbeurteilung unterstützen; sie beziehen sich also auf die Vorbereitung, die Durchführung und/oder die Auswertung einer solchen Messung. Durch den Einsatz von Technologien entstehen im Wesentlichen zwei Vorteile: Auf der einen Seite erlauben sie eine (teil-)automatisierte Auswertung und damit effizientes Feedback. Lernende können dieses zur besseren Selbsteinschätzung nutzen, Lehrende damit Defizite aufdecken und gezielt nachbessern. Auf der anderen Seite können z. B. multimediale Elemente für mehr Praxisnähe bei der Durchführung sorgen, wobei realistischere Verhältnisse zu aussagekräftigeren Messungen beitragen. [SKS13] beschreiben weitere Vorteile einer Beteiligung von Technologien insbesondere in den folgenden Punkten:

- *Einfachere Distribution*: Die digitale Verbreitung und Verteilung von Aufgaben ist effizienter möglich, mit weniger Aufwand verbunden und verursacht weniger Kosten, als wenn z. B. Lehrende zunächst Kopien auf Papier anfertigten, diese dann in den Hörsaal transportierten und dort den Studierenden aushändigten.

- *Praxisnahe Lernziele*: Der Einsatz von Multimedia sorgt für mehr Praxisnähe bei der Messung. E-Assessments machen damit eine Überprüfung praxisnaher Lernziele in bestimmten Fällen überhaupt erst möglich, wenn z. B. gesprochene Wörter verstanden, Verhaltensauffälligkeiten in Videos erkannt oder Strukturen auf Röntgenbildern identifiziert werden sollen.

- *Erweiterte Aufgabentypen*: Einige Aufgabentypen sind mit Papier und Stift nur schwer realisierbar: Hierzu zählen z. B. stufenförmige oder adaptive Assessment-Verläufe, wo Prüflinge einmal abgeschlossene Bereiche nicht wieder bearbeiten dürfen oder sich der Schwierigkeitsgrad von Aufgaben automatisch anpasst. Dazu zählen aber auch Aufgaben, die eine Vielzahl verschiedener Auswahloptionen bieten (z. B. Long-Menu).

- *Freitextvorteile*: Studierende erstellen längere Texte und Ausarbeitungen lieber auf elektronische Weise, wie z. B. von [OSWL12] untersucht. Zudem sind elektronisch erfasste Texte für Prüfende leichter zu lesen, was in mehr Auswertungsobjektivität und -effizienz resultieren kann.

An einer Hochschule sind typischerweise verschiedene Prüfungsformen zu finden. [Rü09] ordnet diesen jeweils passende elektronische Gegenstücke zu. Die folgende Tabelle 2.2 fasst diese in Anlehnung an Rüdels Darstellung zusammen.

| Traditionelle Form | Elektronisch (gleich) |
|---|---|
| Protokolle | Electronic Submission |
| Seminararbeiten | |
| Schriftliche Prüfungen | E-Klausur |
| Mündliche Prüfungen | Adaptives Testing |
| Portfolios | E-Portfolio |
| Peer Assessment | Peer Assessment |
| Wissenschaftspraktische Tätigkeiten | Simulationen |
| Studientagebücher | Weblog |
| *Traditionelle Form* | *Elektronisch (ähnlich)* |
| Mündliche Mitarbeit | Online Diskussionsforum |
| | Online Voting System |
| Gruppenprüfungen | Wikis |
| Posterpräsentationen | Digital Storytelling |
| Referate | |

Tabelle 2.2: Traditionelle und E-Prüfungsformen i. A. a. Rüdel

Siehe dazu auch [Rü10]. Eine Darstellung und Diskussion der möglichen Vor- und Nachteile von E-Assessments folgt in Abschnitt 7.1 ab S. 201. Der folgende Abschnitt betrachtet, wie sich verschiedene E-Assessments auf jeweils unterschiedlichen Leistungsniveaus einsetzen lassen.

## 2.4 Bezug zum Leistungsstand

Am Beispiel der Ausbildung von Mediziner/inne/n identifiziert [Mil90] vier Leistungsniveaus (proficiency levels), die Studierende beim Aufbau von Fertigkeiten durchlaufen. Diese bauen aufeinander auf und repräsentieren – auf dem Weg von Anfänger/inne/n zu Expert/inn/en – den Grad ihrer Professionalisierung. Während die unteren Ebenen Theorie und Erkenntnisgewinn beschreiben, stehen die darüber liegenden Ebenen für deren praktische Umsetzung. Auf jeder dieser Ebenen sind E-Assessments einsetzbar, jedoch in jeweils unterschiedlicher Ausprägung. Die auf S. 21 folgende Abb. 2.3 illustriert die angesprochenen Ebenen mit jeweils zugehörigen und denkbaren E-Assessment-Formen.

- *Deklaratives Wissen (Knowledge)*: Die Grundlage ist zunächst das Wissen um Fakten und Konzepte. Ein Beispiel ist das Konzept „Rechts vor Links",

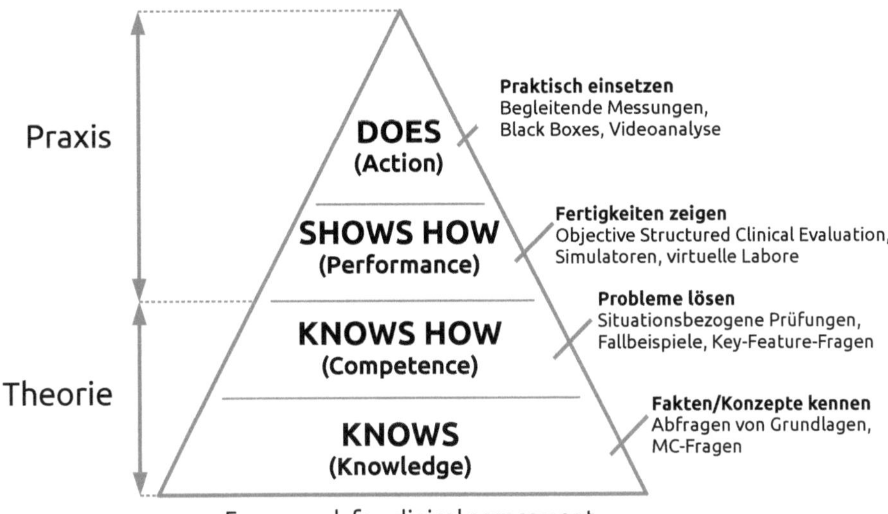


Abbildung 2.3: Professionalisierungebenen i. A. a. Miller

das die Fahrschule lehrt. Zur Überprüfung eines entsprechenden Verständnisses sind z. B. Multiple-Choice-Aufgaben geeignet.

- *Prozedurales Wissen (Competence)*: Darauf aufbauend können Lernende ihr Faktenwissen zur Problemlösung einsetzen. Zur Messung von Problemlösekompetenz sind z. B. situationsbezogene Prüfungen oder Fallbeispiele vorstellbar. Beispiel aus der Fahrschule ist die Darstellung einer typischen Verkehrssituation mit der Frage, wie sich der Prüfling verhalten soll.

- *Fertigkeiten (Performance)*: Die folgende Ebene umfasst praktische Fertigkeiten; sie verlässt den reinen Erkenntnisbereich und bezieht sich auf erlerntes Verhalten. Hier geht es darum, Handlungsweisen nicht nur zu beschreiben oder zu verstehen, sondern diese gezielt erbringen zu können. Möglichkeiten zur elektronischen Überprüfung bieten z. B. virtuelle Labore oder Simulatoren. Beispiel aus der Fahrschule wäre ein Fahrsimulator zur Erprobung der Fahrtüchtigkeit von Prüflingen.

- *Praxiseinsatz (Action)*: Als Experten und Expertinnen wenden Lernende schließlich Wissen, Problemlösekompetenz und Fertigkeiten in der Praxis an. Durch Beobachtung und Aufzeichnung kann ihr Verhalten bestimmt und analysiert werden. Beispiele dafür sind Fahrtenschreiber in Fahrzeugen oder Black-Boxen in Flugzeugen; Sporthochschulen analysieren z. B. Videos, um Optimierungspotential in Bewegungsabläufen aufzudecken.

Um möglichst valide Aussagen zu erhalten, sollte der Typ eines E-Assessments dem zu überprüfenden Leistungsniveau der Prüflinge entsprechen. Laut [Neu01] bergen z. B. reine Wissensprüfungen die Gefahr, dass Prüflingen aufgrund ihres Wissens (träges Wissen) fälschlicherweise Können zugeschrieben wird bzw. umgekehrt vermutet wird, dass wenn bestimmtes Wissen (implizites Wissen) fehlt, auch zugehöriges Können nicht vorhanden sein kann.

Abhängig davon, wie praxisorientiert eine Hochschule ausbildet, stehen den Lehrenden somit viele Möglichkeiten elektronischer Leistungsmessung zur Verfügung. Der folgende Abschnitt fasst die wesentlichen Charakteristika noch einmal zusammen.

## 2.5 Typische Charakteristika

Ein E-Assessment besteht aus unterschiedlichen Elementen und folgt verschiedenen Prinzipien. Lehrende können es, je nach Zielsetzung, so gestalten, dass es zu Veranstaltungstyp und Einsatzzweck passt. Die folgende Abb. 2.4 illustriert Charakteristika, die ein E-Assessment ausmachen; kurze Beschreibungen folgen.

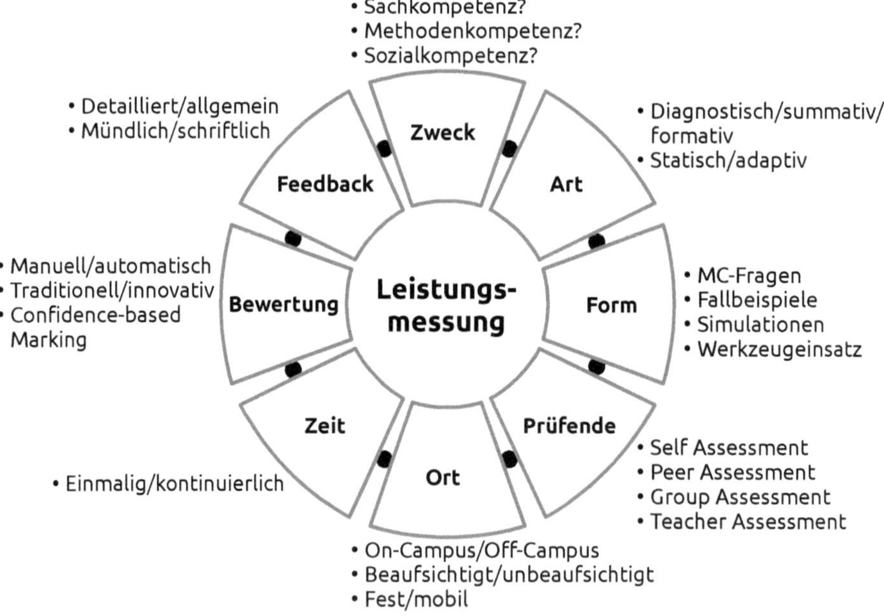


Abbildung 2.4: Charakteristika elektronischer Assessments

- *Zweck*: Ziel und Zweck prägen das Wesen von E-Assessments maßgeblich und werden insbesondere von den zu messenden Leistungen und Qualifikationen mitbestimmt. Geht es z. B. um Sachkompetenz, kann es reichen, Ergebnisse zu erfassen und auszuwerten. Bei Methodenkompetenz ist hingegen der Lösungsweg wichtig, während bei Sozial- oder Selbstkompetenz das Verhalten der Prüflinge im Vordergrund steht.

- *Art*: Je nach Bezug zum Lernprozess sind verschiedene Messungen durchführbar: Diagnostische Assessments identifizieren den Stand der Prüflinge vorab, um Lehre besser planen zu können. Formative Assessments helfen, den Lernprozess in eine passende Richtung zu lenken, während summative Assessments das Lernergebnis im Anschluss feststellen. Statische Assessments geben eine Schablone vor, in die sich Prüflinge mit ihren Leistungen einordnen, während sich adaptive Assessments in Schwierigkeitsgrad und Themen anpassen, um Leistungen individuell einzugrenzen.

- *Form*: Die Form eines E-Assessments richtet sich nach den zu überprüfenden Lernzielen sowie dem jeweiligen Leistungsniveau: Auf Ebene der Fakten und Konzepte ist deklaratives Wissen zu bestimmen, z. B. mit Mehrfachauswahlaufgaben. Um die Problemlösefähigkeiten der Prüflinge zu testen, bieten sich situationsbezogene Prüfungen oder Fallbeispiele an. Sollen sie hingegen praktische Fertigkeiten zeigen, können sie dies z. B. in Simulatoren oder virtuellen Laboren tun. Schließlich helfen begleitende Messungen, z. B. als Black-Box, bei der Analyse alltäglicher Abläufe.

- *Prüfende*: Technologien vereinfachen das Einbeziehen Dritter in die Leistungsbeurteilung. Bei klassischen E-Assessments geben Lehrende (Teacher Assessment) korrekte Antworten vor oder werten Eingaben manuell aus. Sollen sich Prüflinge selbst einschätzen (Self Assessment), wie z. B. bei Lernfortschrittskontrollen im E-Learning üblich, ist zusätzliches Feedback im Sinne von Lösungswegen oder weiterführenden Hinweisen nötig. Eine Auswertung durch andere Prüflinge (Peer oder Group Assessment) setzt zudem Kriterienkataloge voraus, an denen sich diese zur Bewertung orientieren können. Laut [Bog10] verschmelzen sie dadurch stärker mit dem Lernprozess, was sich wiederum positiv auf ihren Lernerfolg auswirkt.

- *Ort*: Ein E-Assessment auf dem Campus, z. B. als Teil einer Veranstaltung oder Übung, ist i. d. R. anders gestaltet als eins, das zu Hause durchgeführt werden kann. Zudem ist von Bedeutung, ob es beaufsichtigt sein muss, weil z. B. Täuschungen erschwert werden sollen. Feste Prüfungsorte setzen vorinstallierte Arbeitsplätze voraus, z. B. ein Testcenter, wie es die Uni Bremen einsetzt. Bei mobilen Assessments kann man z. B. einen Hörsaal mit Tablet-

PCs oder Clickern ausstatten, mit denen die Teilnehmenden ihre Eingaben vornehmen – oder direkt ihre Smartphones verwenden.

- *Zeit*: Diagnostische und summative E-Assessments finden i. d. R. einmal pro Lernabschnitt statt, während formative E-Assessments den Lernprozess – auch über mehrere Abschnitte hinweg – kontinuierlich begleiten. Summative E-Assessments dauern häufig länger, da sie Stoff des gesamten Lernprozesses umfassen, während Tests zur Wiederholung auch kürzer sein können, da sie sich meist nur auf Inhalte eines vorangegangenen Abschnitts beziehen.

- *Bewertung*: Die Auswertung von Eingaben erfolgt abhängig vom Aufgabentyp manuell oder teilweise bis vollständig automatisiert. Ist eine Benotung vorzunehmen, liegt die Beurteilung der Ergebnisse im Ermessen des Lehrenden, insofern nicht in einer Regelung oder einem Moduldeskriptor anders vorgeschrieben. Traditionell findet dabei die Übertragung der erreichten Punkte auf eine vorgegebene Notenskala statt. Innovative Formen beziehen z. B. Studierende in die Bewertung von Leistungen ein (Peer Reviewing), um sie so stärker in den Gesamtprozess zu integrieren. Prüflinge können ihre Antworten aber auch selbst beurteilen und z. B. im Rahmen von „Confidence-based Marking"[3] Aussagen über die vermutliche Korrektheit ihrer Antworten machen.

- *Feedback*: Ein großer Vorteil elektronischer Verfahren ist schnelles Feedback. Prüflinge erhalten dies direkt im Anschluss oder nach abschließender Qualitätskontrolle durch die Lehrenden (die dabei z. B. den Noten- oder Punktespiegel aufgrund ermittelter Aufgabenschwierigkeiten[4] anpassen). Feedback kann sowohl schriftlich erfolgen, z. B. als automatische Antwort eines Assessment-Systems, als auch mündlich durch die Bewertenden, die dabei individuelle Probleme ansprechen. Die Reichweite geht von einem „hat bestanden" bis zur detaillierten Analyse von Schwachstellen im Lernprozess mit individueller Lernberatung. Durch die Masse an Eingaben und statistischen Auswertungen erhalten Lehrende ebenfalls Feedback. Sie erfahren auf diese Weise u. a., welche Aufgaben besonders schwierig waren, was besonders gut verstanden wurde und welche Inhalte noch einmal aufgegriffen oder wiederholt werden sollten.

E-Assessments können damit recht unterschiedlich gestaltet sein, entsprechend vielfältig sind ihre Einsatzgebiete. Demgegenüber gibt es eine Vielzahl elektronischer Verfahren, die Lehrveranstaltungen anreichern können – und dies bereits

---

3  Abschnitt 3.3.8 ab S. 59 geht darauf näher ein.
4  Auf die Qualität von Aufgaben geht Abschnitt 4.4 ab S. 114 näher ein.

tun. Um die Frage beantworten zu können, ob es sich dabei jeweils auch um E-Assessments handelt, wurde eine Matrix als Synthese aus den Erkenntnissen der vorangehenden Abschnitte erstellt: Sie führt einerseits das zu überprüfende Leistungsniveau auf (Abschnitt 2.4) und bezieht andererseits die von den Technologien unterstützten Schritte im Messprozess ein (Abschnitt 2.3). Hierbei ist zu berücksichtigen, dass die wesentlichen Vorteile von E-Assessments in großer Praxisnähe bei der Durchführung der Messung sowie in einer effizienten Auswertung liegen. In diese Matrix können nun die zu überprüfenden Verfahren eingeordnet werden: Je mehr Fläche sie dort beanspruchen, umso wahrscheinlich ist es, dass es sich dabei um E-Assessments handelt.

Die folgende Abb. 2.5 ordnet beispielhaft „E-Klausuren" in diese Matrix ein. Es ist erkennbar, dass dieses Szenario sowohl verschiedene Leistungsniveaus als auch Schritte abdecken kann. E-Klausuren sind damit klar den E-Assessments zuzurechnen. Ein anderes Beispiel wäre der Einsatz von Wikis oder E-Portfolios im Rahmen einer Lehrveranstaltung. Diese unterstützen die Erarbeitung, Sammlung, Zusammenstellung und Organisation von Informationen im praktischen Bereich. Obwohl dies praxisnah und -relevant sein kann, erfolgt weder Hilfe bei ihrer Vorbereitung noch Auswertung; sie lassen sich also nicht unbedingt zu den typischen E-Assessments zählen.

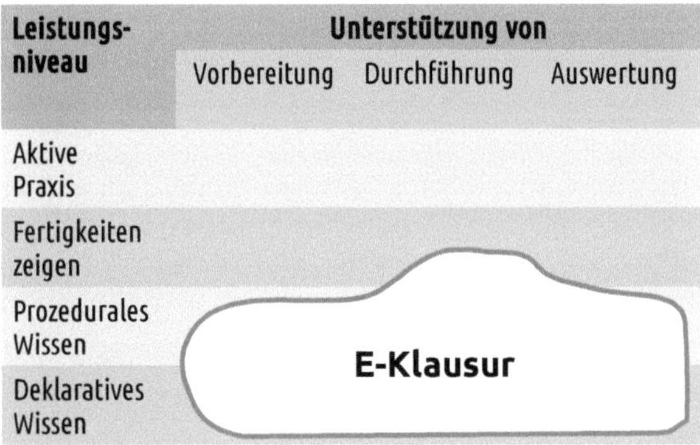


Abbildung 2.5: Eingruppierung von E-Klausuren

Aus dem bereits in Abschnitt 2.2 ab S. 17 beschriebenen Bezug einer Leistungsmessung zum Lernprozess lassen sich verschiedene Einsatzszenarien herleiten. Das folgende Kapitel geht näher auf diejenigen Bereiche ein, in denen E-Assessments an Hochschulen vorkommen.

# 3 Einsatz an Hochschulen

E-Assessments sind – abhängig vom jeweiligen Einsatzzweck – in ihren Charakteristika unterschiedlich konfigurierbar; das macht sie vielseitig verwendbar. Hinzu kommt der bereits in Abschnitt 2.2 ab S. 17 beschriebene Bezug zum Lernprozess, aus dem sich ebenfalls verschiedene Einsatzmöglichkeiten ableiten lassen. Unter besonderer Berücksichtigung der verschiedenen Aufgaben einer Hochschule wurden in [SKS13] unterschiedliche Einsatzkategorien für E-Assessments identifiziert und beschrieben. Folgende Merkmale fließen darin ein: der Zeitpunkt einer Leistungsmessung bezogen auf den Lernprozess, der anvisierte Zweck dieser Messung sowie Entscheidungen, die auf Grundlage der ermittelten Ergebnisse getroffen werden können. Die folgende Tabelle 3.1 zeigt eine Übersicht über die verschiedenen Typen und stellt sie einander gegenüber.

| *Typ* | *Zeitpunkt* | *Zweck* | *Entscheidung* |
|---|---|---|---|
| Beratend | Vor dem Studium | Orientierung, Studienberatung | Studienwahl, -empfehlung |
| Diagnostisch | Vor dem Lernen | Einstufung, Zulassung | Lehrplanung, Kurswahl |
| Formativ | Beim Lernen | Lernergebnis reflektieren | Lehre steuern/ anpassen |
| Summativ | Nach dem Lernen | Lernergebnis beurteilen | Bewertung, Benotung |
| Qualitäts-sichernd | Nach der Lehre | Verbesserung der Lehre | Evaluation, Anpassung |

Tabelle 3.1: Assessment-Typen in der Hochschullehre

Man findet E-Assessments in verschiedenen Bereichen des gesamten Studienverlaufs. Sie müssen nicht isoliert dastehen, sondern können im Sinne des von [Sch07] beschriebenen „Student Lifecycle" ineinander greifen. Die auf S. 28 folgende Abb. 3.1 ordnet die o. g. Kategorien rund um Lehrveranstaltungen an. E-Assessments begleiten ein Studium auf diese Weise Schritt für Schritt; sie sorgen dabei für permanentes Feedback sowohl bei Lernenden als auch Lehrenden. Damit stellen sie ein Instrument zur kontinuierlichen Qualitätssicherung dar.

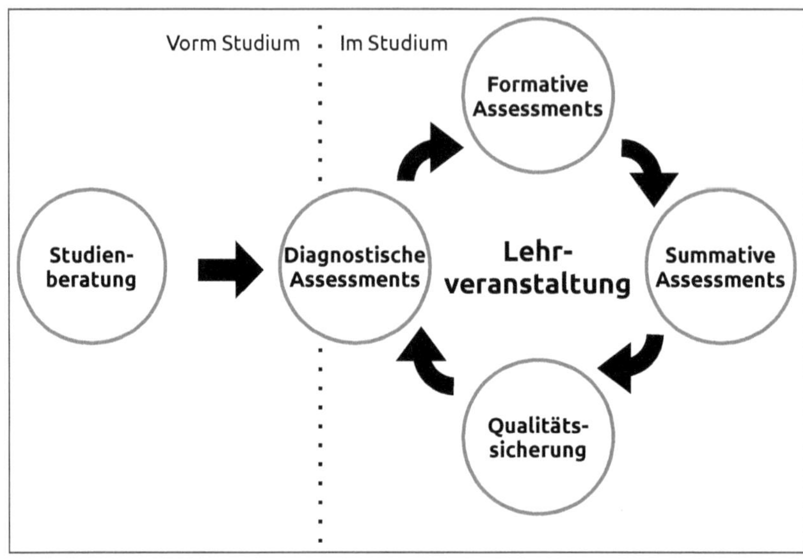


Abbildung 3.1: E-Assessments im „Student Lifecycle"

E-Assessments können zwar in Lehrveranstaltungen eingesetzt werden, aber auch schon deutlich früher: Studieninteressierte erproben z. B. mit „Online Self Assessments" typische Inhalte und Aufgaben eines künftigen Studienbereichs. Studienberatungsstellen identifizieren Interessen der zu beratenden Kandidaten und Kandidatinnen und geben Ratschläge bei der Studienfachwahl. Abschnitt 3.1 beschäftigt sich mit E-Assessments zur Unterstützung der Studienberatung.

E-Assessments können die Hochschullehre aber auch im Sinne von „Blended Learning" ergänzen und zur Steigerung ihrer Qualität beitragen. Zulassungstests stellen z. B. Vorkenntnisse sicher, die für weiterführende Veranstaltungen unerlässlich sind; Einstufungstests helfen bei der Auswahl geeigneter Kurse. Die Möglichkeiten zum diagnostischen Einsatz von E-Assessments beschreibt Abschnitt 3.2. Formatives Assessment begleitet die Studierenden kontinuierlich und trägt z. B. als Übungsbetrieb dazu bei, Lernen in eine gewünschte Richtung zu lenken. Abschnitt 3.3 geht näher auf formative Szenarien ein. Summatives Assessment dient andererseits der abschließenden Beurteilung des Lernerfolgs, z. B. durch E-Klausuren. Entsprechende Szenarien sind in Abschnitt 3.4 aufgeführt.

Darüber hinaus können E-Assessments bei der Umsetzung von Lehr-/Lernmethoden wie z. B. „Inquiry-based Learning"[1] oder „Peer Instruction"[2] helfen. Zu-

---

1 Siehe dazu z. B. http://www.pi-project.ac.uk
2 Abschnitt 3.3.2 ab S. 43 geht im Rahmen von Feedback im Hörsaal darauf ein.

dem lassen sich durch Kombination, bspw. von elektronischer und praktischer Prüfung, Vorteile beider Formate kombinieren. Schließlich helfen elektronische Verfahren bei der Qualitätssicherung: Sie zeigen den Lernfortschritt an, unterstützen Prüfungsvorbereitung sowie -begutachtung und erheben als E-Lehrevaluationen Verbesserungsvorschläge. Zugehörige Szenarien stellt Abschnitt 3.5 vor.

## 3.1 Beratende Assessments

Assessments haben die Aufgabe, Merkmale wie z. B. die Stärken, Schwächen oder Interessen von Prüflingen zu bestimmen. Sie helfen ihnen auf diese Weise dabei, sich über persönliche Ziele klarer zu werden. Darüber hinaus können sie Möglichkeiten und Wege aufzeigen, wie diese Ziele zu erreichen sind. Solche Assessments und ihre Ergebnisse werden z. B. in der Studienberatung oder zur Empfehlung eines Studiengangs eingesetzt.

Der nachfolgende Abschnitt 3.1.1 beschreibt, wie E-Assessments Studieninteressierten bei der Studienorientierung helfen. Auf ein mögliches Szenario für ihren Einsatz im Rahmen der Studienberatung geht danach Abschnitt 3.1.2 ein.

### 3.1.1 Studienorientierung

Die zentralen Studienberatungsstellen von Hochschulen geben Schüler/inne/n und Studieninteressierten Orientierung bei der Studien- und Berufswahl. Einige Hochschulen werben sogar mit der besonders guten Betreuung von Studierenden und Studienbewerber/inne/n. Eine Möglichkeit, um z. B. Schulabgänger/innen dabei zu unterstützen, ihr Interesse und Talent für angestrebte Fächer zu überprüfen, sind sog. „Online Self Assessments". Dabei handelt es sich um elektronische Tests, welche von zentralen Beratungsstellen oder den jeweiligen Fachbereichen selbst im Webauftritt der Hochschule bereitgestellt werden. Interessierte können darauf bequem per Webbrowser zugreifen und diese von zu Hause aus bearbeiten.

Solche Assessments enthalten studiengangsnahe Aufgaben sowie Fragestellungen, mit denen sich das zugehörige Fachgebiet typischerweise beschäftigt. Ihre Bearbeitung kann bisherige Vorstellungen vom gewünschten Fach bestätigen oder widerlegen. Zudem merken Interessierte dabei, ob sie Freude an der Bearbeitung solcher oder ähnlicher Themen haben. Rückmeldungen können dabei über das Verhältnis von Neigung und Eignung informieren. Instrumente zur Unterstützung der Studienwahl und ihre Funktionsweise sind z. B. von [DGKS08] beschrieben.

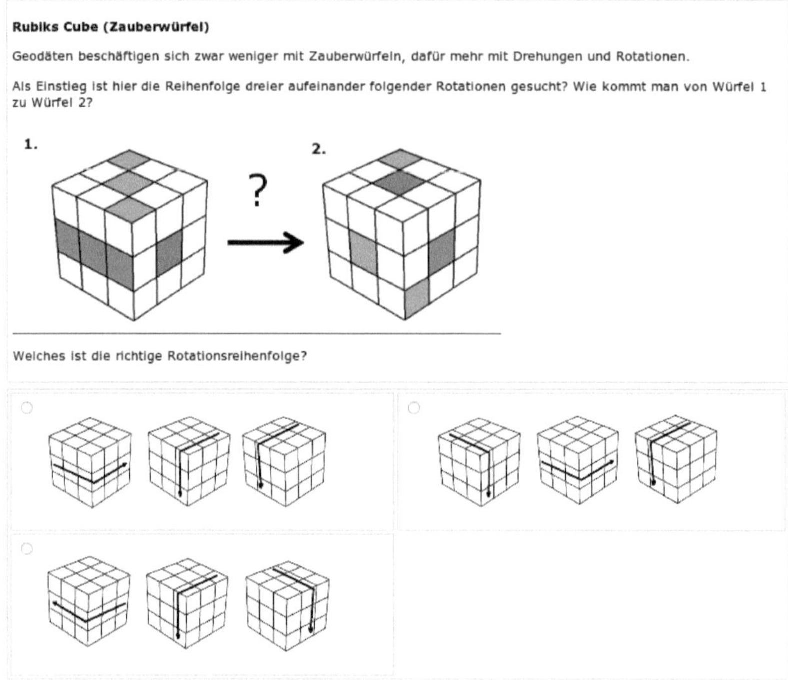


Abbildung 3.2: Aufgabe im SelfGEOTest der Uni Hannover

Ein Beispiel dazu ist der SelfGEOTest[3] des Studienorientierungssystems der Uni Hannover. Mit seiner Hilfe sollen Interessierte herausfinden, ob der dort angebotene Studiengang „Geodäsie und Geoinformatik" zu ihnen passt. Die vorangehende Abb. 3.2 zeigt eine Beispielaufgabe daraus.

### 3.1.1.1 Ziele

Interessierte, wie z. B. Schüler und Schülerinnen, lernen auf diese Weise typische Inhalte und Themen aus den angestrebten Fächern kennen. Sie erproben den Umgang mit alltäglichen Fachproblemen, was Fehlvorstellungen in Bezug auf diese Fächer reduziert. Das soll sowohl die Anzahl an Studienabbrecher/inne/n senken als auch eine größere Transparenz der einzelnen Fachdisziplinen schaffen. Indirekt lernen die Interessierten zudem, ihre Selbsteinschätzung („Was will ich eigentlich machen?") zu verbessern.

---

3  http://www.fbg.uni-hannover.de/266.html

### 3.1.1.2 Organisation

Die Bereitstellung auf den Webseiten einer Hochschule erlaubt eine orts- und zeitunabhängige Durchführung solcher Tests. Interessierte greifen i. d. R. per Webbrowser darauf zu, wählen ein entsprechendes Fach aus und bearbeiten zugehörige Aufgaben. Dabei lernen sie gleichzeitig etwas über typische Problemfelder sowie die Methodik dieses Fachs. Im Anschluss erfolgt eine zumeist automatisierte Auswertung mit Feedback, evtl. gepaart mit Hinweisen für ein späteres Studium.

### 3.1.1.3 Technik

- TestMaker[4]

### 3.1.1.4 Beispiele

- check-in@hrw[5] der Hochschule Ruhr West
- Selbsttest[6] der Uni Hannover
- Self-Assessment[7] der Hochschule Niederrhein
- Study-Service[8] der Hochschule Nürnberg

### 3.1.1.5 Bewertung

Hochschulen stellen solche Orientierungsangebote i. d. R. kostenlos und unverbindlich bereit. Da sie sich auf einzelne Fächer beziehen und diese meist unabhängig von bestimmten Hochschulen sind, ist ein Austausch von Aufgaben untereinander vorstellbar. Eine frühes „Abholen" von Schüler/inne/n, weitreichende Beratungs- und Informationsangebote sowie eine angemessene Begleitung sind zudem gute Werbung für Hochschulen. Stellen die Interessierten fest, dass ihnen ein Fach nicht liegt, können sie sich frühzeitig nach Alternativen umsehen.

Kritisch ist zu sehen, dass die Entwicklung und Bereitstellung solcher Angebote aufwändig sind und Ressourcen binden, die nicht den eigentlichen Studierenden zugute kommen. Nicht alle Fächer bieten solche Tests an; zudem bringt

---

4  http://sourceforge.net/projects/testmaker
5  http://hrw.cyquest.net
6  http://www.selbsttest.zsb.uni-hannover.de
7  http://www.hn-navigator.de
8  http://www.study-service.de

ihre Bearbeitung weder Punkte noch Scheine. Schließlich gibt es keine verbindliche Aussage darüber, ob jene, die einen solchen Test absolvieren, danach auch ihr Studium bestehen.

Eine Verbindung mit einer (Online-)Studienberatung ist vorstellbar, siehe dazu den folgenden Abschnitt 3.1.2. Das System kann Unentschlossenen zudem einen Hinweis auf die Existenz und den Besuch von Beratungsstellen einer Hochschule geben.

## 3.1.2 Studienberatung

Grundlage einer fundierten Studienberatung sind Kenntnisse über Interessen und Vorlieben der Kandidaten und Kandidatinnen. Diese sind Voraussetzung dafür, dass Beratungsstellen Handlungsempfehlungen geben oder Alternativen aufzeigen können. Elektronische Verfahren helfen dabei, mögliche Stärken und Schwächen zu identifizieren. Sie dienen den Studienberatungsstellen damit als Analysegrundlage und können damit laut [DGKS08] Orientierungs- oder Entscheidungshilfe für die Interessierten sein.

Ein Beispiel dafür ist das „Visopoly"-System[9], das bis vor einiger Zeit bei der zentralen Studienberatung der Uni Oldenburg im Einsatz war. Es basiert auf dem Spiel „Monopoly", wobei die Kandidat/inn/en über ein Spielfeld geschickt werden und je nach Feld unterschiedliche Aufgaben bearbeiten müssen. Die auf der nächsten Seite folgende Abb. 3.3 zeigt das zugehörige Spielfeld.

### 3.1.2.1 Ziele

E-Assessments unterstützen Beratungsstellen einer Hochschule. Sie helfen dabei, möglichst viele Informationen über die Interessierten zu sammeln, um dadurch ihre Beratung zu erleichtern. Damit vereinfachen sie Studienfachwahl, Studienplanung sowie -organisation und informieren zudem zu Inhalten, Aufbau und Anforderungen eines Studiums. Indem sie bisher unberücksichtigte Alternativen aufzeigen, können sie den Interessierten bei der Bewältigung ihrer Probleme helfen.

### 3.1.2.2 Organisation

Das Visopoly-Konzept sieht für die Kandidaten und Kandidatinnen ein Orientierungssystem mit „4 Stufen zum Ziel" vor. Diese sind:

---

9  http://www.studium.uni-oldenburg.de/visopoly/

Abbildung 3.3: Visopoly-Spielfeld

1. Zielanalyse

2. Potentialanalyse

3. Entscheidungstraining

4. Realisierung

### 3.1.2.3 Beispiele

- Visopoly[10] der Uni Oldenburg
- Online Studienberatung[11] der Hochschule Niederrhein

---

10  http://www.studium.uni-oldenburg.de/visopoly/

11  http://www.hn-navigator.de

### 3.1.2.4 Bewertung

Webbasierte E-Assessments erlauben die Bearbeitung von Aufgaben von zu Hause aus – statt wie bei der Studienberatung vor Ort unter Beobachtung zu stehen. Kandidat/inn/en können sich soviel Zeit lassen wie sie brauchen; kein Gegenüber kann Druck aufbauen. Eine spielerische Grundlage steigert zudem die Motivation zur Bearbeitung. Durch die Beschäftigung mit den „richtigen" Aufgaben lernen die Kandidat/inn/en einzuschätzen, was sie können und wollen. Dadurch sind sie besser auf ein Beratungsgespräch in Präsenz vorbereitet.

Nachteil ist die aufwändige Auswertung der Testergebnisse. Darüber hinaus muss dennoch i. d. R. ein Beratungsgespräch mit Fachleuten stattfinden, um die Ergebnisse zu diskutieren. Das bedeutet jeweils zusätzlichen Aufwand sowohl für die Kandidat/inn/en als auch die Beratenden.

Ein Ziel der Studienberatung ist es, den Interessierten Orientierung zu geben. Daher ist ein Einsatz in Verbindung mit Online Self Assessments zur Studienorientierung, die im vorangehenden Abschnitt 3.1.1 beschrieben wurden, denkbar.

## 3.2 Diagnostische Assessments

Diagnostische Assessments bestimmen den Stand von Prüflingen und gehen dem Lernprozess i. d. R. voraus. Ihr Ergebnis hilft, die Lehre besser zu planen oder passende Veranstaltungstypen bzw. Lehr-/Lernmethoden auszuwählen. Als Eingangstest kann ein solches Assessment individuelle Vorkenntnisse identifizieren, als prognostisches Assessment den zu erwartenden Lernerfolg „vorhersagen".

Der folgende Abschnitt 3.2.1 beschäftigt sich mit einer Überprüfung der Studierfähigkeit von Bewerber/inne/n. Auf E-Assessments zur Auswahl von Studierenden aus einer größeren Zahl an Bewerber/inne/n geht danach Abschnitt 3.2.2 ein. E-Assessments können aber auch die Einhaltung von Vorbedingungen sicherstellen, die zum Besuch einer Veranstaltung unerlässlich sind; damit beschäftigt sich Abschnitt 3.2.3. Schließlich beschreibt Abschnitt 3.2.4 die Auswahl geeigneter Veranstaltungen abhängig vom jeweiligen Stand der Prüflinge.

### 3.2.1 Studierfähigkeitstests

Hochschulen sind autonom; dies erlaubt ihnen, Studierende nach eigenen Kriterien auszusuchen. Um z. B. die Zahl der Studienabbrecher/innen zu senken, schlägt u. a. der [Wis08] vor, vorab Studierfähigkeitstests durchzuführen. Dabei handelt es sich um „prognostische" Assessments, die Hinweise auf den zu erwartenden Studienerfolg liefern sollen. Diese Erwartung kann dann als Aufnahmevoraussetzung in die Annahme der Bewerber/innen einfließen, die dafür z. B. einen vorgegebenen Testwert oder Rankingplatz erreichen müssen.

### 3.2.1.1 Ziele

- Auswahl geeigneter Bewerber/innen

- Senken der Zahl der Studienabbrecher/innen

### 3.2.1.2 Organisation

- Findet vor dem Studium statt

- Testergebnis kann die Auswahl von Bewerber/inne/n beeinflussen

### 3.2.1.3 Bewertung

Studierfähigkeitstests helfen dabei, bisher unbekannte Bewerber/innen besser einschätzen zu können. Die Auswahl insbesondere derer, die ein vorgegebenes Testergebnis erreicht haben, verspricht zudem ein Senken der Abbruchquote.

Aufgrund ihres prognostischen Charakters sind die Testergebnisse aber nur begrenzt aussagekräftig: Eine zu erwartende (positive) Entwicklung während des Studiums wird z. B. dadurch nicht berücksichtigt. Dies spricht nicht unbedingt für ein Zutrauen in die angebotene Hochschulausbildung. Die Bewerber/innen werden darüber hinaus durch ihr Testergebnis vorverurteilt („musste" deshalb zwingend scheitern oder unbedingt bestehen).

Eine Kombination mit den in Abschnitt 3.2.2 beschriebenen Auswahltests oder den Zulassungstests aus Abschnitt 3.2.3 bietet sich an.

## 3.2.2 Auswahltests

Lehrveranstaltungen, Module oder Studiengänge können in ihrer Teilnehmendenzahl beschränkt sein, weil z. B. eine geringe Zahl an Labor- oder Betreuungsplätzen einer großen Zahl an Bewerber/inne/n gegenübersteht. Um die Qualität der Lehre sicherzustellen (oder die Zahl der Abbrecher/innen zu senken), haben Hochschulen oder Lehrende die Möglichkeit, Auswahltests durchführen. Auf diese Weise erhalten sie ein „Ranking" der Bewerber/innen, aus dem sie dann die vielversprechendsten Kandidat/inn/en annehmen können.

Ein Beispiel ist der „Test für medizinische Studiengänge"[12], dessen Resultate in die Studienplatzvergabe einfließen. Ein anderes Beispiel bietet die Stiftung Tierärztliche Hochschule Hannover, die seit 2006 im Rahmen ihres Auswahlverfahrens einen psychologischen Motivationstest[13] als E-Assessment mit ca. 180 Items durchführt. Solche Auswahltests helfen dabei, die bisher unbekannten Bewerber besser einschätzen und aus diesen folglich besser für die Studienplatzvergabe auswählen zu können.

Hochschulen bilden darüber hinaus auch im nichtakademischen Bereich aus, z. B. in Verwaltung, Rechenzentrum oder angegliederten Werkstätten. Hier steht eine ebenfalls große Zahl an Bewerber/inne/n einer geringen Zahl an Ausbildungsplätzen gegenüber. Aufgrund der Menge an Bewerber/inne/n müssen Hochschulen vorab auswählen, wer zu Bewerbungsgesprächen eingeladen werden soll. Mit Hilfe elektronischer Testverfahren können sie z. B. Grundlagenwissen abfragen, das Bewerber/innen für einen erfolgreichen Ausbildungsstart brauchen. Gleichzeitig erhalten sie dadurch einen ersten Eindruck der Kandidat/inn/en, was wiederum dazu beiträgt, ihnen die Auswahl zu erleichtern. Auf E-Assessments zum E-Recruitment gehen z. B. [RBB04] ein, ihre Bedeutung für die Wirtschaft behandeln z. B. [KMD10] näher.

### 3.2.2.1 Ziele

Ziel ist die Auswahl geeigneter Teilnehmender aus einer größeren Anzahl von Bewerbern, falls nur eine beschränkte Anzahl freier Plätze existiert – sei es z. B. bei einer Veranstaltung, einem Studiengang oder zur Einladung für weitere Auswahlgespräche.

### 3.2.2.2 Organisation

- Findet vorab statt

- Bewerber/innen machen Auswahltest

- Punktewertung führt zu Ranking

- Bewerber/innen mit den obersten Ranking-Plätzen nehmen teil

---

12  http://www.tms-info.org
13  Siehe dazu http://goo.gl/ylmmo (Ringvorlesung auf e-teaching.org)

### 3.2.2.3 Beispiele

- Test für medizinische Studiengänge[14]

### 3.2.2.4 Bewertung

Auswahltests ordnen bisher unbekannten Bewerber/inne/n einen Testwert zu. Sie helfen damit bei ihrer Einschätzung und beim Aufbau eines vergleichenden Rankings. Die Auswahl derjenigen mit den besten Startvoraussetzungen kann zu einer Reduktion der Abbruchquote führen.

Auswahltests schließen damit Bewerber und Bewerberinnen aus, die zwar ein geringes Start-, aber ein hohes Entwicklungspotential aufweisen. Hochschulen verlagern so das Potential ihrer Ausbildung auf das vorhandene Startpotential.

Eine Kombination von Auswahltests mit den in Abschnitt 3.2.1 beschriebenen Studierfähigkeitstests oder den im nächsten Abschnitt 3.2.3 folgenden Zulassungstests bietet sich an.

## 3.2.3 Zulassungstests

Einige Lehrveranstaltungen setzen bestimmtes Grundlagenwissen oder sprachliche Grundkenntnisse voraus. Das ist nötig, damit Studierende den fortschreitenden Inhalten folgen oder darauf aufbauend mitarbeiten können. Ein Softwareprojekt z. B. erwartet, dass die Teilnehmenden bereits programmieren können; für weiterführende Sprachkurse sollten Teilnehmende grundlegende Sprachkenntnisse besitzen. Elektronische Zulassungstests tragen dazu bei, das Vorhandensein von Wissen oder weiterer unabdingbarer Fertigkeiten als Teilnahmevoraussetzung zu gewährleisten.

### 3.2.3.1 Ziele

Ziel ist es, das Einhalten von Voraussetzungen sicherzustellen, die für die Teilnahme an einer Veranstaltung unerlässlich sind. Dies geschieht in diesem Fall durch einen Test vorab, statt wie sonst üblich durch Scheine oder Teilnahmebestätigungen von erfolgreich abgeschlossenen Veranstaltungen.

---

14  http://www.tms-info.org

### 3.2.3.2 Organisation

- Findet i. d. R. vor oder am Anfang einer Veranstaltung statt
- Test ermittelt, ob notwendige Voraussetzungen erfüllt sind
- Teilnahme an der Veranstaltung hängt vom Testergebnis ab

### 3.2.3.3 Bewertung

Zulassungstests sorgen dafür, dass sämtliche Teilnehmende auf einem ähnlichen Stand sind bzw. gleiche Voraussetzungen mitbringen, so dass sie einer Lehrveranstaltung folgen können. Zudem stellen sie ein Grundgerüst an Fertigkeiten sicher, die sich positiv auf die Veranstaltung oder das Studium auswirken können.

Andererseits gibt es keine rechtliche Grundlage, um Studierende auszuschließen – ganz im Gegenteil: Nach der Modularisierung von Studiengängen im Zuge der Bologna-Reform stehen Module und Modulprüfungen eigentlich allen Studierenden offen. Sie müssen also, unabhängig von individuellen Voraussetzungen, daran teilnehmen können.

Zulassung und Anmeldung liegen eng beieinander, daher lassen sich Zulassungstests und elektronische Anmeldeverfahren miteinander verbinden: Prüflinge würden nur dann an einer Veranstaltung teilnehmen können, wenn sie vorab das Vorhandensein notwendiger Fertigkeiten im Zulassungstest demonstriert haben. Darüber hinaus ist eine Kombination mit den in Abschnitt 3.2.1 beschriebenen Studierfähigkeitstests sowie den Auswahltests aus Abschnitt 3.2.2 denkbar.

## 3.2.4 Einstufungstests

Damit Studierende nicht über- oder unterfordert sind, sollten sie Kurse besuchen, die ihrem Kenntnisstand entsprechen. Einstufungstests helfen dabei, solche Vorkenntnisse zu ermitteln. Sie erleichtern auf diese Weise die Zuordnung zu Kursen, die zu den Studierenden passen – insofern eine solche Auswahl überhaupt besteht. Ein Beispiel dafür geben die Sprachzentren der Hochschulen. Diese bieten i. d. R. Kurse in verschiedenen Schwierigkeitsgraden an – z. B. für Einsteiger, Fortgeschrittene oder Experten. Um den jeweils passenden Kurs zu ermitteln, nutzen sie oft sog. C-Tests[15]. Dabei werden Texte nach einem bestimmten Verfahren – dem sog. C-Prinzip – beschädigt. Ein Prüfling muss die resultierenden Lückentexte dann in einer vorgegebenen Zeit korrekt ergänzen. Das jeweilige Ergebnis

---

15  Siehe dazu http://www.c-test.de

sagt etwas über die Sprachfähigkeit der getesteten Person aus und kann dann im Anschluss zur Ermittlung eines passenden Kurses verwendet werden. Siehe für weitere Informationen z. B. [Bej85]. Die folgende Abb. 3.4 zeigt einen Ausschnitt aus einem C-Test für das Fach Deutsch.[16]

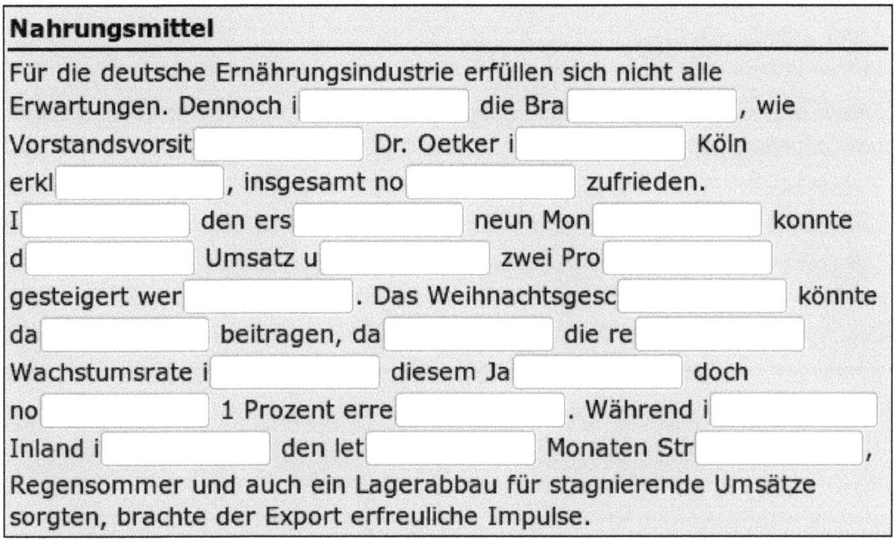

**Nahrungsmittel**

Für die deutsche Ernährungsindustrie erfüllen sich nicht alle Erwartungen. Dennoch i⎵⎵ die Bra⎵⎵, wie Vorstandsvorsit⎵⎵ Dr. Oetker i⎵⎵ Köln erkl⎵⎵, insgesamt no⎵⎵ zufrieden. I⎵⎵ den ers⎵⎵ neun Mon⎵⎵ konnte d⎵⎵ Umsatz u⎵⎵ zwei Pro⎵⎵ gesteigert wer⎵⎵. Das Weihnachtsgesc⎵⎵ könnte da⎵⎵ beitragen, da⎵⎵ die re⎵⎵ Wachstumsrate i⎵⎵ diesem Ja⎵⎵ doch no⎵⎵ 1 Prozent erre⎵⎵. Während i⎵⎵ Inland i⎵⎵ den let⎵⎵ Monaten Str⎵⎵, Regensommer und auch ein Lagerabbau für stagnierende Umsätze sorgten, brachte der Export erfreuliche Impulse.

Abbildung 3.4: Beispiel aus „C-Test Deutsch" der Uni Münster

### 3.2.4.1 Ziele

- Reduktion von Über- oder Unterforderung Studierender
- Auswahl eines passenden Kurses, Lernwegs oder Schwierigkeitsgrads
- Hilfe bei der Planung von Lehrveranstaltungen

### 3.2.4.2 Organisation

- Voraussetzung sind Kurse in verschiedenen Schwierigkeitsgraden
- Einstufung findet vor dem eigentlichen Lernprozess statt
- Abhängig vom Ergebnis erfolgt eine Zuteilung zum Kurs, eine Entscheidung für einen Lernweg oder die Planung dazu passender Lehre

---

16 Quelle: http://spztest.uni-muenster.de/demo/

### 3.2.4.3 Beispiele

- Demo-Version eines C-Tests der Uni Münster[17]

- Einstufungstests der TU Chemnitz, beschrieben z. B. von [MW12]

### 3.2.4.4 Bewertung

Durch Einstufungstests erhalten Lehrende vorab Feedback zum Kenntnisstand ihrer Teilnehmenden und können sich darauf besser einstellen. Weil sie die Lehre und den Schwierigkeitsgrad mit den Vorkenntnissen Studierender abstimmen können, ist ein besseres Lernergebnis zu erwarten.

Aufwändig hingegen ist es, Kurse in verschiedenen Schwierigkeitsgraden anzubieten – insbesondere in Fächern, die nur wenig Zulauf haben. Zusätzliche Aufgaben sind pro Fach individuell zu erstellen. Zudem sind Studierende nicht verpflichtet, einen passenden Kurs zu besuchen.

Eine Kombination mit einer elektronischen Veranstaltungsanmeldung ist denkbar. Zudem scheint eine Verbindung mit den in Abschnitt 3.2.3 beschriebenen Zulassungstests sinnvoll. Diese stellen sicher, dass Studierende nur dann teilnehmen dürfen, wenn sie einen bestimmten Kenntnisstand schon vorab erreicht haben.

## 3.3 Formative Assessments

Um einen möglichst großen Lernerfolg zu erzielen, sollte sich der Lernprozess kontinuierlich am Stand der Lernenden orientieren. Formative Assessments begleiten das Lernen dazu als Zwischenmessung[18] und versuchen, das bereits erzielte Lernergebnis festzustellen. Mit ihrer Hilfe können Lehrende z. B. ermitteln, welche Themen oder Aspekte bereits verstanden wurden und wo noch Lücken oder Unsicherheiten bestehen. Damit erhalten sie eine Grundlage, um den Lernprozess besser zu steuern: Sie können ihre Lehre stärker an den Lernenden ausrichten und dabei gleichzeitig ihr Zeitmanagement optimieren. Im Hochschulbereich finden sich formative Assessments vor allem als Tutorien oder Übungen.

Der folgende Abschnitt 3.3.1 beschreibt zunächst Assessments zur Veranstaltungsvorbereitung. Wer bereits innerhalb einer Veranstaltung Feedback erhalten möchte, kann dafür Audience-Response-Systeme einsetzen; Abschnitt 3.3.2 be-

---

17 http://spztest.uni-muenster.de/demo/
18 Zur Einordnung in den Lernprozess siehe Abschnitt 2.2

schreibt zugehörige Szenarien. Im Anschluss an eine Veranstaltung können E-Assessments den Übungsbetrieb anreichern, worauf Abschnitt 3.3.3 näher eingeht. Durch individualisierte Aufgaben fördern sie Diskussion und gemeinsames Lernen, was Abschnitt 3.3.4 thematisiert. Elektronische Verfahren gestatten zudem die Analyse von Programmcode, wie er bei Programmierübungen anfällt; Abschnitt 3.3.5 geht darauf ein. Abschnitt 3.3.6 beschreibt Quizzes, die dazu anregen, den durchgenommenen Stoff noch einmal auf andere Weise zu wiederholen. Im E-Learning sind darüber hinaus Zwischentests üblich, die aufeinander aufbauende Einheiten trennen und auf die Abschnitt 3.3.7 näher eingeht. Schließlich können Lehrende das Zutrauen der Studierenden in ihre eigenen Leistungen erfragen; dieses sog. „Confidence-based Marking" ist Thema von Abschnitt 3.3.8.

## 3.3.1 Veranstaltungsvorbereitung

Bereits vor einer Lehrveranstaltung können Lehrende Aufgaben zu kommenden Inhalten stellen. Dies dient dazu, die Lehre stärker an den Studierenden auszurichten und hat einen direkten sowie indirekten positiven Effekt: Indirekt bereiten sich die Studierenden intensiver vor, da sie sich schon über die Lösung der Aufgaben mit den bevorstehenden Themen vertraut machen. Direkt hingegen erhalten die Lehrenden eine Rückmeldung, welche der kommenden Inhalte bereits bekannt sind: Diese können dann verkürzt behandelt werden, was mehr Zeit für unbekannte Inhalte bedeutet.

In diesem Szenario identifizieren Lehrende vorhandenes Vorwissen, um damit ihre Lehrveranstaltungen besser planen und steuern zu können. Sie optimieren auf diese Weise ihr Zeitmanagement und gehen bedarfsgerecht auf den jeweiligen Stand der Studierenden ein. Damit tragen sie dazu bei, das Lernergebnis zu verbessern und den Lernerfolg zu erhöhen.

### 3.3.1.1 Ziele

- Identifikation bereits bekannter Inhalte
- Bessere Planung einer kommenden Veranstaltung
- Optimierung des Zeitmanagements
- Bedarfsgerechte Aufbereitung der Inhalte

### 3.3.1.2 Organisation

Lehrende geben neue Aufgaben i. d. R. nach einer durchgeführten Veranstaltung heraus – meist im Zuge von Übungen oder Tutorien. Auf diese Weise bleibt den Studierenden genug Zeit zur Bearbeitung. Die Erkenntnisse aus der Bearbeitung und Lösung der Aufgaben können Lehrende dann in einer der folgenden Veranstaltungen verwenden.

### 3.3.1.3 Technik

- Testkomponente des LMS LON-CAPA[19]

### 3.3.1.4 Beispiele

- VITA-Projekt[20] an der HS Ostfalia

### 3.3.1.5 Bewertung

E-Assessments zur Vorbereitung von Lehrveranstaltungen helfen dabei, das Zeitmanagement der Beteiligten zu optimieren: Studierende nehmen weniger Stoff durch, der ihnen bereits bekannt ist – dafür können sich Lehrende stärker und länger auf Themen konzentrieren, die schwierig zu vermitteln sind. Auf diese Weise stimmen sie den Veranstaltungsablauf stärker auf die Anforderungen der Lernenden ab. Eine Integration zugehöriger Aufgaben in den Übungsbetrieb ist einfach möglich.

Andererseits kann es Studierende demotivieren, Aufgaben bearbeiten zu müssen, die sie eigentlich nicht lösen können – da der zugehörige Stoff bisher noch nicht durchgenommen wurde. Zudem erfordern zusätzliche Aufgaben auch mehr Zeit in der Bearbeitung.

Die Übergänge von Szenarien zur Vor- und Nachbereitung sind fließend, da einer Lehrveranstaltung i. d. R. eine frühere vorangegangen ist. Die Nachbereitung einer Veranstaltung kann also leicht mit der Vorbereitung einer folgenden, die Vorbereitung ebenso mit der Nachbereitung einer früheren gekoppelt werden. Eine Kombination mit den E-Übungen aus Abschnitt 3.3.3 bietet sich an.

---

19  http://www.lon-capa.org
20  http://www.ostfalia.de/cms/de/vita

### 3.3.2 Audience Response im Hörsaal

Direkte Rückmeldungen aus dem Hörsaal sind eine Weiterentwicklung der elektronischen Übungsaufgaben. Sie ergeben sich aus der Anforderung, dass Lehrende bereits während einer Veranstaltung die Meinung von Studierenden einbeziehen oder Feedback zum Verständnis einholen möchten. So können sie sofort reagieren und müssen nicht, wie beim klassischen Übungsbetrieb, auf die Auswertung der Übungsaufgaben und damit bis zur nächsten Veranstaltung warten.

Zu diesem Zweck ist es notwendig, den Hörsaal mit Feedback-Technologien auszustatten. Diese sind auch als „Clicker" oder Audience- bzw. Classroom-Response-Systeme (ARS, CRS) bekannt. Im einfachsten Fall wird jeder Sitzplatz mit einer festen Abstimmungseinheit ausgestattet, die z. B. wie bei der Fernsehsendung „Wer wird Millionär" verschiedene Auswahlmöglichkeiten bietet. Wer mobile Lösungen bevorzugt, kann ein transportables Set mitbringen und einzelne Einheiten vor der Lehrveranstaltung an die Studierenden austeilen. Ein Beispiel[21] für eine solche Abstimmungseinheit ist in der folgenden Abb. 3.5 dargestellt. Darüber hinaus gibt es Lösungen in Form von Apps, bei denen die Studierenden ihr eigenes Smartphone zur Abstimmung nutzen.

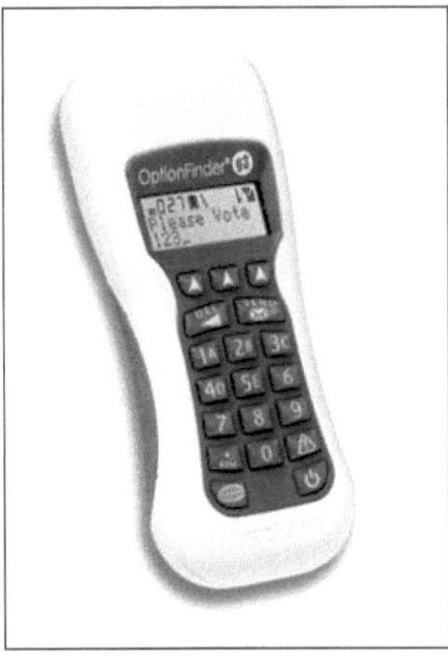

Abbildung 3.5: Beispiel einer Abstimmungseinheit

Lehrende geben jeweils eine Aufgabe sowie mögliche Antwortalternativen vor und erhalten am Ende die Zahl der abgegebenen Stimmen sowie das kumulierte Ergebnis angezeigt. Studierende konsumieren auf diese Weise nicht nur passiv Inhalte, sondern können Lehrveranstaltungen stattdessen aktiv mitgestalten. Ein

---

21  Quelle: http://goo.gl/FRZBc

Einsatz solcher Systeme wurde u. a. von [EKTB07], [KR10] oder [DSW11] erprobt und ihr Nutzen für die Lehre z. B. von [Bru09] beschrieben. Eine umfangreiche Literaturliste zum Thema bietet das Center for Teaching[22] der Vanderbilt University.

### 3.3.2.1 Ziele

- Schnelles/direktes Feedback in Präsenzveranstaltungen

- Sofortige Reaktion auf Antworten möglich

- Aktivierung der Zuhörenden

### 3.3.2.2 Organisation

Die Verwendung von Audience-Response-Systemen richtet sich nach dem anvisierten Einsatzzweck. Zur Förderung aktivierender bzw. interaktiver Lehre sind z. B. folgende Szenarien vorstellbar:

- *Veranstaltungssteuerung:* In Fächern wie z. B. den Wirtschaftswissenschaften existieren Probleme, für die es keine eindeutig richtige oder falsche Lösung gibt. Vielmehr stehen verschiedene Lösungswege gleichberechtigt nebeneinander. Die Studierenden können per Abstimmung signalisieren, welcher Weg in der Veranstaltung behandelt werden soll; sie tragen somit zur Veranstaltungssteuerung bei.

- *Geschwindigkeitsregulation:* Bei einer reinen Vorlesung können Dozierende oft nur schwer einschätzen, ob die Studierenden noch folgen, bereits abgehängt sind oder sich unterfordert fühlen. Der Einsatz von ARS ermöglicht in diesem Fall eine Erhebung von Aussagen zur Geschwindigkeit, z. B. ob eine „schnellere" oder „langsamere" Präsentation gewünscht ist. Dieses Meinungsbild fungiert damit wie eine Fernbedienung für die Veranstaltung, auf die sich Lehrende einstellen können. Voraussetzung ist allerdings eine entsprechende Anpassungsfähigkeit in der Lehre und Lehrstoff, der sich verkürzt oder ausgedehnt darstellen lässt.

- *Inhaltliche Reflexion:* Im Übungsbetrieb können Lehrende durch verschiedene Aufgaben herausfinden, welche Inhalte verstanden wurden und wo Nachholbedarf besteht. Nachteil bei klassischen Übungen oder Tutorien ist, dass Ergebnisse frühestens in der nächsten Veranstaltung zur Verfügung ste-

---

22  http://cft.vanderbilt.edu/docs/classroom-response-system-clickers-bibliography/

hen. Wer nicht so lange warten will, kann bereits innerhalb einer Veranstaltung Aufgaben stellen und erhält so die Möglichkeit, Verständnisprobleme direkt vor Ort zu erkennen und (mit dem zugehörigen Versuchsaufbau oder Foliensatz) zu beheben.

- *Peer Instruction:* Ein weiteres Einsatzfeld von ARS ist die studierendenzentrierte, interaktive Lehre. Bei der sog. „Peer Instruction" findet daher der Informationstransfer zwischen den Studierenden statt – statt wie bei der klassischen Lehre von Lehrenden zu Studierenden, siehe z. B. [Rie13]. Es geht hierbei darum, dass die Studierenden voneinander lernen. [Maz97] beschreibt dieses Verfahren in folgenden Schritten:

  1. Lehrende stellen Fragen zu Lehrinhalten

  2. Studierende denken nach, bilden sich eigene Meinung

  3. Studierende stimmen individuell ab (Dissens)

  4. Lehrende prüfen/präsentieren eingehende Antworten

  5. Studierende überzeugen andere von der Richtigkeit der eigenen Antwort und dem zugehörigen Gedankengang/Lösungsweg

  6. Erneute individuelle Abstimmung der Studierenden (Konsens)

  7. Lehrende überprüfen/präsentieren Antworten und entscheiden, ob weitere Erklärungen nötig sind

  Die Interaktion der Studierenden untereinander sorgt dabei für eine stärkere Beschäftigung mit den Inhalten; das Einbeziehen fremder Gedanken hilft zudem bei der Überprüfung des eigenen Lösungswegs.

- *Gruppenarbeit fördern:* Um Abstimmungs- und Diskussionsprozesse zu trainieren, können Lehrende explizit nur ein Abstimmungsgerät pro Gruppe einsetzen (bewusst oder weil nur wenig Geräte vorhanden sind). Damit kann nicht mehr der/die Einzelne, sondern nur die Gruppe als Ganzes abstimmen. Dazu muss jede Gruppe das Thema oder die Aufgabe zunächst diskutieren und im Ergebnis übereinkommen, bevor sie ihre Gruppenmeinung über das Gerät übermittelt.

- *Anonymes Bewerten:* Studierende tun sich oft schwer, andere Studierende in der Öffentlichkeit objektiv zu bewerten. Das liegt daran, dass sie einerseits die Erwartungen ihrer Kommiliton/inn/en erfüllen wollen, andererseits im Gegenzug auch selbst positive Bewertungen erwarten. Lehrende können in diesem Fall ARS einsetzen, um z. B. in Seminaren studentische Präsentationen von anderen Studierenden bewerten zu lassen. Durch die gegebene

Anonymität ist deren Beurteilung i. d. R. objektiver als bei öffentlichen Äußerungen. Zudem stehen Lehrende auf diese Weise nicht als die alleinigen Kritiker/innen da.

- *Ruhe herstellen:* Zu Beginn einer Lehrveranstaltung sind Studierende häufig mit sich selbst beschäftigt: Sie begrüßen sich, packen Unterlagen aus, richten ihren Arbeitsplatz ein usw. I. d. R. dauert es eine Weile, bis sie so weit zur Ruhe gekommen und konzentriert sind, dass sie Veranstaltungsinhalte aufnehmen können. Indem Lehrende bereits zu Beginn einer Veranstaltung eine Startfrage mit Hilfe von ARS stellen, können sie diesen Vorgang beschleunigen: Durch die Konzentration auf die Frage, die Beantwortung über die Geräte und in Erwartung des Ergebnisses tritt die erwünschte Ruhe quasi als „Nebeneffekt" ein.

- *Themenfreigabe:* Möchten Lehrende ein Thema so lange behandeln, bis ein Großteil der Studierenden dieses verstanden hat, können sie parallel zur Veranstaltung eine Abstimmung zum Verständnis starten. Anzahl (und Prozentsatz) abgegebener Stimmen helfen einzuschätzen, wie viele überzeugt sind, das Thema bereits hinreichend zu beherrschen. Je nach Lehrziel kann das Thema dann so intensiv bearbeitet werden, bis genügend Studierende ihre „Freigabe" erteilt haben.

- *Demographische Abfrage:* Manche ARS gestatten vorab die Erhebung demographischer Faktoren. Dies ermöglicht später, Eingaben abhängig von diesen Faktoren anzuzeigen. Lehrende können Antworten damit leicht z. B. nach Geschlecht oder Alter unterscheiden und einfacher (auch anonymer) in Präsentation oder Veranstaltung einbauen als bei manueller Auszählung.

- *Individuelle Aufgaben:* Zum gemeinsamen Lernen[23] mit E-Übungen können Studierende individuelle Aufgaben eines gleichen Typs gemeinsam bearbeiten. Dies vermeidet den Abgleich von Ergebnissen und erlaubt eine Diskussion des Lösungswegs. ARS können dieses Szenario in den Hörsaal verlagern, ohne diesen vorab mit Rechnern ausstatten zu müssen. Bisher wurde das noch nicht realisiert – dennoch ist denkbar, dass Lehrende eine Aufgabe stellen, die Formel zur Berechnung der Lösung in der Software hinterlegen und diese von sich aus individuelle Aufgaben an die Eingabegeräte versendet. Da bekannt ist, welche Eingabeeinheit welchen Wert erhalten hat, ist ein Abgleich mit eingegebenen Lösungen durchaus realisierbar, so dass dieses Szenario damit die Diskussion der Studierenden untereinander um den Lösungsweg voranbringt.

---

23 Siehe dazu Abschnitt 3.3.4 ab S. 52.

- *Teilnahmelisten erheben:* I. d. R. erfolgt die Abstimmung über ARS anonymisiert, worauf Studierende sehr großen Wert legen. Dennoch ist eine Individualisierung der Eingaben technisch machbar. So hat die medizinische Fakultät der Uni Ulm bereits bei der Immatrikulation Geräte[24] ausgeteilt, die Studierende im gesamten Studium behalten konnten. Eine Erfassung der Geräte-ID und Speicherung zusammen mit einer Matrikelnummer würde die Individualisierung von Abstimmungen zumindest technisch ermöglichen. Damit wäre vorstellbar, z. B. per Klick zu Beginn einer Veranstaltung einfache Anwesenheitslisten zu erstellen, ohne dafür Papierlisten austeilen und wieder einsammeln zu müssen.

- *Senat, Fakultäts-, Fachbereichsrat:* Auch in Hochschulgremien kommen anonyme oder öffentliche Abstimmungen vor, die ebenfalls elektronisch durchgeführt werden können. Das spart Zeit beim Auszählen von Stimmen oder Abzählen von Handzeichen. Da Entscheidungen solcher Gremien Einfluss auf die Lehre haben können, trägt der Einsatz von ARS damit ebenfalls (indirekt) zur Verbesserung ihrer Qualität bei.

### 3.3.2.3 Technik

Ein ARS besteht im Wesentlichen aus zwei Komponenten: Eine Zieleinheit interagiert mit mehreren Abstimmungseinheiten. Die Zieleinheit sendet Anfragen an die Abstimmungseinheiten, empfängt deren Antworten und präsentiert sie. Die Abstimmungseinheiten befinden sich im Publikum, registrieren dessen Eingaben und übermitteln sie zurück. Je nachdem, ob ein ARS eigene Hardware mitbringt oder fremde verwendet, existieren unterschiedliche technische Varianten.

- *Fremde Hardware:* I. d. R. mit zentralem Server als Zieleinheit; die Abstimmung erfolgt z. B. auf Smartphones der Studierenden.

  - *ARSnova*[25]: Open Source ARS, entwickelt an der TH Mittelhessen

  - *Cliqr*[26]: ARS-Erweiterung, Plugin für das LMS Stud.IP und App für Smartphones, eingesetzt z. B. an der Uni Osnabrück

  - *eduVote*[27]: Kommerzielle Smartphone-App, eingesetzt z. B. an Hochschule Bonn Rhein Sieg, TU Braunschweig, Uni Hannover

---

24  Diese wurden inzwischen durch feste Installationen im Hörsaal ersetzt.

25  https://arsnova.eu

26  http://www.cliqr.de

27  http://www.eduvote.de

- *FreeQuizDome*[28]: Kostenlose Software, keine App nötig, viele Aufgabentypen, eingesetzt z. B. an Uni Bielefeld

- *letsfeedback*[29]: App mit LaTeX-Integration, z. B. an LMU München

- *Peer Instruction for very large Groups (PINGO)*[30]: Forschungsprojekt der Uni Paderborn

- *Power Blue Classroom Quiz*[31]: App für Smartphones, nutzt Bluetooth, Forschungsprojekt der Uni Osnabrück

- *Socrative*[32]: App für mobile Endgeräte

- *StuReSy*[33]: Webseite und App für mobile Geräte, Open-Source-Projekt, Forschungsprojekt der Uni Hamburg

- *Eigene Hardware*: Bestehend i. d. R. aus einer Empfangseinheit für die Notebooks der Lehrenden und mehreren tragbaren Abstimmungseinheiten.

  - *Interactive Voting System*[34]: eingesetzt z. B. an TU Clausthal, Uni Göttingen und Uni Osnabrück

  - *mobiTED*[35]

  - *Keypad Depot (ehem. OptionFinder)*[36]: eingesetzt z. B. an FH Harz, Uni Düsseldorf, LMU München und JLU Gießen

  - *PowerVote TED-System*[37]: z. B. an Uni Bochum und TiHo Hannover

  - *Qwizdom*[38]: eingesetzt z. B. an Uni Oldenburg

  - *TurningPoint Student Clicker*[39]: eingesetzt z. B. an Uni Münster

---

28  http://freequizdome.com/download.htm
29  http://letsfeedback.net
30  http://goo.gl/ZfmPa
31  http://www-lehre.inf.uos.de/~skrutyko/pbcq/
32  http://www.socrative.com
33  http://sourceforge.net/projects/sturesy
34  http://www.ivsystem.nl/cms/index.php?language=de
35  http://www.iml-deutschland.com/products/
36  http://www.keypaddepot.de
37  http://www.powervote.com
38  http://www.quizdom.co.uk
39  http://www.turningtechnologies.com/studentresponsesystem/studentclickers/

### 3.3.2.4 Beispiele

- Power Blue Classroom Quiz[40]: Abstimmung via Mobiltelefon und Bluetooth an der Uni Osnabrück

- Die TiHo Hannover setzt PowerVote zur Anreicherung der Lehre ein, beschrieben z. B. von [EME+10]

- Die Informatik der TH Mittelhessen hat mit ARSnova[41] eine eigene Open-Source-Lösung erstellt

- Eine Vielzahl an Beispielen und Einsatzmöglichkeiten zum agilen Lernen mit Clickern gibt es im Blog von Derek Bruff[42]

### 3.3.2.5 Bewertung

Durch Einsatz von ARS können Lehrende insbesondere in Massenveranstaltungen effizient Feedback erheben und so Stimmung, Meinung oder Wünsche des Publikums einbeziehen. Aufgrund der gegebenen Anonymität ist zudem ein objektives Meinungsbild erfassbar. Darüber hinaus kann die eigene Hardware der Zuhörer/innen (z. B. Smartphones) einbezogen werden.

Die Lehrenden erhalten ausschließlich ein kumuliertes Gesamtergebnis; damit sind keine Lernprobleme einzelner Studierenden identifizierbar. Ohne Fremdhardware fällt zudem logistischer Aufwand an: Mobile Einheiten sind für jeden Einsatz zu transportieren, auszuteilen und einzusammeln. Ihre Anschaffung verursacht Kosten, zudem ist kontinuierliche Wartung nötig (z. B. Batteriewechsel, Austausch defekter Geräte).

Eine Verwendung von ARS zur Anreicherung traditioneller Face-to-Face-Veranstaltungen, wie z. B. von Vorlesungen oder Seminaren, insbesondere wenn eine große Zahl von Zuhörenden beteiligt ist, bietet sich an.

### 3.3.3 Nachbereitung und E-Übungen

In der Kombination aus klassischer Vorlesung und Übung dient die Vorlesung zur Vermittlung von Inhalten, welche die Studierenden dann in einer folgenden Übung wiederholen, trainieren oder vertiefen. Gegebenenfalls qualifizieren sie sich durch regelmäßiges Bearbeiten von Übungsaufgaben zur Teilnahme an ei-

---

40  http://www-lehre.inf.uos.de/~skrutyko/pbcq/

41  https://ars.thm.de

42  http://derekbruff.org/?page_id=2

ner abschließenden Klausur. Aus den Ergebnissen einer Übung können Lehrende schließen, welche Inhalte bereits verstanden wurden und welche in einer der folgenden Veranstaltungen noch einmal wiederholt oder vertieft werden sollten. Die Bearbeitung von Übungsaufgaben erfolgt dabei regelmäßig, i. d. R. als Nachbereitung einer vorausgehenden Lehrveranstaltung. So kann das aktuelle Lernergebnis jeweils individuell ermittelt und beurteilt werden.

Wesentlicher Vorteil elektronischer Übungsaufgaben ist das effiziente Feedback. Studierende erhalten sofort Rückmeldung, welche Fragen korrekt beantwortet wurden und können – falls Inhalte weiterhin unklar bleiben – diese schon in der folgenden Veranstaltung ansprechen. Lehrende bekommen ebenfalls einen Überblick über die Ergebnisse. Sie können darauf reagieren, indem sie Nichtverstandenes wiederholen bzw. zu Folgethemen übergehen, wenn etwas schneller als erwartet gelernt wurde, siehe dazu z. B. [KR10]. Bei papierbasierten Übungen hingegen vergehen i. d. R. ein bis zwei Wochen, bis Tutor/inn/en die Abgaben kontrolliert, im Rahmen ihrer Tutorien mit den Studierenden besprochen und Lehrende über die Ergebnisse informiert haben.

Durch elektronische Verfahren können Studierende leichter als bisher falsch gelöste Aufgaben noch einmal bearbeiten (z. B. mit anderen Grundwerten). Dadurch können sie einen Teil der nicht erreichten Punkte zurückgewinnen. Das motiviert stärker, sich ein weiteres Mal mit den Inhalten zu beschäftigen, die zunächst nicht verstanden wurden. Durch eine automatische Auswertung klappt das sogar im normalen Übungszyklus. Bleibt dennoch etwas unklar, können Studierende ihre Fragen zeit- und themennah in einer Folgeveranstaltung ansprechen.

### 3.3.3.1 Ziele

- Aktive Wiederholung von Inhalten durch Bearbeitung
- Regelmäßige Kontrolle des Lernergebnisses
- Identifikation individueller Lernprobleme
- Optimierte Lehrplanung durch effizientes Feedback

### 3.3.3.2 Organisation

Übungsaufgaben greifen i. d. R. Inhalte einer vorangehenden Veranstaltung auf. Daher bietet es sich an, Aufgaben im Anschluss daran freizuschalten. Studierende bearbeiten diese Aufgaben dann bis zur nächsten Veranstaltung.

### 3.3.3.3 Technik

- Testkomponente des LMS LON-CAPA[43] im Bereich der MINT-Fächer

- Generell alle softwarebasierten Systeme mit Testkomponenten einsetzbar, z. B. ein LMS der Hochschule

### 3.3.3.4 Beispiele

- VITA-Projekt[44] an der HS Ostfalia

- CASUS-System[45] zur fallbasierten Ausbildung von Tiermediziner/inne/n an der TiHo Hannover, siehe dazu z. B. [SFTE11]

- EASy-Plattform[46] im Informatikstudium an der WWU Münster, beschrieben z. B. in [GK10]

### 3.3.3.5 Bewertung

Ein Einsatz wiederverwendbarer und automatisch auswertbarer Übungsaufgaben reduziert den Korrekturaufwand für Lehrende und Tutor/inn/en. Studierende erhalten auf diese Weise schneller Feedback als bei manueller Kontrolle und können bei Bedarf zeitnah nachfragen. Lehrende können das Feedback zur besseren Planung von Folgeveranstaltungen einsetzen.

„Verpflichtende" Übungen reduzieren jedoch die Freiheit des Studiums. Außerdem setzen sie voraus, dass alle Studierenden in gleicher Weise von einer aktiven Wiederholung der Inhalte (z. B. durch die Bearbeitung von Übungsaufgaben) profitieren.

Die Übergänge von Szenarien zur Vor- und Nachbereitung von Lehrveranstaltungen sind fließend, da einer Veranstaltung i. d. R. eine frühere vorangegangen ist. Die Nachbereitung kann also leicht mit der Vorbereitung für eine folgende Veranstaltung sowie umgekehrt gekoppelt werden. Eine Kombination mit der in Abschnitt 3.3.1 beschriebenen Veranstaltungsvorbereitung bietet sich daher an.

---

43  http://www.lon-capa.org
44  http://www.ostfalia.de/cms/de/vita
45  http://www.casus.eu
46  http://www.wi.uni-muenster.de/pi2/e-assessment/web/demo.php

### 3.3.4 Gemeinsames Lernen fördern

Lernen in Gruppen kann sich positiv auf das Lernergebnis auswirken. Studierende können sich z. B. gegenseitig helfen, wenn Schwierigkeiten beim Lösungsweg auftreten. Im naturwissenschaftlichen Bereich finden sich häufig komplexe Berechnungen, an deren Ende ein einfaches Ergebnis steht. Um gemeinsames Lernen zu fördern, muss ein Abgleich von Ergebnissen ausgeschlossen werden, damit sich Studierende stärker auf den eigentlichen Lösungsweg konzentrieren können.

Ein Lösungsansatz sind Übungsaufgaben, die den gleichen Grundtyp und den gleichen Lösungsweg haben, aber durch unterschiedliche und individuelle Grundwerte charakterisiert sind. Die folgende Abb. 3.6 zeigt ein Beispiel[47] für zwei Ausprägungen einer solchen Aufgabe aus dem Bereich Physik. Elektronische Unterstützung macht eine effiziente Individualisierung solcher Aufgaben überhaupt erst möglich. Das Hinterlegen einer zugehörigen Berechnungsvorschrift erlaubt zudem die automatisierte Auswertung der individuellen Lösungen.

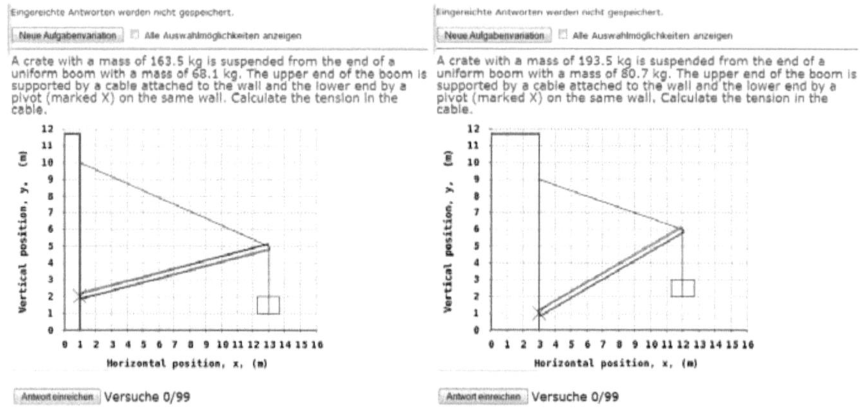


Abbildung 3.6: Verschiedene Ausprägungen einer Aufgabe

Erhalten Studierende z. B. im Rahmen des Übungsbetriebs derart individuelle Aufgaben, ist ein Abgleich oder Austausch von Ergebnissen untereinander nahezu ausgeschlossen. Sie sind auf diese Weise „gezwungen", sich selbst mit den Aufgabeninhalten und dem Lösungsweg auseinanderzusetzen. Denn diesen müssen sie verstehen, um ihn mit ihren individuellen Grundwerten nachvollziehen zu können und so auf die Lösung zu kommen. Das funktioniert insbesondere in den MINT-Fächern: Dort finden sich häufig Berechnungsaufgaben, deren Grundwerte per Zufall in einem vorgegebenen Wertebereich variiert werden können.

---

47  Quelle: LON-CAPA

### 3.3.4.1 Ziele

- Zusammenarbeit beim Lernen, soziales Lernen
- Vermeiden eines Ergebnisaustausches/-abgleichs
- Inhalte und Abläufe verstehen und anwenden können

### 3.3.4.2 Organisation

Ein/Eine Lehrende/r stellt zunächst den Grundtyp einer Aufgabe bereit. Ein passendes System generiert dann daraus für alle Studierenden eine unterschiedliche Ausprägung dieser Aufgabe. Die Studierenden lösen gemeinsam ihre Aufgaben, wobei sie sich austauschen können, und geben ihre Ergebnisse dann ein. Das System prüft, ob diese Eingabe abhängig von den Grundwerten sowie den hinterlegten Berechnungsvorschriften korrekt ist, der Lösungsweg also nachvollzogen werden konnte. Schließlich erhalten Studierende (und auch Lehrende) Feedback.

### 3.3.4.3 Technik

- LMS LON-CAPA[48]

### 3.3.4.4 Beispiele

- VITA-Projekt[49] an der HS Ostfalia

### 3.3.4.5 Bewertung

Durch das Einbeziehen des beschriebenen Zufallsprinzips sind nahezu uneingeschränkt viele Aufgabenvariationen möglich. Zudem können Systeme durch hinterlegte Berechnungsvorschriften Eingaben und Ergebnisse automatisiert abgleichen. Studierende erhalten damit direkt nach ihrer Eingabe schnelles Feedback.

Die Variation von Grundwerten funktioniert ausschließlich bei Berechnungsaufgaben, ihr Einsatz beschränkt sich damit im Wesentlichen auf MINT-Fächer. Zudem sind zusätzliche Berechnungsvorschriften zu hinterlegen. Lehrende müssen neben der inhaltlichen Korrektheit auch auf korrekte Berechnungsvorschriften

---

48  http://www.lon-capa.org
49  http://www.ostfalia.de/cms/de/vita

und korrekt definierte Wertebereiche achten, um z. B. ein Teilen durch 0 auszuschließen. Darüber hinaus ist keine Kontrolle des Lösungswegs möglich.

E-Assessments zum gemeinsamen Lernen finden sich insbesondere im Übungsbetrieb, z. B. in Kombination mit den in Abschnitt 3.3.3 beschriebenen E-Übungen. Ihr Einsatz ist ebenso in Tutorien oder gemeinsamen Lernszenarien vorstellbar, insofern Studierende dort auf elektronische Arbeitsplätze zugreifen können.

## 3.3.5 Codeanalyse bei Programmierübungen

Viele technische Hochschulen bieten Programmierkurse an. Studierende lernen darin Grundlagen der Programmerstellung mit Programmiersprachen wie z. B. Java, C++, PHP usw. Häufig bestehen solche Kurse aus einer Kombination von Vorlesung und Übung: Während die Vorlesung theoretische Grundlagen vermittelt, können Studierende diese in den Übungen anwenden und in Programme umsetzen. Eine Überprüfung solcher Programme ist jedoch aufwändig. Typischerweise senden Studierende ihre Lösungen an die Tutor/inn/en. Diese führen dann eine Reihe von Untersuchungen durch, z. B.: Ist das Programm vom Compiler übersetzbar? Wurden sinnvolle Bezeichner verwendet? Liefern vorgegebene Eingabewerte erwartete Ausgabewerte? Endet das Programm regulär? Solche Untersuchungen kosten viel Zeit. Um schneller Feedback geben zu können, setzen Lehrende immer mehr auf automatisierte Testwerkzeuge. Diese sollen vor allem einfache Tätigkeiten übernehmen – z. B. feststellen, ob der vorliegende Quellcode übersetzt werden kann – und damit die Analyse und Begutachtung der Programme unterstützen. Viele Hochschulen haben zu dem Zweck eigene Werkzeuge erstellt. Eine Übersicht über solche Systeme und ihre Funktionalität findet sich z. B. bei [DM98], [HQW08] oder [Sch11].

### 3.3.5.1 Ziele

- Entlastung der Lehrenden, schnelleres Feedback
- Untersuchung von Programmquellcodes
- Automatisierung einfacher Analyseschritte
- Generelle Überprüfung der Programmqualität

### 3.3.5.2 Organisation

Zunächst erfolgt die Konfiguration eines Testservers durch die Aktivierung gewünschter Analyseschritte: Wurde z. B. eine Datei hochgeladen? Ist sie compilierbar? Wurde kommentiert? Wie reagiert das Programm auf Eingabewerte? Was wird ausgegeben? Nach Verteilung der Programmieraufgaben schalten die Lehrenden den Testserver frei. Die Studierenden haben nun einen gewissen Zeitraum, um die Aufgaben zu bearbeiten und zugehörige Programme zu erstellen. Sie reichen diese dann direkt beim Testserver ein. Dieser gibt nach automatischer Analyse ein Feedback, welche Prüfungen erfolgreich waren und was nicht funktionierte. Die Studierenden erhalten noch während ihres Übungszeitraums die Möglichkeit zur Nachbesserung: Der Testserver überprüft verbesserte Versionen der Programme so oft wie nötig. Schließlich erhalten auch die Lehrenden Feedback, welche Programme korrekt und wie viele Anläufe dafür nötig waren.

### 3.3.5.3 Technik

- Automatisches Software-Bewertungssystem[50] (ASB)

- Das Übungssystem der Informatik-Einführung[51] (DUESIE) für Java, SML

- Praktomat[52] für Java, C++ und Haskell

- eXtreme e-Learning eXperience[53] (XLX) für SQL

- Measure Of Software Similarity[54] (Moss) zur Erkennung von Software-Plagiaten bei vielen Programmiersprachen

- Online Judge-Systeme[55] zur Analyse von Einreichungen bei Programmierwettbewerben

### 3.3.5.4 Beispiele

- Praktomat im eCULT-Projekt an der HS Ostfalia[56]

- Praktomat an der Uni Karlsruhe[57]

---

50  http://goo.gl/4X0qOr

51  https://duesie.bs.informatik.uni-siegen.de

52  http://pp.info.uni-karlsruhe.de/project.php?id=34&lang=de

53  http://www.uni-muenster.de/studium/orga/xlx.html

54  http://theory.stanford.edu/~aiken/moss/

55  Eine Liste ist z. B. zu finden unter http://en.wikipedia.org/wiki/Online_judge

56  http://www.ostfalia.de/cms/de/ecult/Praktomat.html

57  https://praktomat.info.uni-karlsruhe.de

### 3.3.5.5 Bewertung

Eine automatisierte Überprüfung von Programmen entlastet Lehrende. Studierende erhalten direkt nach ihrer Abgabe Feedback zum eingereichten Programm und müssen nicht erst auf die Überprüfung durch Tutor/inn/en warten. Neben allgemeinen Tests zur Übersetzbarkeit sind weitere Untersuchungen möglich, um Reaktionen und Ausgaben der eingereichten Programme zu berücksichtigen.

Problem ist, dass Schnittstellen und Verhalten eines jeden einzureichenden Programms vorab eindeutig spezifiziert sein müssen. Zudem muss seine korrekte Reaktion auf jeden Eingabewert feststehen und im Vorfeld hinterlegt sein. Schließlich sind Sicherheitsmaßnahmen nötig, um ein Blockieren des Testservers im Fall einer Endlosschleife oder das Ausführen von Schadcode zu vermeiden.

Dieses Szenario bietet sich zur Überprüfung gleichartiger Programme an, z. B. im allgemeinen Übungsbetrieb. Zudem ist es für größere Tutorien oder gemeinsame Lernszenarien vorstellbar, um Studierenden individuelles Feedback zu geben.

## 3.3.6 Motivierende Quizzes zur Wiederholung

Um wesentliche Inhalte einer vorangegangenen Veranstaltung noch einmal zu wiederholen, können Lehrende Online-Quizzes zu den behandelten Themen bereitstellen. Diese sind z. B. in Form kurzer Multiple-Choice-Tests gestaltet und werden von Studierenden gerne angenommen. Sie motivieren spielerisch dazu, sich noch einmal mit Themen einer Veranstaltung auseinanderzusetzen. Die Teilnahme daran ist i. d. R. freiwillig, die Studierenden bleiben dabei i. d. R. zudem anonym. Auf diese Weise werden zwei Dinge erreicht: Einerseits wiederholen motivierte Lernende die besprochene Thematik noch einmal; sie überprüfen effizient, ob sie wesentliche Inhalte verstanden haben und erhalten einen weiteren Ansatzpunkt zur Vertiefung. Andererseits erhalten Lehrende durch die Statistik der Ergebnisse ein erstes und – aufgrund von Anonymität und Freiwilligkeit – ehrliches Feedback zum Verständnis bei den Lernenden.

Teilnehmende erhalten unmittelbar im Anschluss Feedback, da korrekte Lösungen vorgegeben sind, die Auswertung der Eingaben automatisiert erfolgt und keine Notenskala einzustellen ist. Zudem sind Quizzes für regelmäßige Veranstaltungen problemlos wiederverwendbar: Ein Kopieren oder Abschreiben der Antworten von Dritten bringt keinen Vorteil, außer dass sich die Studierenden außerhalb der Veranstaltung noch einmal mit den Inhalten beschäftigen – was aber durch das Quiz gerade gewünscht ist.

Lehrende sprechen mit solchen Quizzes einen weiteren Kanal zur Aufnahme von Inhalten an; die Inhalte erreichen die Studierenden damit auf verschiedenen Wegen. Indem sie Fragen und Inhalte kombinieren, fesseln Quizzes die Aufmerksamkeit. Das motiviert Lernende, sich stärker mit diesen Inhalten auseinanderzusetzen. Gibt es keine eindeutigen richtigen oder falschen Antworten, z. B. bei philosophischen Fragestellungen, können Quizzes helfen, Meinungen in den Lernkontext einzuordnen und zu visualisieren, wie die folgende Abb. 3.7 andeutet.

Abbildung 3.7: Beispiel: Quiz zu philosophischen Denkrichtungen

### 3.3.6.1 Ziele

- Verwendung eines weiteren Kanals zur Aufnahme von Inhalten
- Wiederholung bereits behandelter Inhalte
- Motivation, sich noch einmal damit zu beschäftigen
- Feedback zum Verständnis für Lehrende und Lernende

### 3.3.6.2 Organisation

Da keine erhöhten Sicherheitsanforderungen gelten, ist eine Bereitstellung z. B. über die Testkomponente eines LMS vorstellbar. Zudem ist eine Wiederverwendung von Aufgaben aus früheren Semestern problemlos möglich.

### 3.3.6.3 Beispiele

- Das Quiz „To lie or not to lie?"[58] der Open University (siehe Abb. 3.7 auf S. 57) fragt Meinungen ab und stellt diesen Einschätzungen der Philosophen Kant, Bentham und Aristoteles gegenüber.

### 3.3.6.4 Bewertung

Quizzes bieten eine zusätzliche Möglichkeit, sich mit Lerninhalten zu beschäftigen und diese zu wiederholen oder zu vertiefen. Sie sind ein freiwilliges Zusatzangebot und sprechen einen weiteren Aufnahmekanal an. Lehrende auf der anderen Seite erhalten ehrliches Feedback zum Verständnis. Zudem können sie die Aufgaben wiederverwenden.

Erstellung und Bereitstellung von Quizzes bedeuten zusätzlichen Aufwand. Zudem ist die Bearbeitung freiwillig: Lehrende können also nicht davon ausgehen, dass sämtliche Studierenden dieses Angebot auch wirklich wahrnehmen.

Da sie ein Zusatzangebot sind, können Quizzes mit sämtlichen Lehrszenarien kombiniert werden.

## 3.3.7 Zwischentests in Selbstlernphasen

Reine E-Learning- oder Selbstlerneinheiten finden sich z. B. an Fernuniversitäten oder bei der Kombination aus klassischer Hochschullehre und Blended Learning. Lehrende lagern damit bestimmte Teilaspekte aus Vorlesungen aus oder geben Studierenden eine weitere Gelegenheit, um bestimmte Inhalte zu vertiefen. Solche Zusatzmodule bieten zwei wesentliche Vorteile: Auf der einen Seite sprechen sie einen weiteren Aufnahmekanal an und erhöhen somit die Wahrscheinlichkeit, dass Studierende Inhalte verstehen. Auf der anderen Seite können Studierende durch eine zugehörige Veranstaltungsreihe begleitet werden.

Bei Selbstlerneinheiten ist Feedback elementar; nur darüber erfahren Lernende, welche Inhalte sie bereits verstanden haben und wo noch Schwächen bestehen. Zwischentests helfen dabei: Sie sind thematisch und didaktisch an einzelne Lerneinheiten gekoppelt und schließen sie i. d. R. ab. So sollten weiterführende Lerneinheiten erst bearbeitet werden, wenn vorangegangene Inhalte durchgearbeitet und verstanden wurden. Zwischentests können dies sicherstellen und darauf aufbauend z. B. den Zugang zu weiterführenden Lerneinheiten freischalten.

---

[58] http://media.open2.net/to-lie-or-not-to-lie/index.html

### 3.3.7.1 Ziele

- Feedback zum Verständnis

- Einhalten einer vorgegebenen Lernreihenfolge

- Ergänzung klassischer Hochschullehre

### 3.3.7.2 Bewertung

Studierende erfahren auf diese Weise, was sie bereits verstanden haben. Zudem bieten solche Tests Abwechslung vom „trockenen" Durcharbeiten der Inhalte.

Andererseits kosten Zwischentests Zeit und halten auf, insbesondere wenn Studierende erst im Anschluss daran auf weiterführende Lerneinheiten zugreifen können: Dies widerspricht dem „Learning-on-demand-Prinzip"[59].

Eine Integration von Zwischentests in Selbstlerneinheiten bietet sich an. Als Ergänzung zur klassischen Hochschullehre findet man i. d. R. häufiger die in Abschnitt 3.3.3 vorgestellten E-Übungen oder die Quizzes aus Abschnitt 3.3.6.

## 3.3.8 Gewissheit prüfen

Beim „Confidence-based Marking"[60] oder auch „Certainty-based Marking" stellen Lehrende als Erweiterung einer Aufgabe zusätzlich eine Frage zum Zutrauen der Prüflinge in die gegebene Antwort. Prüflinge geben darüber ihre Einschätzung ab, ob ihre Antwort bei der Auswertung als korrekt gewertet wird oder nicht. Dieses Zutrauen kann z. B. auf einer Skala von „sehr sicher" bis „ungewiss" angegeben werden. Auf diese Weise lässt sich auf das Verhältnis von Wissenslücken zu Fehlern im Lernprozess schließen. Denn eine falsche Antwort, die mehr oder weniger geraten wurde, hat eine andere Qualität als eine, von deren Korrektheit ein Prüfling überzeugt ist. Während im ersten Fall der korrekte Sachverhalt noch nicht erlernt wurde, hat der Prüfling im zweiten Fall etwas Falsches gelernt, was wiederum auf Vermittlungs- oder Verständnisprobleme im Lernprozess hindeutet. Dieser ist daraufhin zu analysieren und gegebenenfalls anzupassen. Siehe für weitere Informationen z. B. [GMG03].

---

59  Dabei wird Wissen erst dann erworben, wenn es zur Erfüllung einer Aufgabe benötigt wird.
60  Siehe dazu z. B. http://www.ucl.ac.uk/lapt/

### 3.3.8.1 Ziele

- Identifikation der Sicherheit des Wissens (und des Zutrauens darin)
- Ermitteln der Überzeugtheit von den Antworten
- Analyse der Risikobereitschaft der Lernenden

### 3.3.8.2 Organisation

Die Erfassung erfolgt zusätzlich zu den Antworten einer Aufgabe über eine Likert-Skala[61] mit der Reichweite von „sehr sicher" bis „ungewiss". Es gibt darüber hinaus die Idee, weniger Punkte für geratene als für gewusste Antworten zu vergeben. Zudem ist ein „Hebel" vorstellbar: Je sicherer sich Prüflinge in ihrer Antwort sind, umso mehr Punkte können sie pro richtiger Antwort erhalten.

### 3.3.8.3 Bewertung

Diese Methode hilft zu unterscheiden, welche Antworten eher geraten und welche eher gewusst wurden. Lehrende stellen auf diese Weise fest, wie sicher sich Prüflinge bei der Anwendung ihres Wissens sind. Zudem kann falsch Gelerntes identifiziert werden.

Der Beantwortungsaufwand steigt jedoch: Die Zahl einzugebender Antworten verdoppelt sich im schlimmsten Fall. Zudem ist die Granularität von Zutrauen nur schwer abzuschätzen. Eine Antwortpflicht existiert nicht. Zusatzpunkte, welche die Punktzahl nach oben „hebeln", können die Risikobereitschaft der Prüflinge künstlich erhöhen. Schließlich ist dieses Verfahren bei offenen Aufgabentypen nur bedingt einsetzbar.

„Confidence-based Marking" bietet sich insbesondere bei Tests an, die vorhandenes (deklaratives oder prozedurales) Wissen überprüfen sollen. Es ist daher als Erweiterung für Multiple-Choice-Tests vorstellbar.

## 3.4 Summative Assessments

Summative Assessments sind das, was eine Hochschule allgemein unter dem Begriff „Prüfung"[62] versteht. Sie messen Leistungen oder Fertigkeiten im Anschluss

---

61 Verschiedene Auswahlaufgabentypen sind in Abschnitt 4.5.1.2 ab S. 119 beschrieben.
62 Siehe zur Abgrenzung der Begriffe den Auftakt von Kapitel 2 auf S. 15.

an Lernprozesse oder Lernphasen[63] und versuchen damit, den abschließenden Lernerfolg zu bestimmen. Dieser gibt den Grad an Übereinstimmung ursprünglicher Lernziele mit dem schließlich erreichten Lernergebnis an. Summative Assessments finden sich z. B. als Klausur am Semesterende, als Zwischentests nach thematischen Einheiten oder als gestalterische Abschlussarbeit in den bildenden Künsten. Weil sie meist benotet sind, können sie den weiteren Studienverlauf beeinflussen: Nach mehrmaligem Scheitern ist ein Studium im schlimmsten Fall beendet. Darum sind i. d. R. enge rechtliche Rahmenbedingungen einzuhalten.

Der folgende Abschnitt 3.4.1 beschreibt Messungen vor und nach dem Lernprozess. Diese helfen, seine konkrete Wirkung auf die Lernenden zu bestimmen. Elektronische Klausuren finden i. d. R. nachher statt; Abschnitt 3.4.2 geht darauf ein. Scan-Klausuren ermöglichen Assessments von großen Kohorten; Abschnitt 3.4.3 stellt sie vor. Abschnitt 3.4.4 beschäftigt sich mit der Möglichkeit, mündliche Prüfungen per Videokonferenz abzunehmen. Schließlich ist der Einsatz elektronischer Werkzeuge auch in Praxistests möglich, was Abschnitt 3.4.5 ausführt.

## 3.4.1 Vorher-/Nachher-Messungen

Eine Vorher-/Nachher-Messung ermittelt die Auswirkungen, die ein spezieller Lehr-/Lernprozess – im Sinne eines abgegrenzten Zeitraums – auf die Lernenden hat. Sie stellt dazu Vorwissen bzw. vorab erworbene Kompetenzen der Prüflinge fest und schließt somit aus, dass diese das Messergebnis verfälschen oder ihrerseits als Ergebnis des Lernprozesses wahrgenommen werden. Dieser Assessment-Typ besteht dazu aus zwei Teilen: Ein diagnostisches Assessment findet vorab und ein summatives im Anschluss an den zu untersuchenden Zeitraum statt.

- Die diagnostische Vorabuntersuchung identifiziert das bestehende Wissen, Kompetenzen oder Fertigkeiten. Sie hilft, die Lehre auf dieser Grundlage zielgruppen- und bedarfsgerecht zu optimieren.

- Die summative Abschlussuntersuchung stellt Wissen, Kompetenzen oder Fertigkeiten im Anschluss an den Lernprozess fest.

Der Lernerfolg, der aus dem zu untersuchenden Lernprozess resultiert, ergibt sich schließlich aus der Differenz zwischen den Ergebnissen der Vorab- und Abschlussuntersuchung. Damit ist die konkrete Veränderung in Wissen und Fertigkeiten individueller Lernender feststellbar.

---

63  Eine Einordnung in den Lernprozess nimmt Abschnitt 2.2 ab S. 17 vor.

### 3.4.1.1 Ziele

- Ermitteln von Veränderungen durch den Lernprozess
- Identifikation der Auswirkungen des Lernprozesses auf das Lernergebnis
- Einbeziehen bereits bestehenden Vorwissens

### 3.4.1.2 Organisation

Vor dem eigentlichen Lernprozess findet eine diagnostische Bestandsaufnahme statt. Diese zeigt den Stand der Lernenden an; dadurch hilft sie bei der Planung der Lehre, ihrer Optimierung durch Einbeziehen von Vorkenntnissen und der Auswahl einer Veranstaltungsform. Danach findet der Lernprozess statt. Im Anschluss folgt eine summative Erhebung der Lernergebnisse. Die Differenz zum Anfang zeigt dann die individuelle Auswirkung des Prozesses auf das Ergebnis an.

### 3.4.1.3 Bewertung

Lehrende können mit diesem Szenario die Auswirkungen eines konkreten Lernprozesses ermitteln. Zudem vermeiden sie damit die Illusion, dass Lernende vorher nichts wissen und sämtliche am Ende vorhandenen Kenntnisse und Fertigkeiten ausschließlich das Ergebnis ihrer Lehre sind.

Während bei der eben beschriebenen Grundannahme eine Prüfung reichte, fallen für eine Vorher-/Nachher-Messung mindestens zwei an. Diese müssen einen vergleichbaren Schwierigkeitsgrad aufweisen und sind damit aufwändiger zu erstellen. Zudem sind Rückschlüsse auf die Lehre im Ergebnis nur bedingt zulässig, da sich Lernende im Untersuchungszeitraum auch extern weiterbilden können.

Dieses Szenario enthält diagnostische und summative Elemente. Daher bietet es sich an, Verfahren zur Bestandsaufnahme (z. B. Einstufungstests aus Abschnitt 3.2.4) mit einer abschließenden E-Klausur zu kombinieren, auf die der folgende Abschnitt 3.4.2 noch näher eingeht.

### 3.4.2 Elektronische Klausuren

E-Klausuren sind das elektronische Gegenstück zu schriftlichen Klausuren. Sie werden i. d. R. am Ende einer Veranstaltungsreihe zur summativen Leistungsbeurteilung eingesetzt und sind normalerweise benotet. IKT helfen dabei, den Korrekturaufwand zu reduzieren, so dass Ergebnisse zeitnah zur Verfügung stehen.

Zudem sind Aufgabentypen umsetzbar, die in schriftlichen Klausuren undenkbar sind, z. B. Verhalten in Videos analysieren, Sprache hören und verstehen oder Auffälligkeiten in Röntgenbildern kennzeichnen. Dies sorgt zudem für mehr Praxisnähe und damit validere Messungen. Als „Ausfüllhilfe" bei offenen Aufgabentypen tragen sie darüber hinaus zur besseren Lesbarkeit von Eingaben bei.

Aufgrund der Benotung und ihrem Einfluss auf die Vergabe von ECTS-Punkten wirken sich E-Klausuren auf den weiteren Studienverlauf aus: So kann mehrmaliges Scheitern (je nach Prüfungsordnung) im schlimmsten Fall sogar das erfolglose Ende eines Studiums bedeuten. Daher werden besondere Anforderungen bezogen auf Sicherheit und Nachvollziehbarkeit an E-Klausuren gestellt. Ihre Verwendung muss u. a. in den jeweils gültigen Prüfungsordnungen verankert sein. Zudem müssen verschiedene Aktivitäten und Systeme aufeinander abgestimmt sein, beschrieben z. B. von [VS09]. Ein Beispiel für einen typischen klassischen Klausurprozess ist der folgenden Abb. 3.8 illustriert.

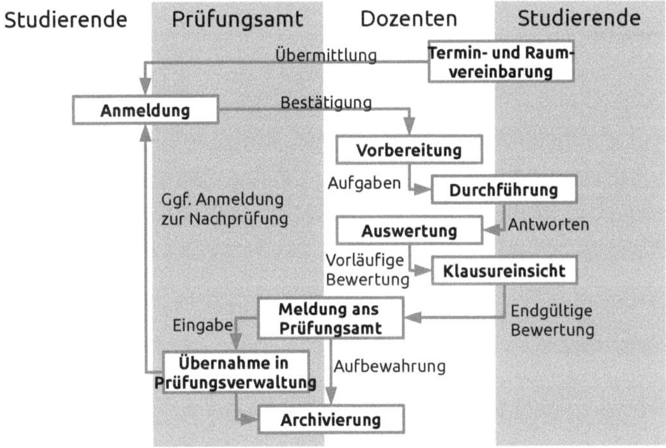


Abbildung 3.8: Typische Aktivitäten im Klausurprozess

Voraussetzungen für E-Klausuren sind eine verlässliche Technik und Studierende, die den Umgang mit zugehörigen Systemen gewohnt sind, z. B. von Probeklausuren oder Übungen. Zur Unterstützung Lehrender bei der Erstellung und Durchführung von E-Klausuren haben einige Hochschulen lokale E-Learning-Servicecenter aufgebaut, wie z. B. die Uni Bremen den E-Assessment-Dienst[64] oder die Uni Duisburg/Essen das Kompetenzzentrum für PC-gestützte Klausuren[65]. Die Erfahrungen der TiHo Hannover beschreiben z. B. [ECW+09].

---

64  http://www.eassessment.uni-bremen.de
65  http://www.uni-due.de/zim/kompetenzzentren/pc_hall.shtml

### 3.4.2.1 Ziele

- Unterstützung bei der Auswertung, effizientes/schnelles Feedback
- Mehr Praxisnähe durch Multimediaeinsatz
- Besser lesbare Antworten bei offenen Fragen
- Prüfen großer Kohorten

### 3.4.2.2 Organisation

Verschiedene Aktivitäten im Klausurprozess, das Zusammenspiel der beteiligten Systeme sowie Beispiele zur Organisation von Abläufen inklusive Checklisten sind in Abschnitt 4.3 ab S. 105 näher beschrieben.

### 3.4.2.3 Recht

Als Voraussetzung zur Durchführung von E-Klausuren sind eine Vielzahl rechtlicher Aspekte zu klären und zu beachten. Mit diesen beschäftigt sich Kapitel 6 ab S. 155. Informationen zu allgemeinem Prüfungsrecht sind z. B. in [WGB03], [ZB07] oder [NF10] enthalten; Rechtsfragen speziell zu E-Klausuren behandelt u. a. [Kal09].

### 3.4.2.4 Technik

Eine Übersicht über Softwaresysteme, mit denen E-Assessments und damit im Prinzip auch E-Klausuren durchführbar sind, findet sich in Abschnitt 4.2 ab S. 92. Eine beispielhafte Auswahl folgt.

- Q[kju:]-Exam[66] der Firma IQuL GmbH (früher Codiplan), eingesetzt z. B. an MH und TiHo Hannover, siehe z. B. [SFTE11]
- TestStudio der Firma LPLUS[67], eingesetzt z. B. in den Testcentern der Unis Bremen und Duisburg/Essen, siehe z. B. [BHS+10]
- Prüfungskomponente Online eXam des LMS ILIAS[68], eingesetzt für E-Klausuren z. B. an der Uni Mainz

---

66  http://www.iqul.de/ePrüfungen.aspx

67  http://www.lplus.de

68  http://www.ilias.de

- Virtuelles Prüfungssystem (ViPS)[69] als Plugin des LMS Stud.IP, eingesetzt z. B. an Uni und HS Osnabrück

### 3.4.2.5 Beispiele

Studierende benötigen zur Durchführung von E-Klausuren passende Arbeitsplätze. Diese können fest installiert sein, z. B. in eigens dafür eingerichteten Testcentern oder Rechner-Pools der Hochschulrechenzentren. Denkbar sind aber auch Leihgeräte, z. B. eigene Notebooks von Studierenden oder Mietgeräte externer Dienstleister. Nachfolgend einige Beispiele.

- Feste Räume, fest installierte Hardware

    - Testcenter Uni Bremen, 1 Raum, 120 Plätze, LPLUS

    - Testcenter Uni Duisburg/Essen, 1 Raum, 190 Plätze, LPLUS

    - Testcenter Uni Göttingen, 1 Raum, 98 Plätze, ILIAS

- Feste/variable Räume mit Laptops der Studierenden

    - FU Berlin, 4 Räume, 221 Plätze, Blackboard bzw. „Statistik-Labor" mit Safe Exam Browser

- Feste/variable Räume mit Leihgeräten (Laptops oder Tablet-PCs)

    - MH und TiHo Hannover, große Hörsäle, ca. 500 mobile Laptops, Q[kju:]-Systemplattform

- Prüfung mit vorhandenem LMS

    - Uni Mainz, 4 Räume, 240 Plätze, ILIAS mit Secure Browser

    - Uni Osnabrück, CIP-Cluster, Stud.IP mit ViPS

### 3.4.2.6 Bewertung

Die Beteiligung von Multimedia (z. B. als Audio, Video, Animation) kann zu mehr Praxisnähe und damit zu valideren Messungen beitragen. Eingaben der Prüflinge sind besser lesbar, hängen jedoch von ihrer Tippgeschwindigkeit ab. Das Mischen von Fragen und Antworten nach dem Zufallsprinzip kann Täuschungen erschweren. Durch (teil-)automatisierte Auswertung sparen E-Klausuren Korrekturzeit, setzen dafür aber Musterlösungen voraus. Es gibt mehr Auswertungsobjektivität durch weniger subjektive Einflüsse. Ein Vergleich von Leistungen ist

---

69  http://www.virtuos.uni-osnabrueck.de/Produkte/Vips

einfacher und übersichtlicher. Zudem ist die Übertragung von Ergebnissen, z. B. in Prüfungsverwaltungssysteme, weniger fehleranfällig als bei handgeschriebenen Listen. E-Klausuren befähigen zu stufenförmigen und adaptiven Prüfungsverläufen. Einmal aufgebaute Fragepools sind wiederverwendbar und austauschbar, z. B. zur Weiterentwicklung im Lehrverbund. Zudem sind Prüfung und Ergebnisse digital archivierbar, was „Papierberge" spart. Studierende finden die Möglichkeit angenehm, Antworten beliebig oft – und zwar spurlos – ändern zu können.

Dennoch sind umfangreiche Vorarbeiten nötig: Die Qualität der Aufgaben muss stimmen, parallele Prüfungsplätze müssen zur Verfügung stehen, sichere Prüfungsnetze aufgebaut, mehrere Durchläufe organisiert werden uvm. Der Aufbau von Testcentern oder Prüfungsräumen erfordert hohe Investitionen. Im Falle von Outsourcing macht sich eine Hochschule zudem von externen Service-Anbietern abhängig. Elektronische Geräte sind darüber hinaus anfällig für Pannen – es gibt also keine 100%-ige Zuverlässigkeit, z. B. im Fall eines Stromausfalls. Prüfende und Prüflinge haben unterschiedliche Kenntnisse im Umgang mit IKT, daher sind Schulungen und Probeklausuren unerlässlich. Neue Medien eröffnen zudem neue Manipulationsformen, denen mit zusätzlichen Sicherheitskonzepten zu begegnen ist: z. B. durch das Ausschließen von Chats, Einschränken von USB- und Netzzugriff usw. Ein weiterer Aufwand ist zur Herstellung von Rechtssicherheit nötig, um z. B. Prüfungsordnungen im Voraus anzupassen. Eine geforderte langjährige Archivierung ist ebenfalls fraglich, da unbekannt ist, welche Datenträger entsprechend lang funktionieren. Schließlich bieten sich E-Klausuren insbesondere zur Überprüfung von (deklarativem und zum Teil auch prozeduralem) Wissen an; in praktisch ausgerichteten Studiengängen sind sie daher nur begrenzt einsetzbar.

Folgt direkt im Anschluss an eine E-Klausur eine E-Lehrevaluation, siehe dazu Abschnitt 3.5.4, ist eine erhöhte Rücklaufquote zu erwarten. Haben Studierende zudem die Möglichkeit, im Sinne des in Abschnitt 3.5.3 beschriebenen Exam Retake fehlerhaft gelöste Aufgaben im Nachhinein noch einmal zu lösen, kann dies – aufgrund von Lernen durch Wiederholung – das Lernergebnis sogar nach einer E-Klausur noch verbessern.

## 3.4.3 Scan-Klausuren für Massenprüfungen

Viele Hochschulen, darunter z. B. die Fernuniversität Hagen, müssen Massenprüfungen mit sehr großen Kohorten durchführen. Da bei der Vielzahl an Prüflingen nicht genug Rechner für E-Klausuren[70] gleichzeitig bereitstünden und auch ein Prüfungsserver dieser Last nicht gewachsen wäre, bieten sich hierfür Scan-

---

70  Siehe zu Besonderheiten von E-Klausuren Abschnitt 3.4.2 ab S. 62.

Klausuren an. Diese werden elektronisch erstellt, gedruckt, mit einem Stift geschrieben (Paper & Pencil-Ansatz), dann eingescannt und am Ende automatisch ausgewertet.

Vorbereitung und Auswertung einer Scan-Klausur erfolgen also elektronisch unterstützt, ihre Durchführung geschieht traditionell. Lehrende entwickeln Aufgaben und zugehörige Antwortbögen am Rechner. Die speziellen Bögen werden dann, wie bei schriftlichen Klausuren üblich, vor Ort ausgeteilt und von den Prüflingen mit einem Stift ausgefüllt. Ein Beispiel eines solchen Bogens[71] von der FU Hagen ist in Abb. 3.9 auf der folgenden S. 68 zu sehen. Im Anschluss daran werden die Bögen eingesammelt und zentral eingescannt. Es folgt das automatische Erkennen der eingetragenen Antworten – bei Auswahlaufgaben das sogenannte Optical Mark Recognition (OMR) bzw. bei Texteingaben Optical Character Recognition (OCR). Dem schließt sich ein Abgleich mit den Musterlösungen an.

Beim Scanvorgang und der folgenden Analyse treten häufig Fehler auf, weil z. B. Artefakte[72] entstanden sind, ein Blatt schief eingelegt wurde oder Markierungen den Eingabefeldern gegenüber verrutscht sind. Darum ist eine manuelle Qualitätssicherung bei diesem Szenario unerlässlich.

### 3.4.3.1 Ziele

- Prüfen großer Kohorten

- Reduktion der Prüfungsdurchläufe

- Bewahrung einer handgeschriebenen Klausurform

- Elektronische Unterstützung bei der Auswertung

- Verringerung der Menge an Lösungsblättern

### 3.4.3.2 Organisation

Am Beispiel der FU Hagen sind nachfolgend verschiedene, aufeinander aufbauende Schritte beim Ablauf einer Scan-Klausur beschrieben:

- *Aufgaben und Musterlösungen erstellen*: Zunächst erstellen Lehrende Aufgaben und Musterlösungen. Meist handelt es sich dabei um MC-Aufgaben, da Markierungen (ausgefüllte oder angekreuzte Felder) einfacher elektronisch zu erfassen und auszuwerten sind als handschriftliche Symbole.

---

71  Quelle: http://www.fernuni-hagen.de/mks/lotse/lotse-beleg.pdf
72  Dabei werden Markierungen an Stellen erkannt, an denen nichts markiert wurde.

**FernUniversität in Hagen**   **Erfassungsbogen für Klausuren**   **LOTSE**

Name: _______________________

Vorname: _______________________

Straße: _______________________

PLZ / Wohnort: _______________________

Datum: _______________________

Unterschrift: _______________________

Matrikelnummer

Klausur/Modul/Kurs

Einheit

Kennzahl

|  1 |  2 |  3 |  4 |  5 |  6 |  7 |  8 |  9 | 10 |
| a | a | a | a | a | a | a | a | a | a |
| b | b | b | b | b | b | b | b | b | b |
| c | c | c | c | c | c | c | c | c | c |
| d | d | d | d | d | d | d | d | d | d |
| e | e | e | e | e | e | e | e | e | e |

**Bitte beachten:**

Richtige Antwort **ankreuzen**! Achten Sie darauf, im weißen Feld zu bleiben!

Bleistift Härtegrad 2 oder HB oder schwarzen Stift verwenden!

Zum Radieren einen Plastikradiergummi verwenden!

| 11 | 12 | 13 | 14 | 15 | 16 | 17 | 18 | 19 | 20 |
| a | a | a | a | a | a | a | a | a | a |
| b | b | b | b | b | b | b | b | b | b |
| c | c | c | c | c | c | c | c | c | c |
| d | d | d | d | d | d | d | d | d | d |
| e | e | e | e | e | e | e | e | e | e |

41

42

43

| 21 | 22 | 23 | 24 | 25 | 26 | 27 | 28 | 29 | 30 |
| a | a | a | a | a | a | a | a | a | a |
| b | b | b | b | b | b | b | b | b | b |
| c | c | c | c | c | c | c | c | c | c |
| d | d | d | d | d | d | d | d | d | d |
| e | e | e | e | e | e | e | e | e | e |

44

45

46

47

| 31 | 32 | 33 | 34 | 35 | 36 | 37 | 38 | 39 | 40 |
| a | a | a | a | a | a | a | a | a | a |
| b | b | b | b | b | b | b | b | b | b |
| c | c | c | c | c | c | c | c | c | c |
| d | d | d | d | d | d | d | d | d | d |
| e | e | e | e | e | e | e | e | e | e |

48

Interne Vermerke

V   C   P

T

7. Auflage 12/10

Abbildung 3.9: Beispiel eines OCR-Bogens der FU Hagen

- *OCR-Bögen vorbereiten*: Stehen Aufgaben und damit Antworten fest, folgt ihre Anordnung auf einem oder mehreren OCR-Bögen. Ein Beispiel dafür ist in Abb. 3.9 auf der vorangehenden Seite dargestellt. Genau ein Antwortbogen pro Klausur bietet sich an, um Teilauswertungen und deren Zusammenführung als zusätzliche Fehlerquelle zu vermeiden.

- *OCR-Bögen drucken*: Es folgt der Druck der Bögen. Die Verwendung möglichst festen Papiers erleichtert im Nachhinein das Einscannen. Zudem sollte eine einheitliche Blindfarbe mit der Druckerei abgestimmt sein. Diese begrenzt auf dem Blatt die Eingabefelder – so dass Prüflinge leichter erkennen können, wo Antworten einzutragen sind – und lässt sich beim Scannen komplett ausblenden. Die Druckerei muss sicherstellen, dass keine Farbverläufe auftreten, weil sonst Artefakte beim Scannen auftreten.

- *OCR-Bögen verteilen*: Die vorbereiteten OCR-Bögen werden zusammen mit Aufgabenblättern und evtl. Teilnahmelisten verpackt, versiegelt und an Teststandorte befördert. Zum vereinbarten Zeitpunkt erfolgt die Ausgabe der Aufgaben, so dass die Klausur zeitgleich verschiedenenorts geschrieben werden kann (statt mehrerer Durchläufe mit unterschiedlichen Aufgaben).

- *Klausur schreiben*: Danach bearbeiten Prüflinge die Aufgaben. Dazu tragen sie die Antworten zusammen mit weiteren Informationen wie Name und Matrikelnummer in die Bögen ein. Aufsichten vor Ort stellen sicher, dass keine Täuschungsversuche erfolgen und Namen, Matrikelnummern sowie Personen zueinander passen (und teilnehmen dürfen). Im Anschluss daran sammeln Aufsichten die Bögen ein, versiegeln diese und senden sie zurück.

- *Eingang im Prüfungsamt registrieren*: Das Prüfungsamt erfasst den Eingang der Bögen und gleicht die Personendaten mit der Anmeldeliste ab. Dadurch wird amtlich, ob alle Angemeldeten teilgenommen haben oder nicht – bzw. ob es Teilnehmende gab, die nicht angemeldet waren.

- *Scannen vorbereiten*: Es folgt die Vorbereitung der Scanvorgänge. Scanner sind dafür auf die Blindfarbe einzustellen, um diese direkt ausblenden zu können. Wurden verschiedene Klausuren geschrieben, sind Bögen bzw. Scanvorgänge diesen zuzuordnen, so dass ein Abgleich mit der zugehörigen Musterlösung erfolgen kann.

- *OCR-Bögen Scannen 1*: Beim ersten Scanvorgang werden die Bögen von einem Scanner eingelesen und digital gespeichert.

- *OCR-Bögen Scannen 2*: Zur Sicherung von Qualität und Ergebnis folgt ein zweiter Scanvorgang mit einem anderen Scanner.

- *Ergebnisse verifizieren*: Danach werden die Ergebnisse beider Scanvorgänge ausgewertet und miteinander verglichen. In diesem Schritt erfolgt ebenfalls der Abgleich mit den Musterlösungen. Treten Abweichungen zwischen beiden Scanvarianten auf, ist manuelles Nachjustieren notwendig.

- *Ergebnisse dokumentieren*: Die endgültigen Ergebnisse, d. h. die eingescannten Bögen zusammen mit ihrer Auswertung, werden im Anschluss daran dokumentiert und somit gesichert.

- *Ergebnisse zur Prüfungsverwaltung*: Die jeweiligen Ergebnisse werden am Ende an das Prüfungsverwaltungssystem des Prüfungsamts übermittelt.

- *Noteneinsicht für Studierende*: Studierende können über das Prüfungsamt ihre Ergebnisse einsehen.

- *Einsprüche bearbeiten*: Treten Ungereimtheiten auf oder sind Studierende mit dem Ergebnis nicht einverstanden, können sie Einspruch einlegen, der dann im Prüfungsamt bearbeitet wird.

- *Analyse zum Lehrgebiet*: Lehrende erhalten durch die Ergebnisse ebenfalls ein Feedback zum Lehrgebiet. Zudem gestattet die elektronische Auswertung weitere Verfahren wie z. B. Item-Analyse zur Qualitätsbeurteilung.

### 3.4.3.3 Technik

- Kommerzielle Systeme, die OMR unterstützen, sind:
    - EvaExam[73]
    - Remark Office OMR[74]
    - corretordeprovas[75] (Software as a Service)
- Open Source Systeme, die OMR unterstützen, sind:
    - queXF[76] (Exporte von LimeSurvey[77] verarbeitbar)
    - Udai OMR[78]
    - Shared Questionnaire System[79] (SQS)

---

73  http://www.electricpaper.de/produkte/evaexam.html
74  http://www.gravic.com/remark/officeomr/index.html
75  http://www.corretordeprovas.com.br
76  http://quexf.sourceforge.net
77  http://www.limesurvey.org
78  http://www.cse.iitd.ernet.in/ aseth/udai/OMRProj/README.html
79  http://dev.sqs2.net/projects/show/sqs

- Auto Multiple Choice[80] (LaTeX bei der Gestaltung von Antwortbögen verwendbar)
- Quiz OMR[81] (Erweiterung des LMS Moodle)
- TCExam[82] (Testsuite, die auch OMR unterstützt)

### 3.4.3.4 Beispiele

- Die FU Hagen setzt eine eigens entwickelte Softwarelösung für ihre Scan-Klausuren ein

### 3.4.3.5 Bewertung

Scan-Klausuren bieten Unterstützung bei der Auswertung. Die dafür notwendige Anpassung von Prüfungsordnungen fällt aufgrund der bestehenden Schriftlichkeit aber deutlich geringer aus; hier ist nur der Klausurtyp, nicht aber die Eingabeform zu berücksichtigen. Zudem sind keine Rechnerarbeitsplätze zur Durchführung bereitzustellen. Laut [POSP12] sind Scan-Klausuren darüber hinaus im Vergleich zu anderen Verfahren eher kostengünstig.

Ein Nachteil hingegen ist, dass sämtliche eingescannten Bögen manuell nachkontrolliert werden müssen. Da die elektronische Eingabe wegfällt, besteht ein größerer (auch logistischer) Aufwand zum Ausdrucken, Austeilen, Einsammeln und Einscannen der Bögen. Zudem enthalten die Klausuraufgaben keine multimedialen Elemente, daher ist mit ihnen keine so große Praxisnähe herstellbar wie z. B. mit E-Klausuren.

Eine Kopplung mit einer anschließenden Lehrevaluation (wie in Abschnitt 3.5.4 beschrieben) ist denkbar, da auf diese Weise i. d. R. sämtliche Teilnehmer einer Lehrveranstaltung erreicht werden.

### 3.4.4 Video-Distanzprüfungen

Ein weiteres Szenario, das nur unter Einsatz von Informations- und Kommunikationstechnologien realisierbar ist, umfasst benotete Assessments auf Distanz. Hierfür existieren bisher nur indirekte Ansätze, z. B. mündliche Prüfungen im Rahmen von Videokonferenzen. Schriftliche Distanzklausuren scheitern insbesondere an

---

80  http://home.gna.org/auto-qcm/index.en
81  http://moodle.org/mod/data/view.php?d=13&rid=3601
82  http://www.tcexam.org

einer fehlenden Aufsicht – denn ohne die bleibt unsicher, ob Eingaben wirklich vom Prüfling oder von Dritten stammen. Der Begriff „Distanz" besagt dabei, dass sich Prüfende und Prüflinge an verschiedenen Orten befinden und die Prüfungsleistung auf Entfernung abzulegen und zu beurteilen ist.

- *Durchführung auf Distanz*: Das Center für lebenslanges Lernen (C3L) der Universität Oldenburg bietet u. a. den Studiengang „Betriebswirtschaftslehre für Spitzensportler"[83] an. Die Teilnehmenden reisen während ihres Studiums zwischen verschiedenen Trainingslagern weltweit hin und her. Da sich diese Aufenthalte mit den Prüfungszeiträumen überschneiden, wird hier eine Möglichkeit gesucht, IKT so einzusetzen, dass darüber Prüfungen sicher auf Distanz abgenommen werden können.

- *Auswertung auf Distanz*: Auf der anderen Seite ist es ebenso vorstellbar, dass sich Prüfende entfernt aufhalten. So beschäftigt z. B. die HBK Braunschweig zahlreiche „Reiseprofessor/inn/en", die weltweit Veranstaltungen abhalten. Hinzu kommt, dass Abschlussarbeiten oder Prüfungsleistungen der bildenden Künste (z. B. Bildhauerei, Malerei) i. d. R. über einen längeren Zeitraum angefertigt werden. Hier wird eine Möglichkeit gesucht, diese angefertigten Arbeiten angemessen z. B. online so präsentieren zu können, dass Prüfende die erbrachte Leistung trotz ihrer Entfernung möglichst vollständig und objektiv bewerten können.

### 3.4.4.1 Ziele

- Distanz zwischen Prüfenden und Prüflingen überbrücken
- Möglichkeit zur angemessenen Präsentation schaffen
- Protokollierung per Kamera, siehe z. B. [Wim97], [Kna06]

### 3.4.4.2 Beispiele

Die FU Hagen führt bereits seit 1996 erfolgreich mündliche Videoprüfungen[84] durch. Dazu wird eine Videokonferenz zwischen der FU, wo die Prüfenden sitzen, und dem Prüfungsort aufgebaut, an dem sich Prüfling und Aufsichtsperson befinden. Beisitzende können sowohl an der FU als auch am Prüfungsort anwesend sein.

---

83  http://www.bwlsportler.uni-oldenburg.de
84  http://wiki.fernuni-hagen.de/lehrepraktisch/index.php/Videoprüfung

### 3.4.4.3 Bewertung

Die Beteiligten können unabhängig von ihren jeweiligen Aufenthaltsorten an diesem Szenario teilnehmen.

Es besteht jedoch Zeitabhängigkeit, die auch bei Zeitverschiebungen gilt. Zudem ist auf Distanz keine sichere „Prüfungsumgebung" herstellbar, die sämtliche Täuschungsmöglichkeiten ausschließt.

Bisher ist eine Kombination aus Videokonferenz und klassischer mündlicher Prüfung üblich.

## 3.4.5 Elektronische Werkzeuge in Praxistests

Wie bereits in Abschnitt 2.4 ab S. 20 beschrieben, untersucht eine Leistungsbeurteilung Vorhandensein oder Ausprägung von Fertigkeiten, die einem bestimmten Leistungsniveau entsprechen. Auf einem theoretischen Niveau sind die dabei eingesetzten Technologien eher Messinstrumente, die bei der Erfassung und Bewertung von Wissen oder Fertigkeiten helfen. Beispiele dafür sind Einstufungstests, elektronische Übungsaufgaben oder E-Klausuren. Auf einem eher praktischen Niveau können elektronische Werkzeuge hingegen auch die Arbeitsinstrumente und damit selbst Gegenstand der Leistungsbeurteilung sein: In diesem Fall zeigen die Prüflinge ihren Umgang damit als diejenige Leistung, die es zu beurteilen gilt. Beispiel hierfür ist der Einsatz von Programmier- oder Modellierungswerkzeugen im Rahmen eines Programmierkurses.

Werden beide Möglichkeiten kombiniert, übernehmen die Werkzeuge, an denen die Fertigkeiten demonstriert werden, selbst Aufgaben der Leistungsmessung: Prüflinge zeigen dann ihre Fertigkeiten nicht direkt am Werkzeug, für das sie ausgebildet wurden, sondern indirekt an einem Simulator, der dieses Werkzeug repräsentiert. Der Simulator dient gleichzeitig zur Leistungsmessung und vermeidet den Einsatz des regulären Werkzeugs, was z. B. zu gefährlich oder zu teuer wäre. Beispiele hierfür sind Flugsimulatoren oder virtuelle Labore.

### 3.4.5.1 Ziele

- Realistischere Prüfungsszenarien mit Praxisbezug
- Genauere Leistungsmessung
- Reduktion von Schadensrisiko durch Laborumgebung

## 3.4.5.2 Organisation

Der Einsatz erfolgt wie in der Praxis üblich: Nachdem Prüflinge ihre Aufgaben erhalten haben, lösen oder erbringen sie sie mit Hilfe des passenden elektronischen Werkzeugs. Eigene Beobachtungen und (automatisch) angelegte Aufzeichnungen helfen den Prüfenden im Anschluss bei der Leistungsbewertung.

## 3.4.5.3 Technik

- Fahr-, Flug- oder Schiffsimulatoren
- Nutzung von Programmierumgebungen
- Videomessung an Sporthochschulen

## 3.4.5.4 Beispiele

- Virtuelles genetisches Praktikum[85] (GenLab)
- Eclipse[86] zur Programmierung
- MATLAB[87] für numerische Berechnungen

## 3.4.5.5 Bewertung

Summative Assessments mit „echten" Werkzeugen wirken realistischer als reine Klausuren. Zudem haben elektronische Instrumente i. d. R. eine größere Messgenauigkeit. Aufzeichnungen und Logs machen das Verhalten der Prüflinge zudem besser nachvollziehbar.

Die Durchführung erfordert aber größeren Aufwand als eine reguläre Klausur. Simulatoren repräsentieren die Realität nur (unzulänglich). Die Gefahr besteht, dass Prüflinge ihr Verhalten für Simulatoren statt für die Realität optimieren.

Studierende sollten praxisrelevante Werkzeuge nicht erst bei einer benoteten Prüfung kennen lernen. Ein Einsatz dieser Werkzeuge schon im Übungsbetrieb (siehe dazu z. B. Abschnitt 3.3.3) oder die gezielte Schulung von Fertigkeiten mit Hilfe dieser Werkzeuge bieten sich somit bereits im Voraus an.

---

85  http://www.offis.uni-oldenburg.de/genlab

86  http://www.eclipse.org

87  http://www.mathworks.de/products/matlab/

# 3.5 Qualitätssichernde Assessments

Durch Sicherstellen notwendigen Grundwissens, Identifizieren geeigneter Kurse, Anpassung der Lehre an individuelle Erfordernisse sowie Ermitteln des Lernerfolgs können E-Assessments die Qualität von Hochschullehre positiv beeinflussen. Hinzu kommt, dass im Zuge ihres Einsatzes generell über Wesen und Inhalte von Tests und Abschlussprüfungen nachgedacht wird. Aber auch abseits der eigentlichen Lehre leisten E-Assessments einen Beitrag zur Qualitätssicherung: Sie geben Studierenden z. B. Feedback zum Gesamtfortschritt im Studium, statt sich auf einzelne Lernabschnitte zu beschränken; darauf geht Abschnitt 3.5.1 ein. Digitale Medien können bei der Begutachtung von Abschlussarbeiten helfen, indem sie z. B. Plagiate oder Zitierfehler identifizieren; damit beschäftigt sich Abschnitt 3.5.2. Abschnitt 3.5.3 beschreibt die Idee, falsch gelöste Klausuraufgaben erneut bearbeiten zu können, um so effektiver zu lernen. Um generell die Qualität der Lehre zu bestimmen, bieten sich Lehrevaluationen an; Abschnitt 3.5.4 geht auf ihre elektronische Variante ein. Schließlich gibt es elektronische Systeme, welche die Prüfungsvorbereitung unterstützen, was Abschnitt 3.5.5 thematisiert.

## 3.5.1 Elektronische Progresstests

Ein Progresstest misst den Lernfortschritt, den Studierende im Laufe ihres Studiums machen. Seine Aufgaben umfassen Themen des gesamten Studiums. Vor allem medizinische Hochschulen führen regelmäßig (z. B. einmal pro Semester) Progresstests durch. Das bietet sich an, da Medizin ein sehr wissensbasiertes Fach ist und entsprechend viele Aufgaben aus dem gesamten Studienverlauf zur Verfügung stehen. Die Studierenden erhalten auf diese Weise Feedback zum eigenen Fortschritt. Lehrende und Studiendekanate können ermitteln, in welchen Semestern es besser und in welchen es weniger gut vorangeht – und darauf aufbauend Ursachen suchen und beheben. Die folgende Abb. 3.10 stellt beispielhaft den Lernfortschritt[88] verschiedener Jahrgänge an der Charité in Berlin gegenüber.

Progresstests bestehen i. d. R. aus Mehrfachauswahlaufgaben. Typischerweise existiert neben den möglichen Antwortalternativen auch eine weitere Antwortoption „weiß ich (noch) nicht", die von den Studierenden gewählt werden kann. Das am Ende ermittelte Verhältnis der falschen zu Weiß-nicht-Antworten kann darüber hinaus Aufschluss über die Risikobereitschaft der Studierenden geben und z. B. in die Studienberatung einfließen.

---

88  Entnommen aus PTM-Flyer, siehe http://goo.gl/YfF4Yu

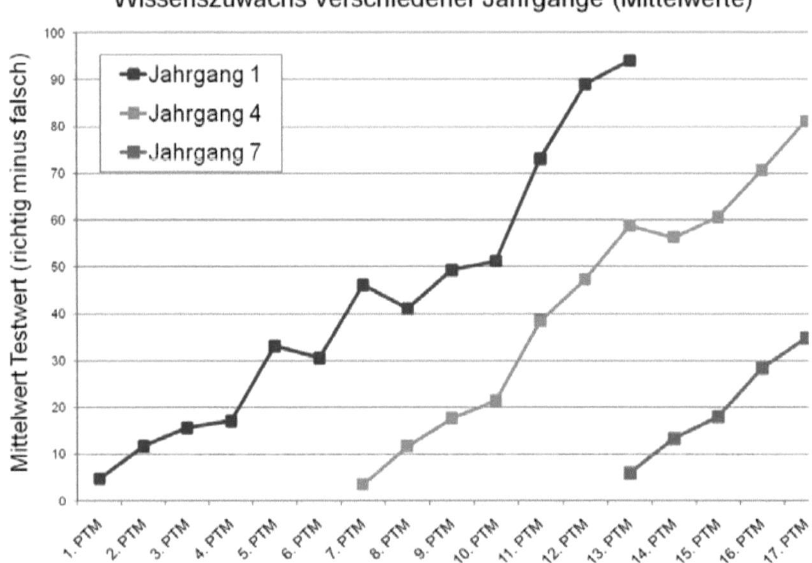


Abbildung 3.10: Lernfortschritt an der Charité Berlin

### 3.5.1.1 Ziele

- Feedback zum Lernfortschritt im Studium
- Vergleich des eigenen Ergebnisses mit einer Vergleichsgruppe
- Identifikation von Lernstörungen im Studienaufbau
- Analyse der Risikobereitschaft der Studierenden

### 3.5.1.2 Organisation

Voraussetzung für einen regelmäßigen Progresstest sind Aufgaben, die den gesamten Studienumfang abdecken. Insbesondere bei medizinischen Hochschulen bieten sich solche Tests an: Sie besitzen einen umfangreichen Aufgaben-Pool, da sie seit geraumer Zeit Mehrfachauswahlaufgaben in Klausuren einsetzen. An der Charité in Berlin erhalten z. B. alle Studierenden, gleich welchen Semesters, identische Testunterlagen. Diese enthalten Aufgaben aus allen Fachgebieten der Medizin, wobei das Testniveau dem eines Abschlussexamens entspricht.

### 3.5.1.3 Beispiele

- Progresstest Medizin der Charité Berlin[89]
- Informationen zum Progresstest an der MH Hannover[90]

### 3.5.1.4 Bewertung

Progresstests geben Studierenden die Möglichkeit, sich und ihren Lernfortschritt besser einzuschätzen. Die Teilnahme daran ist i. d. R. freiwillig. Zudem ist ein Leistungsvergleich mit dem Leistungsdurchschnitt der Mitstudierenden möglich.

Voraussetzung ist jedoch ein umfangreicher Aufgaben-Pool, der zunächst zu erstellen und dann kontinuierlich zu pflegen ist. Zudem muss eine Abnahmeinfrastruktur geschaffen und betrieben werden, was zusätzlichen Aufwand bedeutet. Darüber hinaus ist unklar, wie und ob die Ergebnisse irgendwo einfließen oder überhaupt etwas bewirken können.

Ein Progresstest ist eine studienbegleitende Maßnahme. Er bietet sich bei wissensbasierten Studiengängen an und kann – unabhängig vom Lehrplan – nebenher durchgeführt werden.

## 3.5.2 Hilfe bei der Plagiaterkennung

Die Aneignung fremder geistiger Leistungen kann auch für Hochschulen zum Problem werden: Plagiator/inn/en übernehmen hierbei Passagen oder ganze Texte aus fremden Werken und geben diese als eigene Texte aus (oder bauen sie in ihre Ausarbeitungen ein). Die in 2012 durchgeführte „Fairuse"-Studie[91] hat festgestellt, dass 79% der Studierenden schon mindestens einmal pro Semester geschummelt haben, knapp jede/r Fünfte dabei mindestens ein Plagiat abgegeben hat, was wiederum in 94% der Fälle unentdeckt blieb. Dieses Verhalten kann gegen Prüfungsordnungen, Arbeitsverträge oder das Hochschulrecht verstoßen. Daher fordern Hochschulen bei Abgabe von Abschlussarbeiten i. d. R. eine Erklärung, dass diese selbstständig verfasst, keine außer den angegebenen Quellen verwendet und Zitate explizit kenntlich gemacht wurden.

Technologien können bei der Plagiaterkennung helfen: Sie unterstützen die Begutachtung längerer Ausarbeitungen, indem sie versuchen, fremde Textpassagen

---

89  http://ptm.charite.de
90  http://www.mh-hannover.de/ptm_01a.html
91  http://www.uni-bielefeld.de/soz/fairuse/

zu identifizieren. Gutachter setzen Plagiaterkennungsdienste ein, sobald ein Anfangsverdacht besteht oder eine Ausarbeitung im Rahmen allgemeiner Begutachtung zu untersuchen ist. Dazu muss das zu untersuchende Dokument in elektronischer Form vorliegen, z. B. als Word- oder PDF-Datei. Sollte das nicht der Fall sein, ist es vorher in ein solches Format zu überführen, z. B. mit Hilfe elektronischer Texterkennung (OCR). Im nächsten Schritt wird das Dokument beim Plagiaterkennungsdienst eingereicht, i. d. R. durch Upload via Browser. Der Dienst gleicht dann einzelne Textpassagen mit Fremdquellen ab. Diese stammen aus einem größeren Datenbestand, z. B. den online verfügbaren Texten. Um gegenseitiges Abschreiben zu identifizieren, können bereits überprüfte Dokumente in diese Analyse einbezogen werden. Im Anschluss an die Auswertung erstellt der Dienst einen Abschlussbericht, siehe als Beispiel dazu die folgende Abb. 3.11. Darin sind diejenigen Textpassagen in Graustufen markiert, die jeweils einer fremden Quelle zugeordnet werden konnten. Die zugehörige Quellen sind ebenfalls aufgeführt.

Abbildung 3.11: Identifikation fremder Passagen

Die Gutachter/innen sollten bedenken, dass Ergebnisse auch falsch positiv oder falsch negativ sein können: Bei falsch positiven Ergebnissen werden korrekte Zitate als Fremdtexte erkannt – was sie ja auch sind! Negative Ergebnisse deuten hingegen darauf hin, dass kein fremder Text in die Ausarbeitung übernommen wurde. Hier kann aber trotzdem vom Nachbarn oder aus einer Drucksache (z. B.

Buch, Zeitschrift) abgeschrieben worden sein, welche bisher nicht elektronisch erfasst wurde oder sich deshalb noch nicht im Datenbestand der Dienste befindet. Die Ergebnisse von Ghostwritern, die Arbeiten im Auftrag erstellen, sind ebenfalls i. d. R. nicht zu erkennen. Hinzu kommen laut [WW11] qualitative Unterschiede bei den angebotenen Plagiaterkennungsdiensten.

### 3.5.2.1 Ziele

- Unterstützung bei der Begutachtung von Abschlussarbeiten
- Identifikation fremder Passagen in längeren Ausarbeitungen

### 3.5.2.2 Organisation

Die zu untersuchende Ausarbeitung muss in digitaler Form vorliegen oder zunächst in ein solches Format überführt werden, i. d. R. in eine PDF-Datei. Diese wird dann bei einem Plagiaterkennungsdienst eingereicht. Dort erfolgt der Abgleich mit dem größeren Datenbestand – was eine Weile dauern kann – und im Anschluss daran die Anfertigung eines Abgleichberichts. Die Gutachter/innen erhalten den Bericht daraufhin und können ihn in die Begutachtung einbeziehen.

### 3.5.2.3 Technik

Verschiedene Systeme wurden z. B. von [WW11] untersucht und verglichen. Zudem hat sich die Projektgruppe „Clone Busters"[92] der Informatik an der Uni Oldenburg mit dem Thema beschäftigt.

Einige Beispiele für kommerzielle Plagiaterkennungsdienste folgen:

- Docoloc[93]
- Ephorus[94]
- PlagAware[95]
- PlagiarismFinder 2.0[96]
- PlagScan[97]

---

92  Siehe http://goo.gl/K520K0
93  http://www.docoloc.de
94  http://www.ephorus.com
95  http://www.plagaware.de
96  http://www.plagiarismfinder.de
97  http://www.plagscan.com

- Turnitin[98]
- Urkund[99]

### 3.5.2.4 Bewertung

Der Vorteil von Plagiaterkennungsdiensten ist die effiziente Analyse einer gesamten Arbeit, statt dass Gutachter/innen auffällige Sätze manuell „googlen" müssen. Zudem erhalten sie als Ergebnis eine farblich hervorgehobene Übersicht über die kopierten (oder minimal veränderten) Passagen.

Leider sind falsch positive oder falsch negative Resultate möglich. Online-Dienste sind zudem kostenpflichtig und die Analyse eines einzelnen Dokuments kann eine Weile dauern. Darüber hinaus ist die Qualität der Analyse abhängig von der Qualität des Datenbestands eines Dienstleisters. Liegen nur (hand-)schriftliche Texte vor, sind diese im Voraus aufwändig zu digitalisieren.

Plagiate treten insbesondere dann auf, wenn komplexe Ausarbeitungen über einen längeren Zeitraum zu erstellen sind. Dabei kann es sich um Seminarausarbeitungen, Hausarbeiten oder Abschlussarbeiten handeln. Werden gewisse Themen häufiger oder immer mal wieder vergeben, bietet sich an, einen Bestand bisheriger Ausarbeitungen anzulegen und in diesen Abgleich einzubeziehen.

### 3.5.3 Exam Retake zur Wiederholung

Im Anschluss an eine Klausur interessieren sich Prüflinge meist ausschließlich für ihr Gesamtergebnis; das jeweilige individuelle Abschneiden bei einzelnen Aufgaben bleibt dabei eher im Hintergrund. Das ist z. B. daran zu sehen, dass Studierende kaum von Klausureinsichten Gebrauch machen. Insbesondere wenn Aufgaben falsch gelöst wurden, scheint es aber sinnvoll, dass sich die Studierenden noch einmal damit beschäftigen.

Durch ein „Exam Retake", also das Wiederholen (von Teilen) der bereits geschrieben Klausur, erhalten sie die Möglichkeit, falsch gelöste Aufgaben noch einmal zu bearbeiten. Das hat zwei Effekte: Einerseits erfahren sie, wo genau sie etwas falsch gemacht haben – obwohl ihnen das vorher vielleicht gar nicht so klar war. Andererseits beschäftigen sie sich noch einmal mit problematischen Inhalten (Lernen durch Wiederholung) und können am Ende zeigen, dass sie diese

---

98  http://www.turnitin.com
99  http://www.urkund.com

schließlich doch verstanden haben – und bei der Gelegenheit vielleicht sogar noch ein paar Mikropunkte für ihr Gesamtergebnis hinzu verdienen.

### 3.5.3.1 Ziele

- Lernen durch Wiederholung
- Feedback zu Einzelaufgaben erhalten (statt zur Gesamtklausur)
- „Aha-Erlebnis" bei Studierenden auslösen
- Zeigen, dass Inhalte schließlich doch verstanden wurden

### 3.5.3.2 Organisation

Zunächst findet eine E-Klausur statt, deren Ergebnisse im Anschluss veröffentlicht werden. Studierende können daraufhin auf ihre Klausurergebnisse zugreifen. Das zugehörige System gestattet danach die erneute (freiwillige) Bearbeitung der fehlerhaften Aufgaben. Hierbei ist keine Aufsicht mehr notwendig. Die Studierenden erhalten vom System automatisches Feedback, ob die neue Lösung nun stimmt. In dem Fall werden ihnen Mikropunkte gutgeschrieben.

### 3.5.3.3 Technik

I. d. R. kann das gleiche System zur Wiederholung wie bei der Abnahme einer E-Klausur eingesetzt werden. Um die Dokumentation der Klausur und ihrer Ergebnisse aber nicht zu gefährden, sollte die Nachbearbeitung auf der Grundlage von kopierten Aufgaben und deren Lösungen erfolgen.

### 3.5.3.4 Beispiele

- LMS LON-CAPA[100] bei MINT-Fächern z. B. an der Ostfalia

### 3.5.3.5 Bewertung

Studierende erfahren über ihr Klausurergebnis hinaus, was im Einzelnen richtig oder falsch war. Sie beschäftigen sich ein zusätzliches Mal mit den Aufgaben

---

100  http://www.lon-capa.org

und Inhalten und lernen somit durch Wiederholung. Zudem können sie sich durch Fleiß Mikropunkte hinzuverdienen.

Dennoch bedeutet ein weiteres Bearbeiten zusätzlichen Aufwand für die Studierenden. Der Zugewinn von Mikropunkten hat darüber hinaus i. d. R. keine entscheidende Auswirkung auf die Benotung, dient jedoch als Anreiz.

Diesem Szenario geht immer eine benotete Klausur voraus, daher bietet sich eine Kopplung mit den in Abschnitt 3.4.2 beschriebenen E-Klausuren an. Das dafür eingesetzte System lässt sich dann ebenfalls zum Exam Retake verwenden.

### 3.5.4 Elektronische Lehrevaluationen

Eine Lehrevaluation richtet sich an Studierende, erhebt ihre Zufriedenheit mit einer Lehrveranstaltung und fragt nach Verbesserungsvorschlägen. Dazu erhalten die Studierenden – genau wie bei einem Assessment – einen Bogen mit Fragen, die sie beantworten sollen. In diesem Fall wird jedoch nicht nach Fakten oder Fertigkeiten gefragt, sondern nach ihrer persönlichen Erfahrung und Einschätzung. Auf das Potential von Lehrevaluationen geht z. B. [Rin09] ein. Viele Hochschulrahmengesetze schreiben eine Durchführung von Lehrevaluationen vor. Hierbei ist die elektronische Erfassung und Auswertung von Antworten ebenso möglich wie bei anderen E-Assessments auch. I. d. R. haben Evaluationsfragen den Typ[101] „Likert-Skala"; diese kann z. B. von 1 (trifft nicht zu) bis 7 (trifft voll zu) reichen. Ein standardisierter Fragebogen für sämtliche Lehrveranstaltungen, dessen Beantwortung die Entwicklung von Qualität bzw. Zufriedenheit der Lernenden im Laufe der Zeit nachvollziehbar macht, ist i. d. R. in der jeweiligen Evaluationsordnung einer Hochschule spezifiziert. Die auf der nächsten Seite folgende Abb. 3.12 zeigt ein Beispiel für einen typischen Evaluationsbogen[102], in diesem Fall bereitgestellt von der Hochschule Magdeburg.

Ein großes Problem bei papierbasierten Evaluationen ist die geringe Rücklaufquote. Aus dem Grund koppelt z. B. die MH Hannover elektronische Evaluationen an gleichzeitig stattfindende E-Klausuren. Sie stellt damit sicher, dass sämtliche Studierenden teilnehmen können und die Rücklaufquote kontinuierlich hoch ist. Dies ist bei Papierevaluationen, die in Lehrveranstaltungen ausgeteilt und durchgeführt werden, nicht zwingend der Fall: Hierbei geht nämlich die Meinung derjenigen Studierenden verloren, welche die Veranstaltung nicht mehr besuchen. Rein elektronische Evaluationen, z. B. über ein hochschuleigenes LMS, sind ebenfalls problematisch, da sie insbesondere technikbegeisterte Studierende

---

101 Zu verschiedenen Aufgabentypen siehe Abschnitt 4.5 ab S. 117.
102 Verfügbar unter http://goo.gl/j2el9Q

EvaSys      Fragebogen zur Studentischen Evaluation der Lehre      Seite 1/2

**Angaben zur Lehrveranstaltung**

Studiengang :      Fachbereich :
Lehrveranstaltung :      Dozent/in :
      Datum :

Veranstaltungsnummer:

Bitte schreiben Sie deutlich.

Markieren Sie so: ☐☒☐☐☐   Verwenden Sie einen Kugelschreiber. Dieser Fragebogen wird maschinell erfasst. Bitte beachten
Korrektur: ☐■☒☐☐   Sie im Interesse einer optimalen Datenerfassung die links gegebenen Hinweise beim Ausfüllen.

**Angaben zum/zur Teilnehmer/in**

1.  Geschlecht — ☐ männlich  ☐ weiblich

2.  Alter — ☐ < 20  ☐ 20-21  ☐ 22-23  ☐ 24-25  ☐ 26-27  ☐ 28-29  ☐ 30-31  ☐ >= 32

3.  Fachsemester — ☐ 1  ☐ 2  ☐ 3  ☐ 4  ☐ 5  ☐ 6  ☐ 7  ☐ 8  ☐ 9  ☐ >= 10

4.  Besuchsgrund — ☐ Pflicht, Schein, Prüfung  ☐ wegen Dozent  ☐ Termin  ☐ Interesse  ☐ Sonstiges

**Bitte schätzen Sie anhand der Fragen den Kurs ein**

| | trifft nicht zu | | | | | trifft völlig zu | |
|---|:---:|:---:|:---:|:---:|:---:|:---:|:---:|
| | 1 | 2 | 3 | 4 | 5 | 6 | 7 |
| 1. Der inhaltliche Aufbau der Veranstaltung ist logisch/nachvollziehbar. | ☐ | ☐ | ☐ | ☐ | ☐ | ☐ | ☐ |
| 2. Die Veranstaltung ist gut organisiert. | ☐ | ☐ | ☐ | ☐ | ☐ | ☐ | ☐ |
| 3. Der Stoff wird anhand von Beispielen veranschaulicht. | ☐ | ☐ | ☐ | ☐ | ☐ | ☐ | ☐ |
| 4. Die Bedeutung/Nutzen der behandelten Themen wird vermittelt. | ☐ | ☐ | ☐ | ☐ | ☐ | ☐ | ☐ |
| 5. Ein Bezug zwischen Theorie und Praxis/Anwendung wird hergestellt. | ☐ | ☐ | ☐ | ☐ | ☐ | ☐ | ☐ |
| 6. Zum Mitdenken und Durchdenken des Stoffes/Themas wird angeregt. | ☐ | ☐ | ☐ | ☐ | ☐ | ☐ | ☐ |
| 7. Die behandelten Themen werden kritisch/von verschiedenen Seiten beleuchtet. | ☐ | ☐ | ☐ | ☐ | ☐ | ☐ | ☐ |
| 8. Die Dozentin/Der Dozent spricht verständlich und anregend. | ☐ | ☐ | ☐ | ☐ | ☐ | ☐ | ☐ |
| 9. Die Dozentin/Der Dozent kann Kompliziertes verständlich machen. | ☐ | ☐ | ☐ | ☐ | ☐ | ☐ | ☐ |
| 10. Die Dozentin/Der Dozent fasst regelmäßig den Stoff zusammen. | ☐ | ☐ | ☐ | ☐ | ☐ | ☐ | ☐ |
| 11. Die Dozentin/Der Dozent wirkt gut vorbereitet. | ☐ | ☐ | ☐ | ☐ | ☐ | ☐ | ☐ |
| 12. Die Dozentin/Der Dozent engagiert sich bei der Lehrtätigkeit und versucht Begeisterung zu vermitteln. | ☐ | ☐ | ☐ | ☐ | ☐ | ☐ | ☐ |
| 13. Dem/Der Dozenten/in ist es wichtig, daß die Teilnehmer etwas lernen. | ☐ | ☐ | ☐ | ☐ | ☐ | ☐ | ☐ |
| 14. Die Dozentin/Der Dozent motiviert die Teilnehmer. | ☐ | ☐ | ☐ | ☐ | ☐ | ☐ | ☐ |
| 15. Die Dozentin/Der Dozent ist im Umgang mit den Studierenden freundlich. | ☐ | ☐ | ☐ | ☐ | ☐ | ☐ | ☐ |
| 16. Die Dozentin/Der Dozent ist kooperativ und aufgeschlossen. | ☐ | ☐ | ☐ | ☐ | ☐ | ☐ | ☐ |
| 17. Die Veranstaltung wird in interessanter Form gehalten. | ☐ | ☐ | ☐ | ☐ | ☐ | ☐ | ☐ |
| 18. Die Veranstaltung zieht sich schleppend dahin. | ☐ | ☐ | ☐ | ☐ | ☐ | ☐ | ☐ |
| 19. Ich habe mich schon *vor* dem Kurs sehr für die Themen interessiert. | ☐ | ☐ | ☐ | ☐ | ☐ | ☐ | ☐ |
| 20. Das Thema des Kurses als solches ist relevant (Beruf/Praxis/Prüfung). | ☐ | ☐ | ☐ | ☐ | ☐ | ☐ | ☐ |
| 21. Mein Vorwissen: 1= zu wenig um dem Kurs folgen zu können, 4= genau richtig, 7= alles mir schon bekannt gewesen, Besuch überflüssig. | ☐ | ☐ | ☐ | ☐ | ☐ | ☐ | ☐ |
| 22. Es treten oft unnötige inhaltliche Überschneidungen mit anderen Kursen auf. | ☐ | ☐ | ☐ | ☐ | ☐ | ☐ | ☐ |
| 23. Schwere d. Stoffes als solches: 1= viel zu leicht, 4= genau richtig, 7= viel zu schwer. | ☐ | ☐ | ☐ | ☐ | ☐ | ☐ | ☐ |
| 24. Umfang des Stoffes: 1= viel zu wenig, 4= genau richtig, 7= viel zu viel. | ☐ | ☐ | ☐ | ☐ | ☐ | ☐ | ☐ |
| 25. Das Tempo des Kurses ist: 1= viel zu langsam, 4= genau richtig, 7= viel zu schnell. | ☐ | ☐ | ☐ | ☐ | ☐ | ☐ | ☐ |
| 26. Die Anforderungen sind: 1= viel zu niedrig, 4= genau richtig, 7= viel zu hoch. | ☐ | ☐ | ☐ | ☐ | ☐ | ☐ | ☐ |
| 27. Ich lerne viel in der Veranstaltung. | ☐ | ☐ | ☐ | ☐ | ☐ | ☐ | ☐ |
| 28. Mein Wissensstand ist nach der Veranstaltung wesentlich höher als vorher. | ☐ | ☐ | ☐ | ☐ | ☐ | ☐ | ☐ |
| 29. Ich verfüge über ein grundlegenderes Verständnis als vor dem Kurs. | ☐ | ☐ | ☐ | ☐ | ☐ | ☐ | ☐ |
| 30. Ich lerne etwas Sinnvolles und Wichtiges. | ☐ | ☐ | ☐ | ☐ | ☐ | ☐ | ☐ |

bitte wenden!

4 804 400 033

Abbildung 3.12: Evaluationsbogen der HS Magdeburg

ansprechen. Durch die Kopplung von Klausur und Evaluation kann hingegen sichergestellt werden, dass sämtliche Studierende, die ein Modul bestehen wollen, auch die Möglichkeit zur Evaluation erhalten. Gleichzeitig können sie technisch mit dem Evaluationssystem umgehen, weil dies auch essentiell für die Klausur ist.

### 3.5.4.1  Ziele

- Abfrage der Zufriedenheit der Studierenden
- Ermitteln von Verbesserungsvorschlägen

- Verbesserung der Qualität der Lehrveranstaltung

- Leistungsbewertung der Lehrenden

### 3.5.4.2 Organisation

Evaluationen finden i. d. R. am Ende einer Lehrveranstaltung statt. Die jeweils erhobenen Ergebnisse können dann zur Verbesserung von Folgeveranstaltungen herangezogen werden oder in die Leistungsbewertung der Lehrenden einfließen.

### 3.5.4.3 Recht

Die Einbindung Studierender zur Ermittlung der Lehrveranstaltungsqualität ist in § 6 des Hochschulrahmengesetzes[103] geregelt.

### 3.5.4.4 Technik

- EvaSys[104]

- Q[kju:]-Exam[105]

### 3.5.4.5 Beispiele

- Einsatz von EvaSys an TU Clausthal, LU Hannover, HS Hannover

- EvaSys im LMS Stud.IP an Uni Osnabrück

- Q[kju:]-Exam an MH Hannover

- Beispielhafter Evaluationsbogen[106] der HS Magdeburg

- Muster eines Evaluationsbogens[107] der Uni Osnabrück

---

103  http://bundesrecht.juris.de/hrg/index.html
104  http://www.evasys.de
105  http://www.iqul.de/ePrüfungen.aspx
106  http://goo.gl/j2el9Q
107  http://www.lehreval.uni-osnabrueck.de/downloads/VOR07.pdf

### 3.5.4.6 Bewertung

E-Lehrevaluationen gestatten eine effiziente Auswertung und beziehen Meinungen und Wünsche Studierender ein. Lehrende erhalten Anregungen zur Verbesserung, Hochschulen hingegen Aussagen zur (empfundenen) Qualität der Lehre.

Objektivität und Wirkung von Evaluationsergebnissen sind fraglich. Darüber hinaus ziehen reine E-Evaluationen insbesondere technikaffine Studierende an, während rein papierbasierte Verfahren meist nur geringe Rücklaufquoten haben. Kombinationsverfahren wiederum sind aufwändig auszuwerten. Standardisierte Fragen passen häufig nicht zur Lehrveranstaltung. Zudem kann es eine Diskrepanz zwischen der Zufriedenheit Studierender und ihrem Lernerfolg geben.

Eine Kopplung mit E-Klausuren aus Abschnitt 3.4.2 ist vorstellbar, an deren Ende E-Lehrevaluationen stattfinden können. Denn insofern die E-Klausuren verpflichtend sind, wird auf diese Weise eine hohe Rücklaufquote sichergestellt.

## 3.5.5 E-Prüfungsvorbereitung

Elektronische Systeme können Studierenden helfen, sich auf reguläre (z. B. mündliche) Abschlussprüfungen vorzubereiten. Beispiel dafür sind elektronische Klausurschränke: Dabei handelt es sich um eine Sammlung bekannter Prüfungsaufgaben mit jeweils zugehörigen Antworten. Studierende tragen diese z. B. per Gedächtnisprotokoll aus schriftlichen oder mündlichen Prüfungen zusammen und machen sie anderen Studierenden zur Prüfungsvorbereitung zugänglich. Auf diese Weise können komplexe Sammlungen entstehen, die einen guten thematischen Überblick geben.

Wesentliches Merkmal und von Studierenden ausdrücklich gewünscht ist, dass Lehrende oder Prüfende keinen Zugriff auf diese Klausurschränke haben. Dadurch erhoffen sie sich eine möglichst hohe Wiederholrate der Aufgaben bei einer möglichst geringen Veränderung. Lehrende erhalten so aber keine Gelegenheit für Feedback oder um auf Defizite oder fehlerhafte Antworten hinzuweisen. Die Hochschule Ostfalia betreibt z. B. einen solchen elektronischen Klausurschrank, auf den ausschließlich Studierende Zugriff haben.

Auf der anderen Seite gibt es auch den Gegenentwurf dazu: Einige Lehrende versuchen explizit, Prüfungsaufgaben geheim zu halten. Auf diese Weise erhoffen sie sich, deren Verbreitung zu verhindern und so die Aufgaben möglichst oft wiederverwenden zu können. Um das zu erreichen, sammeln z. B. die Mitarbeiter/innen des Testcenters der Uni Duisburg/Essen das Notiz- bzw. Schmierpapier der Prüflinge nach einer E-Klausur ein. Dadurch stellen sie sicher, dass keine Aufzeichnungen von Aufgaben den Klausurraum verlassen.

### 3.5.5.1 Ziele

- Vorbereitung von summativen Assessments
- Verbesserung der Prüfungsleistung
- Reduktion von Prüfungsangst

### 3.5.5.2 Organisation

Die Sammlung von Aufgaben kann von jeder Studierendengenerationen begonnen werden. Eine Vorbereitung mit Hilfe dieser Aufgaben findet dann i. d. R. im Anschluss oder parallel zu einer Lehrveranstaltung, aber vor der zugehörigen benoteten Leistungsbeurteilung statt. Nach ihrer Durchführung können Prüflinge dann diesen Bestand um die neuen Aufgaben ergänzen.

### 3.5.5.3 Beispiele

- E-Klausurschrank auf Basis von Alfresco[108] an der Ostfalia

### 3.5.5.4 Bewertung

E-Klausurschränke sprechen einen weiteren Kanal zur Aufnahme an. Studierende wiederholen damit Inhalte einer Lehrveranstaltung und fokussieren darüber hinaus explizit auf prüfungsrelevanten Lernstoff.

Andererseits sind die Inhalte einer anstehenden Leistungsbeurteilung rein spekulativer Natur. Zudem gibt es keine Validierung der Korrektheit von zugeordneten Antworten durch die Lehrenden.

Eine Prüfungsvorbereitung in Gruppen erscheint sinnvoll, die z. B. mit dem gemeinsamem Lernen aus Abschnitt 3.3.4 kombiniert werden kann.

---

108  https://ecm.ostfalia.de/alfresco

# 4 E-Assessments in der Praxis

Nach den verschiedenen Szenarien zur Anreicherung von Lehrveranstaltungen beschäftigt sich dieses Kapitel mit praktischen Aspekten des Einsatzes von E-Assessments. Laut [VS09] sind hierfür insbesondere die Punkte Didaktik, Technik, Organisation und Recht zu beachten. Lehrende sollten sich vor dem Einsatz daher folgende Fragen stellen (und beantworten):

- Was soll didaktisch erreicht werden?
- Welche Technik ist dafür geeignet?
- Wie sind die Abläufe zu organisieren?
- Sind rechtliche Fragen geklärt?

Diese Aspekte sind immer auch im Zusammenhang mit den einzelnen Einsatzszenarien zu sehen und wurden daher bei ihrer jeweiligen Beschreibung im vorangehenden Kapitel 3 mit berücksichtigt. Rechtliche Fragen hingegen beziehen sich weitgehend auf E-Klausuren, da sich diese auf die Benotung und das weitere Studium auswirken können. Aufgrund der Komplexität ist ihnen ein eigenes Kapitel ab S. 155 gewidmet.

Der folgende Abschnitt 4.1 beschäftigt sich zunächst mit didaktischen Vorüberlegungen, die zur Auswahl eines passenden Einsatzszenarios führen. Voraussetzung, um ein solches Szenario zu realisieren, sind Technologien, die eine entsprechende Funktionalität bieten und die eine Hochschule oder ihr Rechenzentrum zuvor bereitstellen müssen. Abschnitt 4.2 stellt ausgewählte Systeme vor und ihren Funktionsumfang gegenüber. Stehen diese bereit, sind im nächsten Schritt zugehörige Abläufe zu organisieren; Beispiele dafür sind in Abschnitt 4.3 aufgeführt. Lehrende setzen häufig und gerne Antwortwahlverfahren ein, da diese automatisch und damit effizient auswertbar sind. Wichtig für Erfolg und Akzeptanz sind aber hochwertige Aufgaben: Mit ihrer Qualität und entsprechenden Messgrößen beschäftigt sich Abschnitt 4.4. Danach stellt Abschnitt 4.5 verschiedene Typen von Aufgaben vor und gibt Hinweise, wie Lehrende bei der Aufgabenerstellung und Prüflinge bei der Bearbeitung von Multiple-Choice-Aufgaben vorgehen sollten. Abschnitt 4.6 stellt schließlich in Form von Checklisten einige Punkte zusammen, die dabei helfen sollen, den Einsatz von E-Assessments zu rekapitulieren.

# 4.1 Didaktische Entscheidungen

Vor dem Einsatz von E-Assessments sind eine Reihe didaktischer Entscheidungen zu treffen: Zunächst ist der Zweck einer Messung festzulegen, bevor Lehrende im nächsten Schritt zu untersuchende Lernziele bestimmen können. Es folgt die Auswahl passender Aufgabentypen und Einsatzszenarien. Ist ein geeignetes Assessment-Verfahren gefunden, können Lehrende zugehörige Aufgaben erstellen. Die nachfolgenden Abschnitte thematisieren diese Aspekte im Einzelnen.

## 4.1.1 Zweck identifizieren

E-Assessments lassen sich im gesamten „Student Lifecycle" unterbringen. Kapitel 3 hat bereits Szenarien zur Anreicherung von Lehrveranstaltungen aufgeführt. Ihr Zweck reicht über die Planung, Steuerung und Beurteilung des Lernens bis hin zur Qualitätssicherung. Eine Erklärung folgt.

- *Diagnostisch*: Als Eingangstest können Assessments Vorkenntnisse identifizieren oder prognostisch den zu erwartenden Lernerfolg „vorhersagen". Das Ergebnis hilft, Lehre besser zu planen oder passende Veranstaltungstypen bzw. Lehrmethoden auszusuchen; siehe dazu Abschnitt 3.2 ab S. 34.

- *Formativ*: Um einen möglichst großen Lernerfolg zu erzielen, ist der Lernprozess kontinuierlich an den Stand der Lernenden anzupassen. Formative Assessments begleiten das Lernen dazu als Zwischenmessung und versuchen, das bereits erzielte Lernergebnis festzustellen. Abschnitt 3.3 ab S. 40 erläutert zugehörige Szenarien.

- *Summativ*: Ein summatives Assessment misst Leistungen oder Fertigkeiten im Anschluss an das Lernen und stellt damit den abschließenden Lernerfolg fest. Dieser gibt an, inwiefern Lernziele und Lernergebnis übereinstimmen. Beispiele dazu sind in Abschnitt 3.4 ab S. 60 aufgeführt.

- *Qualitätssicherung*: Durch das Sicherstellen notwendigen Grundwissens, die Auswahl geeigneter Kurse, die Anpassung der Lehre an Erfordernisse der Studierenden sowie durch Ermitteln des Lernerfolges können E-Assessments die Hochschullehre positiv beeinflussen. Abschnitt 3.5 beschreibt ab S. 75 mögliche Szenarien zur Qualitätssicherung.

Ein paralleler Einsatz verschiedener Assessment-Typen ist ebenfalls vorstellbar. So beschreiben z. B. [FH12] ihre durchgehende Verwendung bei Lehrveranstaltungen im Fremdsprachenbereich.

## 4.1.2 Lernziele bestimmen

E-Assessments sollen feststellen, ob und zu welchem Grad ein Lernziel (bisher schon) erreicht wurde. Voraussetzung dafür ist, dass Lehrende ihre Lernziele vorab spezifizieren. Dabei helfen z. B. die bereits in Abschnitt 2.1 ab S. 15 vorgestellten Lernzieltaxonomien. Nach [AKA+01] können Lehrende dann ihre so identifizierten Ziele in eine Matrix aus der dem Lernziel zugehörigen Dimension des Wissens und ihrer Stellung im kognitiven Prozess einordnen.

## 4.1.3 Aufgabentypen auswählen

Sind Lernziele einmal spezifiziert, können Lehrende im Folgenden geeignete Aufgaben erstellen, um ihr Erreichen zu messen. Dazu stehen unterschiedliche Aufgabentypen zur Verfügung; Abschnitt 4.5 charakterisiert diese ab S. 117 näher. Im nächsten Schritt ist zu klären, welcher Aufgabentyp zu welchem Lernziel passt. Um den Lehrenden die Auswahl eines zugehörigen Aufgabentyps zu vereinfachen, haben [MHW09] ein Modell zur computergestützten Lernzielüberprüfung entworfen. Dieses sog. CELG-Modell (Computer Supported Evaluation of Learning Goals) ist stark an die Taxonomie von [AKA+01] angelehnt und ordnet den einzelnen Lernzielkategorien jeweils passende Aufgabentypen zu. Die nachfolgende Abb. 4.1 zeigt diese Zuordnung.

| Dimension des Wissens | Dimension des kognitiven Prozesses | | | |
| --- | --- | --- | --- | --- |
| | Reproduzieren | Verstehen/ Anwenden | Reflektieren/ Evaluieren | Erschaffen |
| **Faktenwissen** | 1) Ja/Nein 2) Single Choice 3) Multiple Choice 4) Markierungen 5) Reihenfolgen 6) Zuordnung 7) Kreuzworträtsel 8) Lückentext | 3 – 8 9) Freier Text 10) Simulationen 11) Intelligente Rückmeldung | 3 – 6 9 – 11 | 9 – 11 |
| **Konzeptwissen** | 1 – 8 | 3 – 11 | 3 – 6 9 – 11 | 9 – 11 |
| **Prozedurales Wissen** | 3 – 8 | 3 – 11 | 3 – 6 9 – 11 | 9 – 11 |

Abbildung 4.1: Aufgabentypen für Lernzielkategorien nach CELG-Modell

Eine weitere Gegenüberstellung von Aufgabentypen, die sich für bestimmte Lernziele anbieten, findet sich z. B. bei [VS09][1]. Eher allgemein auf verschiedene Antwortformate bei Kompetenztests gehen [HK07] ein. Ein Sonderfall sind E-Lehrevaluationen, wie sie Abschnitt 3.5.4 ab S. 82 beschreibt. Für diese bietet sich insbesondere der Aufgabentyp „Likert-Skala" an, mit dem Studierende eine mehr oder weniger starke Zustimmung zu geschilderten Aussagen angeben können. Darüber hinaus finden sie häufig Freitextfelder, in denen sie Kritik oder Verbesserungsvorschläge eintragen können.

### 4.1.4 Einsatzszenario auswählen

Abhängig davon, zu welchem Zweck welche Lernziele mit welchen Aufgaben erfasst werden sollen, ist im nächsten Schritt ein geeignetes Einsatzszenario auszuwählen. Kapitel 3 hat bereits Beispielszenarien aus verschiedenen Hochschulbereichen aufgeführt. Lehrende können aus diesen ein für ihre spezielle Situation passendes Beispiel wählen und dieses direkt so oder in einer auf ihre Anforderungen angepassten Form umsetzen. Die Entwicklung ganz eigener Szenarien ist ebenfalls vorstellbar.

Hierbei ist jedoch zu beachten, dass es Einsatzgebiete gibt, die einen Einfluss auf den weiteren Studienverlauf haben; insbesondere sind hierbei die in Abschnitt 3.4.2 ab S. 62 beschriebenen E-Klausuren zu nennen. Insofern der Umgang mit den neuen Technologien also noch nicht erprobt und deren Zuverlässigkeit nicht erwiesen ist, sollten Lehrende daher zunächst mit weniger „gefährlichen" Szenarien beginnen: Ein mögliches Vorgehen zum Erfahrungsaufbau beschreibt Abschnitt 5.4 in Unterpunkt 5 ab S. 153.

Ist die Entscheidung für ein bestimmtes Einsatzszenario gefallen, lässt sich im nächsten Schritt eine geeignete Metapher einsetzen, um die Verwendung elektronischer Verfahren zu erleichtern. Soll z. B. eine bereits schriftlich vorliegende Version lediglich „elektronisiert" werden? Dann kann diese in Folge die Lernenden auch auf anderen Kanälen als bisher erreichen. Oder sollen multimediale Elemente integriert werden, die weit über die Möglichkeiten traditionell schriftlicher Verfahren hinausgehen? Diese könnten z. B. mehr Praxisnähe mit sich bringen.

### 4.1.5 Assessment-Typ festlegen

Auf Basis der vorab getroffenen Entscheidungen können Lehrende dann überlegen, wie das einzusetzende E-Assessment konkret gestaltet sein sollte. Als Grund-

---

1 Siehe dort die „Auswahl eines geeigneten Aufgabentyps" auf S. 11.

gerüst für diese Überlegungen dienen die bereits in Abschnitt 2.4 ab S. 20 angesprochenen Leistungsniveaus. Denn jeder Professionalisierungsstufe entsprechen ganz unterschiedliche Typen von E-Assessments. Eine beispielhafte Liste vorstellbarer Möglichkeiten folgt:

- Fragebögen (z. B. mit einer Reihe von MC-Aufgaben)

- Fallbeispiele (z. B. Abarbeiten typischer Praxisfälle)

- Simulationen (z. B. als Arbeit in virtuellen Laboren)

- Befragen der Studierenden im Hörsaal (für direktes Feedback)

- Werkzeugeinsatz in praktischen Demonstrationen (z. B. Nutzung elektronischer Arbeitswerkzeuge zur Aufgabenerfüllung)

- Black-Box-Messungen im Praxiseinsatz (im Sinne eines kontinuierlichen „Fahrtenschreibers" zur Leistungsmessung)

- Videoanalyse (z. B. zur Optimierung von Bewegungsabläufen an Sporthochschulen)

- Portfolio (als Kombination verschiedener Möglichkeiten)

## 4.1.6 Aufgaben erstellen

Sind der Zweck klar, die zu untersuchenden Lernziele spezifiziert, passende Aufgabentypen identifiziert, die Einsatzszenarien gewählt und ein angemessener Assessment-Typ festgelegt, müssen die Lehrenden im nächsten Schritt qualitativ hochwertige Aufgaben erstellen. Liegt bereits eine Sammlung vor, z. B. in Form eines hochschul- oder fachgebietstypischen Aufgaben-Pools, können daraus geeignete Aufgaben ausgewählt werden. Häufig müssen Lehrende aber solche Pools neu aufbauen und ebenso Aufgaben entwickeln, die genau ihrem Bedarf entsprechen. Mit dem Vorgehen bei der Aufgabenerstellung (speziell von MC-Aufgaben) sowie Aspekten, die dabei zu beachten sind, beschäftigt sich Abschnitt 4.5.4 ab S. 128 im weiteren Verlauf dieses Buches.

Eine Beteiligung an koordinierten oder hochschulübergreifenden Lehrverbünden kann Lehrende beim Austausch und der Weiterentwicklung von Aufgaben unterstützen. Lernmanagementsysteme wie z. B. LON-CAPA haben diesen Ansatz bereits in ihrer Systemarchitektur verankert und bringen den standortübergreifenden Austausch von Aufgaben als Eigenschaft mit – im Sinne eines Zugriffs auf fremde und die Bereitstellung eigener Aufgaben.

## 4.2 Technische Systeme

Um elektronische Leistungsmessungen durchzuführen, ist eine technische Infrastruktur bereitzustellen, auf die Lehrende und Studierende gleichermaßen zugreifen können. Dieser Abschnitt stellt verschiedene Technologien vor, um eine solche Infrastruktur aufzubauen. Darüber hinaus existieren für einige Sonderfälle Speziallösungen, die nachfolgend kurz aufgeführt sind:

- *Adaptive Systeme* passen ihren Schwierigkeitsgrad automatisch an die Fähigkeiten der Prüflinge an. Beispiele, die derzeit ausschließlich mit MC-Aufgaben arbeiten, sind „SIETTE"[2], „Personalized Achievement Summary System"[3] (PASS) und „COMPASS"[4].

- *Adaptive Aufgaben* stammen aus Forschungsprojekten und liegen bisher i. d. R. nur als Prototypen vor. Beispiele sind „CosyQTI" von [LRP05] oder „iAdaptTest" von [LGP09].

- *Audience Response Systeme* erheben Feedback vom Publikum direkt vor Ort, z. B. während einer Vorlesung im Hörsaal. Technologische Alternativen sind im zugehörigen Szenario in Abschnitt 3.3.2 ab S. 43 beschrieben.

- *Optical Mark* oder *Character Recognition* sind notwendig, sobald Antworten eingescannt werden. Text- und Zeichenerkennung sind z. B. zu finden bei Scan-Klausuren in Abschnitt 3.4.3 ab S. 66, Plagiaterkennung in Abschnitt 3.5.2 ab S. 77 oder E-Lehrevaluationen in Abschnitt 3.5.4 ab S. 82.

Der folgende Abschnitt 4.2.1 gibt zunächst eine Übersicht über gängige, softwarebasierte E-Assessment-Systeme. Abschnitt 4.2.2 stellt den Funktionsumfang einiger dieser Systeme exemplarisch gegenüber. Mit Fragen ihrer Zuverlässigkeit beschäftigt sich dann Abschnitt 4.2.3. Sicherheit ist ein wichtiges Thema insbesondere bei E-Klausuren, Abschnitt 4.2.4 geht darauf näher ein. Schließlich lassen sich durch Anbindung weiterer Hochschulsysteme Mehrwerte erzielen, weshalb Abschnitt 4.2.5 eine Integration in die Hochschulsystemlandschaft anspricht.

### 4.2.1 Softwareübersicht

Verschiedene Softwaresysteme helfen bei der Realisierung von E-Assessments und damit bei der Umsetzung der in Kapitel 3 ab S. 27 beschriebenen Einsatzszenarien. Derartige Systeme sind i. d. R. auf einem Server installiert, so dass Prü-

---

2 http://jupiter.lcc.uma.es/siette
3 http://www.hewitthomeschooling.com/test/tmain.asp
4 http://www.act.org/compass

fende und Prüflinge per Browser darauf zugreifen können. Ihr Funktionsumfang deckt häufig viele Elemente des E-Assessment-Prozesses ab, zudem unterstützen sie unterschiedliche Aufgabentypen. Hochschulen sollten verschiedene Systeme – abhängig von ihren individuellen Anforderungen – zunächst evaluieren und erproben. In der Folge können sie das jeweils am besten geeignete System (oder sogar mehrere) für den weiteren Einsatz auswählen. Es folgt eine beispielhafte (aber keineswegs vollständige) Auswahl verschiedener verfügbarer Systeme.

- *CASUS*[5]: Fallbasiertes Testen, bevorzugt eingesetzt in der Medizin, z. B. an TiHo und MH Hannover

- *CLIX Testing and Assessment*[6]: Testkomponente des LMS CLIX

- *C-Test*[7]: Für Spracheinstufungstests, z. B. an Uni Münster

- *DoIT*[8]: Unterstützung des Peer-Review-Verfahrens, Plugin des LMS Stud.IP, z. B. an Uni Bremen

- *HN Navigator*[9]: Für Online Self Assessments zur Studienorientierung, z. B. an HS Niederrhein

- *LON-CAPA*[10]: Individualisierte Aufgaben in E-Übungen, findet sich bevorzugt in MINT-Fächern, z. B. an HS Ostfalia

- *Maple T.A.*[11]: z. B. an HCU Hamburg

- *Online eXam*[12]: Testkomponente des LMS ILIAS, z. B. an den Unis Köln, Mainz, Gießen und Hohenheim

- *Onyx Testsuite*[13]: Suite aus Editor, Player, Reporter und Konverter, integrierbar z. B. in OLAT, Metacoon, edu-sharing, IMS QTI 2.1-konform, z. B. an den Unis Dresden, Hamburg und Innsbruck

- *OpenMark*[14]: Testkomponente des LMS moodle, z. B. an HU Berlin, Uni Magdeburg, Open University

- *Questionmark Perception*[15]: z. B. den an Unis Kassel und Magdeburg

---

5  http://www.casus.eu
6  http://goo.gl/bXrThX
7  http://www.c-test.de
8  http://goo.gl/Aqe8CL
9  http://www.hn-navigator.de
10  http://www.lon-capa.org
11  http://www.maplesoft.com/products/mapleta
12  http://www.ilias.de
13  http://onyx.bps-system.de
14  https://openmark.dev.java.net
15  http://www.questionmark.com/us/perception

- *Q[kju:]-Exam*[16]: Mobiles Prüfungssystem oder CIP-Pool-Lösung der IQuL GmbH, z. B. an MH und TiHo Hannover, MU Innsbruck
- *Respondus*[17]: Testkomponente des LMS WebCT
- *SAMigo*[18]: Testkomponente des LMS Sakai
- *testMaker*[19]: Für Online Self Assessments, z. B. an LU Hannover
- *TestStudio*[20]: Softwarelösung der LPLUS GmbH, oft in Testcentern eingesetzt, z. B. an den Unis Bremen, Duisburg/Essen, Münster und FU Berlin
- *Virtuelles Prüfungssystem (ViPS)*[21]: Plugin für das LMS Stud.IP, z. B. an HS und Uni Osnabrück, JLU Gießen und HBK Braunschweig
- *Visopoly*[22]: Zur Vorbereitung der Studienberatung, z. B. an Uni Oldenburg
- *Vista Quiz*[23]: Testkomponente des LMS Blackboard

Eine Gegenüberstellung der Funktionalität einiger ausgewählter Systeme sowie davon unterstützte Aufgabentypen sind im folgenden Abschnitt zu finden.

## 4.2.2 Funktionsumfang ausgewählter Systeme

E-Assessment-Systeme unterstützen i. d. R. verschiedene Aufgabentypen und unterschiedliche Aktivitäten im Assessment-Prozess, angefangen bei der Vorbereitung, über die Durchführung, bis hin zur Auswertung. Um sich einen besseren Überblick verschaffen zu können, wurden beispielhaft einige verbreitete – sowohl Open Source als auch kommerzielle – Systeme ausgewählt und in ihrer Funktionalität untersucht. Eine Gegenüberstellung dieser Systeme und ihres Funktionsumfangs ist auf der folgenden S. 95 zu finden; die Version des getesteten Systems ist jeweils mit angegeben. Vorhandene Funktionen sind mit einem „+" gekennzeichnet. Ein „(+)" gibt an, dass diese Funktion zumindest indirekt herstellbar ist. „-" bezeichnet hingegen Funktionalität, die so nicht existiert.

Zu beachten ist, dass die aufgeführten Systeme bei dieser Gegenüberstellung lediglich auf allgemeine Funktionen untersucht wurden. Darüber hinaus wichtige Aspekte zur Sicherheit, Zuverlässigkeit, Skalierbarkeit, Kosten, Bedien- und

---

16  http://www.codiplan.de/e-klausuren.html
17  http://www.respondus.com
18  http://sakaiproject.org
19  http://www.selbsttest.zsb.uni-hannover.de
20  http://www.lplus.de
21  http://www.virtuos.uni-osnabrueck.de/Produkte/Vips
22  http://www.studium.uni-oldenburg.de/visopoly
23  http://www.blackboard.com

| | ILIAS 3.10.6 | ViPS 0.9.10 | Moodle 1.9.4+ | Sakai 2.5.4 | Q[kju:]-Exam | Onyx 3.7 |
|---|---|---|---|---|---|---|
| **Unterstützte Aufgabentypen** | | | | | | |
| Anordnung (Reihenfolge)/Zuordnung (Beziehung) | +/+ | -/+ | -/+ | -/+ | +/+ | +/+ |
| Multiple-Choice-Aufgabe (Einfach-/Mehrfachauswahl) | + | + | + | + | + | + |
| Likert-Skala (z.B. 1..5) | (+) | (+) | (+) | + | + | (+) |
| Freitext-Aufgabe/Lückentext-Aufgabe | +/+ | +/+ | +/+ | +/+ | +/+ | +/+ |
| Numerische Aufgabe (Zielbereich/Formel/Zufallswerte) | +/-/- | -/-/- | -/+/+ | +/-/- | +/-/- | +/+/- |
| Text-Teilmenge/Text-Box | +/- | -/+ | -/- | -/- | +/+ | +/+ |
| ImageMap-Aufgabe/Java-Applet-Aufgabe | +/+ | -/- | -/- | -/- | +/- | +/- |
| Datei-Upload | (+) | (+) | (+) | + | - | + |
| Mündliche Antwort (Aufnahme über Mikrofon) | - | - | - | + | - | - |
| **Vorbereitung** | | | | | | |
| Kopieren bereits erstellter Tests | + | + | - | + | + | + |
| Export/Import von Tests (Aufgabepools) | +/+ (+/+) | +/+ (-/-) | +/+ (+/+) | +/+ (-/+) | + | + |
| Aufbau von Aufgabepools (kursintern/systemweit) | +/+ | -/- | -/+ | +/- | +/+ | +/+ |
| Aufgabeauswahl direkt/Anzahl/Zufall/Punktezahl | +/+/+/+ | - | +/-/+/- | -/+/+/+ | +/+/(+)/+ | +/+/+/- |
| Zusatzaufgaben pro Test individuell eingebbar | + | + | + | + | + | + |
| Testerstellung aus einem/mehreren Aufgabepools | +/+ | -/- | +/- | +/+ | +/+ | +/+ |
| Aufgabepools durch mehrere Benutzer editierbar | + | - | - | + | + | + |
| Zusätzliche Metadaten für Aufgabe/Aufgabepool/Test | +/+/+ | +/-/- | -/-/- | +/+/+ | +/+/+ | +/+/+ |
| Stufenförmige Aufgabenstellungen/Adaptive Tests | -/- | -/- | -/- | (+)/- | +/(+) | +/+ |
| **Durchführung** | | | | | | |
| Bearbeitungsdauer festlegen für Aufgabe/Gesamttest | +/+ | -/+ | -/+ | -/+ | +/+ | +/+ |
| Zugangsbeschränkungen durch Zeit/Kennwort/IP | +/+/- | +/(+)/+ | +/+/+ | +/+/+ | +/+/+ | +/+/+ |
| Mischfunktionalität für Aufgaben/Antworten | +/+ | -/- | -/+ | +/+ | +/+ | +/+ |
| Kiosk-Modus (z.B komb. mit Safe Exam Browser) | + | - | - | - | + | + |
| Teilnehmer Einzelzuordnung/Gruppe/Systemweit | +/+/+ | (+)/+/- | -/+/+ | -/+/+ | +/-/- | +/+/+ |
| Begrenzung der Zahl gleichzeitiger Testteilnehmer | + | - | - | - | + | - |
| Anzeige von Prüflingsname/Testtitel/Kurs (Aufsicht) | +/+/- | -/-/+ | +/+/+ | -/+/+ | (+)/+/(+) | +/+/+ |
| Feedbacktexte/Tipps/eigene Notizen/Begründungen | +/-/-/- | -/+/-/+ | +/-/-/- | +/-/-/+ | -/-/+/- | +/+/-/+ |
| **Auswertung** | | | | | | |
| Auswertung manuell/(teil-)automatisiert | +/+ | +/+ | +/+ | +/+ | +/+ | +/+ |
| Anonymes Bewerten (ID des Prüflings versteckt) | + | - | - | + | + | - |
| Präsentation der Ergebnisse/Antworten einstellbar | +/- | -/- | -/+ | +/+ | -/- | +/+ |
| Notenschema einstellbar: Prozent/Note/Bestanden | +/+/+ | +/+/- | +/+/- | -/-/- | +/+/+ | +/+/+ |
| Export von Ergebnissen/Antworten/Statistiken | +/-/+ | +/-/- | +/-/- | +/+/- | +/+/+ | +/+/+ |
| Ergebniszugang (Direkt/nach Zeit/Immer/Historie) | +/+/+/+ | +/-/+/- | +/-/+/+ | +/+/+/- | (+)/+/-/(+) | +/+/+/+ |

Abbildung 4.2: Funktionen ausgewählter E-Assessment-Systeme

Wartbarkeit, ihr Zusammenspiel mit Hochschulabläufen oder Möglichkeiten zur Integration in die Hochschulsystemlandschaft wurden bewusst ausgeblendet, da sie stark vom jeweiligen Einsatzbereich abhängen. Es bleibt im Einzelfall zu prüfen, ob und wie sehr ein System die speziellen Anforderungen einer Hochschule abdeckt, um darauf aufbauend über seine Einsatzfähigkeit zu entscheiden.

## 4.2.3 Zuverlässigkeit

Für Rechnerarbeitsplätze gelten besondere ergonomische Anforderungen, die z. B. in der „Verordnung über Sicherheit und Gesundheitsschutz bei der Arbeit an Bildschirmgeräten"[24] festgelegt sind. Neben ihrer arbeitsgerechten Gestaltung sollte die Technik aber auch zuverlässig in Funktionalität und Reaktion sein. Nachfolgend sind dazu technische und logische Herausforderungen aufgeführt.

Bei jedem elektronischen System können Störungen auftreten. Fällt z. B. der Strom aus, ist kein weiterer Einsatz möglich, außer eine Ersatzstromversorgung existiert. Damit die Technik insbesondere bei E-Klausuren zuverlässig funktioniert, sind solche Pannen – insofern möglich – auszuschließen. Der IT-Grundschutz kennt verschiedene Maßnahmen, die zu einem störungsfreien Betrieb beitragen können. Neben ganz allgemeinen Aspekten, wie z. B. zum Brandschutz oder zur Gefahrenabwehr, erscheinen speziell für E-Klausuren folgende Kategorien beachtenswert, deren Maßnahmen kurz in Stichpunkten angerissen sind:

- *Infrastruktur*: Geeignete Aufbewahrung und Aufstellung der Systeme, Anzeige von Störungen, Sicherung vor Diebstahl, Vorgaben für Serverräume, Lagerung der Speichermedien usw.

- *Organisation*: Regelung von Wartungsarbeiten, Verantwortlichkeiten und Zugriffsrechten, Dokumentation der Konfiguration, Erstellung eines Sicherheitskonzepts, Schutz vor Schadprogrammen, sichere Installation uvm.

- *Personal*: Einarbeitung von Mitarbeiter/inne/n und Nutzer/inne/n, Schulungen zu Programmnutzung, Sicherheitsmaßnahmen und Bedrohung durch Schädlinge usw.

- *Hard- und Software*: Zugangsbeschränkungen, Sicherstellung der Energieversorgung, Einsatz von Verschlüsselung, Checksummen oder digitalen Signaturen, Test neuer Hard- und Software, regelmäßige Integritätsprüfung, zentrale Administration, sichere Konfiguration und Betrieb der Netzwerktechnik, Schutz vor unerwünschten Informationsabflüssen uvm.

---

24  http://www.gesetze-im-internet.de/bildscharbv

- *Kommunikation*: Regelmäßige Sicherheitskontrollen der Netze, Protokollierung am Server, restriktive Rechtevergabe, geschlossene Nutzer/innengruppen, Verschlüsselungsverfahren zur Kommunikation, Einsatz von Intrusion-Detection- und -Response-Systemen, Deaktivieren nicht benötigter Netzdienste, Durchführung von Penetrationstests usw.

- *Notfallvorsorge*: Regelmäßige Datensicherung, Entwicklung eines Datensicherungskonzepts, redundante Netzkomponenten, Etablierung einer Vorgehensweise bei Sicherheitsvorfällen, Behebung der Sicherheitsvorfälle, Notfallvorsorge, Erstellung von Notfallplänen, Dokumentation uvm.

Die aufgeführten Punkte sind keinesfalls vollständig und sollen nur einen Überblick geben über mögliche Probleme und Maßnahmen, die zu beachten sind. Eine ausführlichere Liste mit weiteren Erläuterungen ist in den IT-Grundschutz-Katalogen[25] des Bundesamts für Sicherheit in der Informationstechnik[26] zu finden. Neben einem störungsfreien Betrieb und der zugehörigen technischen Zuverlässigkeit müssen E-Assessment-Systeme aber auch logisch zuverlässig sein und damit Fehlertoleranz sowie inhaltliche Konsistenz bieten. Hierzu zwei Beispiele:

Im MINT-Bereich existieren E-Assessment-Systeme, die Grundwerte per Zufall bestimmen und damit Aufgaben für alle Prüflinge individuell gestalten können. Ein Prüfender erstellt dazu die Aufgabe, z. B. Bruchrechnung, woraufhin das System die Werte für Zähler und Nenner automatisch generiert. Das erschwert den Austausch von Ergebnissen und kann z. B. zum gemeinsamen Lernen genutzt werden. Insofern eine zugehörige Berechnungsformel hinterlegt ist, kann das System am Ende automatisch die Korrektheit der Eingabe überprüfen, beschrieben z. B. in Abschnitt 3.3.4 ab S. 52. Im Beispiel wurde eine E-Klausur durchgeführt, in der Prüflinge einen Bruch berechnen und das Ergebnis eingeben sollten. Hierfür wurde der Wertebereich nicht hinreichend eingeschränkt, so dass ein Prüfling statt einer gültigen Aufgabe eine Division durch Null bekam. Weil das zugehörige Ergebnis nicht berechenbar war, konnte auch kein Punkt erzielt werden; daher musste die Aufgabe im Nachhinein aus der Wertung genommen werden.

Ein anderes Beispiel betrachtet Kurztexteingaben. Ist hier eine korrekte Antwort hinterlegt, kann das System die Eingabe damit leicht abgleichen. Haben sich Prüflinge jedoch verschrieben oder verwenden eine andere Schreibweise, ist eine Überprüfung nicht mehr ohne Weiteres möglich. Daher gibt es Systeme, bei denen für die Eingabe von Kurztexten vorab eine Levenshtein-Distanz[27] spezifizieren werden kann und die diese in die automatische Auswertung einbezie-

---

25  http://goo.gl/bblTo

26  https://www.bsi.bund.de

27  Siehe dazu Abschnitt 4.5.2.2 ab S. 123.

hen. Ansonsten ist eine manuelle Nachkontrolle unerlässlich. Beispiel sind hier unterschiedliche Schreibweisen, Rechtschreib- oder Flüchtigkeitsfehler, Buchstabendreher oder ein Schreiben der ersten beiden Zeichen als Großbuchstaben.

Um unerwartete logische Inkonsistenzen zumindest im Nachhinein zweifelsfrei identifizieren zu können, haben sich folgende qualitätssichernde Maßnahmen bewährt, die nachfolgend aufgelistet sind:

- Protokollierung von Aufgaben und Antworten, und zwar für jeden Prüfling individuell

- Zulassen von Kommentaren bei jeder Aufgabe, um z. B. auf Gestaltungsfehler, fehlende Alternativen oder Verständnisprobleme hinzuweisen

- Einbau eines „Protestknopfs", um auf generelle Probleme hinzuweisen (wie z. B. eine Division durch Null)

- Möglichkeit zur manuellen Nachbewertung von Aufgaben durch den Prüfenden

- Eingabe einer Levenshtein-Distanz bei Texteingaben

- Anzeige häufiger Eingaben bei Kurztextfeldern, um z. B. weitere Schreibweisen oder Alternativen zu identifizieren

## 4.2.4 Überlegungen zur Sicherheit

Es gibt E-Assessments, die sich auf den weiteren Studienverlauf auswirken: So kann ein Studium bei mehrmaligem Scheitern einer E-Klausur im schlimmsten Fall beendet sein; oder ein/e Kandidat/in kann aufgrund schlechter Ergebnisse in einem Zulassungstest erst gar kein Studium beginnen. Aus dem Grund stellen Hochschulen hohe Anforderungen an Rechtssicherheit und Validität solcher Assessments. Dazu zählen u. a. die Bemühungen, Täuschungsversuche zu vermeiden und Sicherheitskonzepte an den Einsatz digitaler Medien anzupassen.

Der folgende Unterabschnitt nennt verschiedene Schritte beim Ablauf einer E-Klausur. Aus diesen ergeben sich unterschiedliche Angriffspunkte. Um entsprechende Angriffe zu vermeiden, existieren verschiedene Maßnahmen, die ebenfalls nachfolgend vorgestellt werden.

### 4.2.4.1 Typischer Ablauf

Der E-Klausurprozess gliedert sich in verschiedene Abschnitte und Aufgaben. Daran sind unterschiedliche Systeme beteiligt, die sich untereinander austauschen.

Jeder Systembruch, der dabei auftritt, ist gleichzeitig Angriffsfläche für Manipulationen. Die folgende Abb. 4.3 zeigt typische Schritte einer E-Klausur mit möglichen Bedrohungen und Maßnahmen. Diese Schritte sind nachfolgend kurz beschrieben.

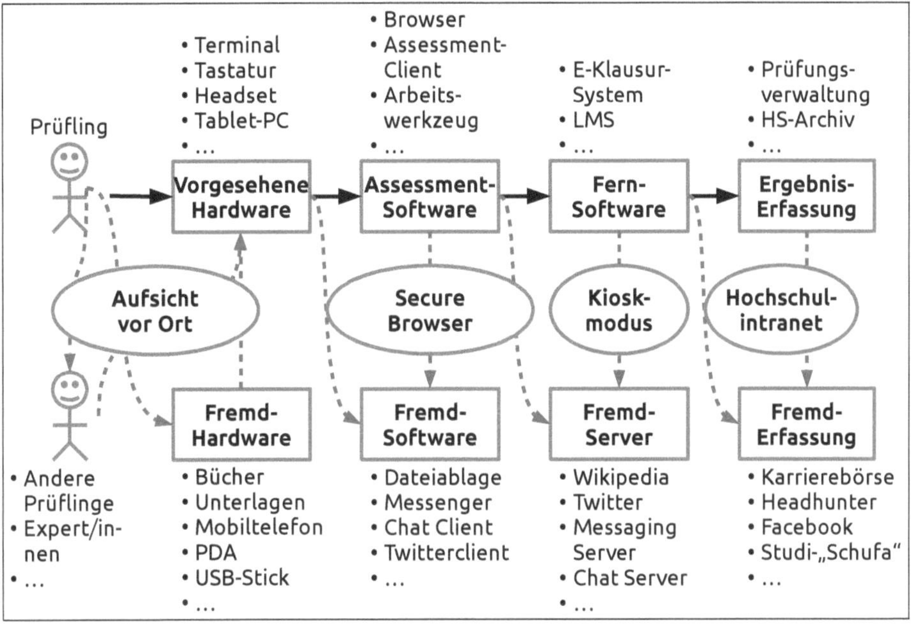


Abbildung 4.3: Verschiedene Angriffspunkte und mögliche Maßnahmen

1. Ein Prüfling arbeitet vor Ort mit der vorgesehenen Hardware, z. B. mit Terminal, Tastatur, Headset etc.

2. Die Hardware ermöglicht Zugang zu lokaler Software, z. B. zu Clients eines Assessment-Systems, Arbeitsmittel oder Browser.

3. Die lokale Software gestattet Zugriff auf einen fernen Assessment-Server, z. B. mit E-Klausur- oder Lernmanagementsystem.

4. Der Server übermittelt die Ergebnisse an ein Prüfungsverwaltungssystem und Aufzeichnungen an ein digitales Hochschularchiv.

Die verschiedenen Aktivitäten innerhalb des gesamten E-Klausurprozesses sowie Beispielabläufe unterschiedlicher Hochschulen sind in Abschnitt 4.3 ab S. 105 ausführlicher dargestellt.

### 4.2.4.2 Angriffspunkte

Jeder Schritt und jeder Systembruch des vorab beschriebenen Prozesses eröffnen verschiedene Angriffsmöglichkeiten, die es zu berücksichtigen gilt. Nachfolgend sind einige davon kurz erläutert.

- *Fremde Personen*: Modulabschlussprüfungen wie Klausuren sind i. d. R. Einzelleistungen, entsprechend sind der Austausch mit anderen Prüflingen, eine Weitergabe von Ergebnissen oder Rücksprache mit Expert/inn/en zu vermeiden. Zudem ist sicherzustellen, dass der richtige Prüfling jeweils die Eingaben vornimmt.

- *Fremd-Hardware*: Ebenso ist darauf zu achten, dass nur zugelassene Materialien eingesetzt werden: Aufzeichnungen oder Nachschlagewerke können Lösungen vorweg nehmen, Netbooks eine Online-Recherche ermöglichen oder Prüflinge mit Mobiltelefonen Auskünfte einholen. Zudem können sich vorbereite Lösungen auf Hilfsmitteln wie USB-Sticks, Smartphones oder Taschenrechnern befinden.

- *Fremd-Software*: Betriebssysteme stellen oft typische Anwendungen auf einem Rechnerarbeitsplatz bereit: Dazu gehören z. B. Dateiablagen, in denen relevante Informationen hinterlegt werden können, Chatprogramme zur Online-Kommunikation, Twitter-Clients zur Veröffentlichung von Aufgaben, Messenger für Rückfragen an Expert/inn/en, Taschenrechner für Berechnungen uvm. Der Zugriff darauf muss eingeschränkt werden, um u. a. den Austausch mit Dritten auszuschließen, insofern nicht erwünscht.

- *Fremd-Server*: Viele Betriebssysteme besitzen Programme wie Browser, mit denen Prüflinge auf das WWW zugreifen könnten. Hier sollte dafür gesorgt werden, dass nur ein Zugriff auf den Server mit dem E-Assessment- oder E-Klausursystem möglich ist. Auf diese Weise wird der Zugriff auf Online-Nachschlagewerke wie z. B. Wikipedia zur Recherche oder auf Messaging-Dienste wie ICQ bzw. Twitter zur Kommunikation verhindert.

- *Fremderfassung*: Ggf. können Assessment-Ergebnisse Begehrlichkeiten wecken, wenn sie z. B. Rückschlüsse auf die Arbeitsmarktfähigkeit oder Vermittelbarkeit von Absolvent/inn/en erlauben. So ist z. B. der Aufbau einer „Absolvent/inn/en-Schufa" vorstellbar, die potentiellen Arbeitgeber/inne/n Informationen zu ihren Bewerber/inne/n verkauft. Aufgrund des Datenschutzes sollte dies verhindert werden. Anders liegt der Fall hingegen bei der Selbstdarstellung der Prüflinge, z. B. im eigenen E-Portfolio oder auf Profilseiten sozialer Netzwerke. Der Zugriff Unbefugter auf hochschuleigene Prüfungsverwaltungssysteme ist jedoch in jedem Fall auszuschließen.

### 4.2.4.3 Lösungsansätze

Um das Bedrohungspotential vorstellbarer Angriffe zu verringern, sind die durch Systembrüche entstehenden Sicherheitslücken möglichst zu überbrücken. Dazu sind nachfolgend einige Maßnahmen skizziert:

- *Aufsichten vor Ort einsetzen*, die sicherstellen, dass Prüflinge diejenigen sind, für die sie sich ausgeben, zudem nicht untereinander kommunizieren, auf mitgebrachte Unterlagen oder Materialien zugreifen oder Eingaben für Fremde tätigen.

- *Funktionalität des Rechnerarbeitsplatzes einschränken*, indem das System vor jeder Nutzung bereinigt wird, nur notwendige Software installiert ist, Internetzugriffe z. B. nur innerhalb des Prüfungsnetzwerks gestattet sind, Chats zwischen den Prüflingen ausgeschlossen sind sowie unnötige Hardware durch Voreinstellungen deaktiviert wird, z. B. USB-Anschlüsse oder DVD-Laufwerke.

- *Secure Browser einsetzen*, der ausschließlich Zugriff auf eine voreingestellte Seite gestattet und nicht durch Prüflinge verlassen oder beendet werden kann, um z. B. andere Programme zu starten. Beispiele dafür sind:

  - Safe Exam Browser[28]

  - Secure Browser von Dell[29]

  - Secure Browser von Tropical Software[30]

- *Kiosk-Modus aktivieren*, um die Funktionalität des Servers einzuschränken und ausschließlich Zugriff auf das durchzuführende E-Assessment zu gestatten. Dies verhindert ein Springen zu anderen Funktionen oder ein Verlassen des Systems.

- *Abriegeln des Prüfungsnetzes*, so dass kein Zugriff von außen auf den geschützten Bereich des Hochschulintranets möglich ist. Gleiches gilt für den Zugriff nach außen, um z. B. Daten an Karrierebörsen, Headhunter oder soziale Netzwerke weiterzureichen.

- *Allgemeine IT-Sicherheit* herstellen, wie z. B. im IT-Grundschutz-Katalog des BSI beschrieben.

---

28  http://www.safeexambrowser.org
29  http://www.kace.com/products/freetools/secure-browser
30  http://www.tropsoft.com/secbrowser

Die angesprochenen Maßnahmen sind keinesfalls vollständig und bedürfen, erst einmal etabliert, der ständigen Überprüfung. Darüber hinaus treten immer wieder neue Sicherheitslücken in bereits etablierten Systemen auf, so dass absolute Sicherheit i. d. R. kaum oder gar nicht herstellbar ist. In der Konsequenz sollen die genannten Aspekte dazu dienen, eine höhere Sensibilität für das Thema Sicherheit bei E-Assessments herzustellen.

## 4.2.5 Anbindung an Hochschulsysteme

Hochschulen und ihre Einrichtungen setzen i. d. R. verschiedene Softwaresysteme ein, um eine Vielzahl an Verwaltungsprozessen zu vereinfachen: So finden sich z. B. im Immatrikulationsamt Systeme zur Studierendenverwaltung, dem Hochschulrechenzentrum obliegen meist Identity Management sowie Lehrveranstaltungsplanung und das akademische Prüfungsamt setzt auf Prüfungsverwaltungssysteme. Ein E-Assessment-System selbst kann Teil eines größeren Lernmanagement- oder Campusmanagementsystems sein, wie häufig beim formativen Assessment, oder kann als eigenständiges System agieren, wie bei E-Klausuren üblich.

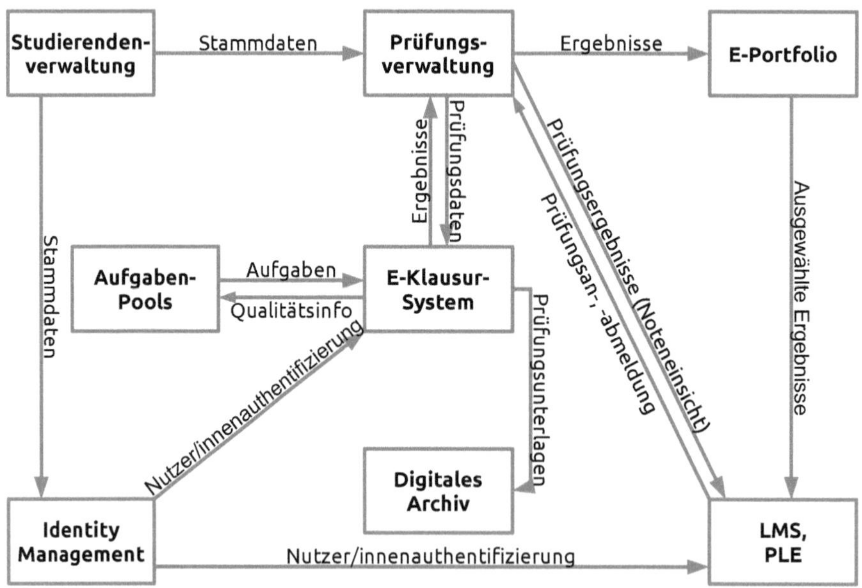


Abbildung 4.4: Ausprägung einer Hochschulsystemlandschaft

Häufig ist ein Austausch von Daten zwischen einzelnen Systemen erforderlich. Dieser muss nicht zwingend elektronisch erfolgen, sondern kann auf klassische

Weise geschehen, z. B. durch das Versenden von Anmelde- oder Notenlisten per Hauspost. Um Fehler zu vermeiden, wie sie z. B. beim Abtippen von Excel-Tabellen auftreten können, und damit die Qualität der Datenübermittlung zu erhöhen, ist eine Integration in die übrige Hochschullandschaft zu überlegen. Eine Skizze, wie so ein Zusammenspiel aussehen kann, ist auf der vorangehenden Seite in Abb. 4.4 dargestellt. Nachfolgend sind Möglichkeiten zur Anbindung von Systemen aufgeführt, die einen Bezug zu E-Assessment-Systemen haben.

### 4.2.5.1 Elektronische Prüfungsverwaltung

Systeme zur Prüfungsverwaltung, wie z. B. das Prüfungsorganisationssystem[31] (POS) der HIS GmbH, helfen bei der Erfassung benoteter Leistungen im studentischen Lebenszyklus. Eine Verbindung zu einem E-Klausursystem ist hierbei vorstellbar: Über eine solche Schnittstelle erhält das E-Klausursystem Informationen zur Prüfung (z. B. Verantwortlicher, Zeitpunkt und -raum, Voraussetzungen, angemeldete Prüflinge), so dass diese Daten nicht manuell angelegt werden müssen. Im Gegenzug fließen erzielte Ergebnisse in die Prüfungsverwaltung zurück, was ein Ausfüllen und Abtippen von Excel-Listen vermeidet.

### 4.2.5.2 Digitale Aufgabensammlung

Existiert eine zentrale Sammelstelle mit fachbezogenen Aufgaben, ist ihre Kopplung mit einem E-Assessment-System denkbar. Auf diese Weise können Lehrende einzelne Assessments aus einem deutlich größeren Fundus möglicher Einzelaufgaben zusammenstellen. Die statistische Auswertung der gegebenen Antworten lässt zudem Rückschlüsse über die Qualität der Aufgaben zu. Entsprechende Einstufungen (z. B. nach Schwierigkeitsgrad) sollten daher zurück in den Qualitässicherungsprozess und damit die Beschreibung der Aufgaben im Pool einfließen.

Ein genereller Austausch von Aufgaben ist zudem sinnvoll, z. B. zu Archivierungszwecken oder um sie von einem System in ein anderes zu übernehmen. Dazu sind Im- und Exportfunktionalitäten bei diesen Systemen notwendig. Erst mit ihrer Hilfe können Lehrende komplexe Aufgaben-Pools erstellen, in ihrer Fach-Community austauschen, Aufgaben von der Community oder dem Lehrverbund weiterentwickeln lassen bzw. fremde Aufgaben ins eigene System übernehmen. Ein standardisiertes Datenformat, das die Erstellung und Beschreibung von Tests und Aufgaben erlaubt, ist z. B. die „IMS Question & Test Interoperability"[32]

---

31  http://www.his.de/abt1/ab02
32  http://www.imsproject.org/question

(QTI). Sie soll den Austausch zwischen verschiedenen Systemen sowie das Abspeichern von Testergebnissen erleichtern.

Eine hochschulübergreifende Sammelstelle für Aufgaben sämtlicher Fachbereiche, an der motivierte Lehrende mitarbeiten können, existiert bisher noch nicht. Zudem ist unklar, in welchem Format entsprechende Aufgaben dort abgelegt werden sollten. Als viel versprechendes Beispiel sind hier die „Open Educational Resources"[33] (OER) zu nennen, die zum 11.07.2014 bereits 3.359 Materialien[34] vom Typ „Assessment" auflisten.

### 4.2.5.3 Zentrale Benutzer/innenauthentifizierung

Das Hochschulrechenzentrum bietet häufig die Möglichkeit einer hochschulweiten Authentifizierung: Dazu betreibt es i. d. R. Identity-Management-Systeme, in denen Zugangsdaten von Mitarbeitenden und Studierenden abgelegt sind. Hochschulsysteme können hier erfragen, ob woanders eingegebene Zugangsdaten gültig sind und es sich bei den Personen um Hochschulangehörige handelt, d. h. ob angebotene Dienste zugänglich gemacht werden dürfen oder nicht. Dazu verwenden die Benutzer/innenverwaltungen standardisierte Protokolle wie das „Lightweight Directory Access Protocol"[35] (LDAP), das ein System implementieren muss, um den Authentifizierungsdienst verwenden zu können. Typische Systeme, die mit dem Identity-Management-System interagieren, sind: E-Mail-Dienst und -Postfach der Hochschule, Lernmanagementsystem, Prüfungsan- und -abmeldung, Systeme zur Noteneinsicht, Webspeicherplatz zur Selbstdarstellung usw.

Sollen Studierende oder Lehrende mit ihren lokalen Zugangsdaten auf Systeme anderer Hochschulen zugreifen können, z. B. bei der Durchführung standortübergreifender Lehrveranstaltungen, ist eine hochschulübergreifende Authentifizierung notwendig. Auf diese Weise können sie auf entfernte Lernressourcen zugreifen, ohne vorab jeweils einen neuen Zugang zu den Zielsystemen beantragen zu müssen. Ein Beispiel, wie dies erfolgreich umgesetzt wurde, zeigt die „Authentifizierungs- und Autorisierungs-Infrastruktur für Niedersachsen"[36] (Nds-AAI). Darüber werden Benutzer/innen weiterhin lokal in ihren Heimatorganisationen verwaltetet, bekommen aber kontrolliert Zugang zu Ressourcen der gesamten Föderation. Die erste Anwendung, die über die Nds-AAI zugänglich gemacht wurde, ist das Lernmanagementsystem Stud.IP.

---

33  http://www.oercommons.org
34  http://www.oercommons.org/courses/material_types/assessments
35  http://de.wikipedia.org/wiki/Lightweight_Directory_Access_Protocol
36  http://en.daasi.de/projects/ndsaai.php

### 4.2.5.4 Digitales Hochschularchiv

Wenn ein digitales Zentralarchiv existiert, können Ergebnisse und Unterlagen direkt vom E-Klausursystem dorthin exportiert werden. Die jeweiligen Prüfungsordnungen geben i. d. R. die dafür notwendigen Zeiträume vor, die bis zu 30 Jahren betragen können.[37] Diese gelten für digitale Unterlagen ebenfalls – obwohl für die Sicherung bisher unklar ist, welche Datenträger einen entsprechenden Zeitraum ohne Datenverlust überdauern. Häufig sind die Hochschulbibliotheken für den Themenkomplex „Archivierung" zuständig. Existiert z. B. eine Archivierungsstrategie der Hochschule, scheint es sinnvoll, die Archivierung digitaler Unterlagen ebenfalls in diese Strategie einzugliedern.

Für die Archivierung selbst sind zwei Aspekte zu unterscheiden: Leistungsbewertung und Leistungsaufzeichnung. Während die Leistungsbewertung als nachvollziehbarer Verwaltungsakt in der Akte des Prüflings zu finden ist, die i. d. R. dem Prüfungsamt zugeordnet ist, sind die Prüfenden selbst für die Aufbewahrung der geschriebenen Klausuren zuständig; in den meisten Fällen ist dafür ein wesentlich kürzerer Zeitraum ausreichend. Entsprechend erfolgt Akteneinsicht im Prüfungsamt und Klausureinsicht bei den Prüfenden. Das Testcenter der Uni Bremen löst diese Aufgabe z. B., indem Prüfende im Anschluss eine CD/DVD mit den kompletten Aufzeichnungen erhalten und dann ihrerseits für die (nachträgliche) Bewertung bzw. Qualitätssicherung und die Übermittlung der Ergebnisse an das Prüfungsamt zuständig sind.

## 4.3 Organisation der Abläufe

Die Gestaltung der verschiedenen Aktivitäten innerhalb eines Assessment-Prozesses und die Organisation der Abläufe im Allgemeinen sind i. d. R. von den Besonderheiten einer Hochschule oder Fachkultur beeinflusst. So gibt es z. B. Fachgebiete, in denen die Freigabe elektronischer Klausuraufgaben dem Studiendekanat obliegt, um auf diese Weise deren Qualität sicherzustellen. Andere Fachbereiche setzen hingegen stark auf die Freiheit der Lehre und räumen ihren Lehrenden großen Spielraum bei der Gestaltung summativer Assessments ein. Entsprechend sind im Rahmen der Ablauforganisation insbesondere zwei Prozesse zu unterscheiden: Auf der einen Seite geht es um die Organisation von E-Assessments selbst; Abschnitt 4.3.1 beschreibt auf Grundlage des klassischen Klausurprozesses zugehörige Aktivitäten. Auf der anderen Seite ist die Qualität von E-Assessments

---

37  Siehe zu rechtlichen Aspekten der Archivierung Abschnitt 6.3.3 ab S. 195.

sicherzustellen. Beispiele zur Einbettung in einen übergeordneten Qualitätssicherungsprozess nennt daher anschließend Abschnitt 4.3.2.

## 4.3.1 Aktivitäten im Assessment-Prozess

Die Planung und Durchführung von E-Assessments bestehen aus einer Reihe unterschiedlicher Schritte. Im Folgenden wurden diese einzelnen Aktivitäten jeweils anhand des typischen Prozesses für schriftliche Klausuren identifiziert; sie sind in den nachfolgenden Unterabschnitten näher beschrieben. Eine beispielhafte Übersicht über deren Zusammenspiel und daran beteiligte Rollen ist in Abb. 3.8 auf S. 63 dargestellt.

Je nach Einsatzszenario können diese Aktivitäten auftreten, müssen aber nicht: Eine Anmeldung zur Klausur ist z. B. bei formativen Assessments unnötig. Ebenso können die Aktivitäten und ihre Reihenfolge je nach Einsatzzweck, Szenario und Anforderungen einer Hochschule variieren. Besonderheiten bei der Durchführung von E-Klausuren sind in Abschnitt 3.4.2 ab S. 62 aufgeführt. Einzelne Aktivitäten zur Durchführung von Scan-Klausuren weichen davon ab; zur speziellen Organisation ihrer Abläufe siehe Abschnitt 3.4.3.2 ab S. 67.

### 4.3.1.1 Termin- und Raumvereinbarung

Sind E-Assessments auf dem Campus durchzuführen, ist ein geeigneter Raum dafür nötig. Verschiedene Faktoren beeinflussen seine Auswahl. Dazu zählen:

- Anzahl der Teilnehmenden (und daraus resultierend die Zahl der gewünschten bzw. möglichen Rechnerarbeitsplätze)

- Anforderungen an die Ausstattung (z. B. verfügbare Arbeitsplätze, besondere Monitore, Headsets, WLAN etc.)

- Planung des Durchlaufs (Soll ein E-Assessment z. B. simultan in verschiedenen Räumen oder zeitlich versetzt im gleichen Raum stattfinden?)

- Verfügbarkeit der Räume (noch frei oder schon belegt?)

- Vorgaben des Prüfungsamts (als Bestimmung, wo und wann z. B. eine Klausur stattfinden muss)

Ist ein Raum ausgewählt, kann er i. d. R. im zentralen Raumbüro der Hochschule oder bei der Raumverwaltung im Fachbereichsekretariat gebucht werden. Manche Hochschulen halten spezielle Online-Raumplaner vor, über die Lehrende gewünschte Räume buchen bzw. deren Belegung überprüfen können.

### 4.3.1.2 Anmeldung im Prüfungsamt

Im besonderen Fall einer Modulprüfung müssen Studierende das Modul vorab „belegen", d. h. sich im Prüfungsamt dazu anmelden, damit das Ergebnis als Leistung angerechnet wird. Die jeweilige Prüfungsordnung gibt dabei den Zeitraum vor, in dem nach erstmaliger Belegung ein solches Modul bestanden werden muss. Anderenfalls kann dies Konsequenzen für den weiteren Studienverlauf haben und ein Studium z. B. erfolglos beendet sein. Die Anmeldung selbst kann online erfolgen oder traditionell vor Ort im Prüfungsamt. Dort stellen zugehörige Sachbearbeiter/innen fest, ob bestimmte Voraussetzungen erfüllt sind (z. B. der/die Studierende immatrikuliert ist), und notwendige Vorleistungen erbracht wurden. Diese Daten werden i. d. R. von einem Prüfungsverwaltungssystem erfasst.

Hochschulen wie z. B. die Uni Oldenburg bieten ihren Studierenden die Möglichkeit, sich außerhalb der Öffnungszeiten des Prüfungsamtes zu Modulprüfungen anzumelden (und erzielte Noten einzusehen). Zu dem Zweck wurde das Prüfungsverwaltungssystem mit dem hochschulweiten Lernmanagementsystem gekoppelt. Studierende können ihre Module darin auswählen, zugeordnete Prüfungen finden und sich per TAN-Verfahren verbindlich davon an- oder abmelden.

Nach dem Anmeldezeitraum erstellt das Prüfungsamt i. d. R. eine Teilnahmeliste und sendet diese, z. B. zusammen mit Bewertungsbögen, an die Prüfenden, damit sich diese darauf einstellen können. Haben Studierende eine Modulprüfung nicht bestanden, sind sie meist automatisch zur folgenden Nachprüfung angemeldet. Auf die rechtlichen Aspekte dazu geht Abschnitt 6.1.6 ab S. 170 noch ein.

### 4.3.1.3 Vorbereitung des E-Assessments

Je nach Einsatzzweck legen die Prüfenden den vorgesehenen Verlauf für das E-Assessment fest. Folgende Typen sind dabei zu unterscheiden:

- *Statisch*: Hierbei erhalten alle Prüflinge gleiche oder vergleichbar schwere Aufgaben. Dies macht ihre Leistungen besser miteinander vergleichbar.

- *Adaptiv*: Abhängig davon, ob ein Prüfling Aufgaben richtig oder falsch beantwortet, passt das System den Schwierigkeitsgrad der folgenden Aufgaben an, um auf diese Weise gezielt individuelle Stärken und Schwächen ermitteln zu können.

- *Stufenförmig*: Teilt ein E-Assessment in verschiedene Bereiche ein, die aufeinander aufbauen. Ein einmal abgeschlossener Bereich kann nicht erneut bearbeitet werden. So können korrekte Lösungen in spätere Aufgaben einfließen, ohne Antworten zuvor gelöster Aufgaben vorweg zu nehmen.

Abhängig von der gewählten Verlaufsform sind dann die Aufgaben zu erstellen und ggf. einer ersten Qualitätskontrolle zu unterziehen. Mit der Qualität von Aufgaben beschäftigt sich später Abschnitt 4.4 ab S. 114. Auf das Vorgehen zum Erstellen insbesondere von MC-Aufgaben und auf Formulierungshinweise geht danach Abschnitt 4.5.4 ab S. 128 ein.

Aufsichten vor Ort helfen dabei, Täuschungsversuche zu vermeiden. Sie sind vorab zu rekrutieren und ggf. zu schulen, damit sie wissen, wie sie z. B. im Fall von Täuschungen oder Pannen reagieren müssen oder technische Hilfestellung geben können. Die Schulung von Prüflingen, insbesondere wenn sie die Technologien noch nicht kennen, kann z. B. im Rahmen des Übungsbetriebs oder über Probeklausuren erfolgen. Schließlich sind Rechnerarbeitsplätze passend einzurichten und auszustatten. Neben hinreichendem Abstand und Sichtschutz kann es unter Umständen notwendig sein, bestimmte Software (z. B. Secure Browser) zu installieren, Zugriffe auf das Internet, weitere Programme oder USB-Medien einzuschränken uvm., siehe Abschnitt 4.2.4 ab S. 98. Sind multimediale Elemente beteiligt, ist eine weitere technische Ausstattung (z. B. Headsets) erforderlich, die vorab bereitzustellen und deren Funktionstüchtigkeit sicherzustellen ist.


### 4.3.1.4 Durchführung

Um möglichst vergleichbare und objektive Messergebnisse zu erhalten, sollten gleiche Voraussetzungen für alle Teilnehmenden geschaffen werden. Die Prüflinge schalten ihre E-Assessments zunächst durch Eingabe von Anmeldedaten wie Login, Passwort oder PIN/TAN frei und ordnen sich damit diesen zu. Bei E-Klausuren kann es darüber hinaus notwendig sein, sich vorab mit Hilfe eines Lichtbild- oder Studierendenausweises zu identifizieren. Fehlt der Prüfungstyp „E-Klausur" in einer zugehörigen Prüfungsordnung, ist Rechtssicherheit dennoch indirekt herstellbar: Dazu wird der Rechner als „Ausfüllhilfe" betrachtet, die Aufgaben mit den Eingaben am Ende ausgedruckt, von den Studierenden unterschrieben und alles weitere wie bei einer klassisch schriftlichen Klausur gehandhabt. Rechtliche Aspekte der Durchführung sind Thema von Abschnitt 6.2 ab S. 174.

Ein Protestknopf kann den Studierenden ermöglichen, vorgegebenen Antworten zu widersprechen und eigene Lösungsvorschläge einzubringen. Das kann helfen zu erkennen, ob alle Lösungsmöglichkeiten vorgegeben wurden oder ob Kombinationen aus Antworten richtig sind, die bisher nicht berücksichtigt wurden. Prüflinge können damit darauf aufmerksam machen, dass ihnen vorgegebene Antworten nicht schlüssig erscheinen (oder Grundwerte fehlerhaft generiert wurden). Lehrende erfahren darüber hinaus, welche Aufgaben besondere Schwierigkeiten machen bzw. wie sicher sich die Lernenden bei der Beantwortung fühlen und können ihre Lehrveranstaltungen entsprechend anpassen. So gewonnene Erkenntnisse können in den Qualitätssicherungsprozess der Aufgaben zurückfließen.

Ein vorab vorbereiteter Notfallplan listet Ansprechpartner/innen und Vorgehensweisen auf, falls technische Probleme auftreten wie z. B. ein Serverabsturz oder Stromausfall. Weitere Maßnahmen und Überlegungen, um die Zuverlässigkeit der Systeme sicherzustellen, sind in Abschnitt 4.2.3 ab S. 96 beschrieben. Mit dem Vorgehen zur Bearbeitung von MC-Tests aus Sicht der Prüflinge beschäftigt sich Abschnitt 4.5.5 ab S. 131.

### 4.3.1.5 Auswertung der Ergebnisse

Die Auswertung von Eingaben kann (teil-)automatisiert erfolgen, insofern z. B. korrekte Lösungen bei Auswahlaufgaben oder Zielbereiche bei numerischen Aufgaben vorgegeben wurden. Bei Kurztextaufgaben, wie sie z. B. in Lückentexten vorkommen, lassen sich Schreib- oder Flüchtigkeitsfehler berücksichtigen, indem im auswertenden System ein Toleranzbereich wie eine bestimmte Levensthein-Distanz angegeben wird. Bei der manuellen Auswertung helfen Kommentare der Prüflinge, Probleme bei der Aufgabenstellung oder den Antwortalternativen zu identifizieren. Eine statistische Analyse[38] der Ergebnisse gestattet zudem Rückschlüsse auf die Aufgabenqualität und ihren Schwierigkeitsgrad. Auf diese Weise erhalten Prüfende Informationen zur Verbesserung für die Wiederverwendung in einem folgenden Zyklus. Je nach Gesamtergebnis, und das gilt insbesondere für benotete E-Klausuren, sind als fehlerhaft identifizierte Aufgaben aus der Wertung zu nehmen und die Punkte- bzw. Notenskala entsprechend anzupassen.

Die Auswertung komplexer Freitexteingaben oder längerer Ausarbeitungen erfolgt i. d. R. manuell. Hier profitieren Prüfende insbesondere von einer besseren Lesbarkeit im Vergleich zur Entzifferung verschiedener Handschriften. Zudem können elektronische Abgaben im Sinne eines Peer-Reviewing-Verfahrens automatisch vom System verteilt und von anderen Lernenden ausgewertet werden. Damit sind sie stärker in den Prozess einbezogen, weshalb sie sich laut [Bog10] eher damit identifizieren – was ihren Lernerfolg vergrößern kann. Rechtliche Aspekte im Anschluss an eine E-Klausur behandelt Abschnitt 6.3 ab S. 192.

---

38  Siehe zu Besonderheiten der Item-Analyse Abschnitt 4.4.2 ab S. 116.

### 4.3.1.6 Einsichtnahme

Nach Bekanntgabe der Ergebnisse kann optional eine Einsicht in die Bewertung der einzelnen Aufgaben erfolgen. Dies ist die Regel z. B. bei Klausuren: Prüflinge können hier noch einmal ihre Eingaben bzw. Antworten und deren Richtigkeit sowie die zugehörige Bewertung überprüfen. Die Erfahrung zeigt, dass insbesondere diejenigen diese Möglichkeit nutzen, deren Ergebnisse nicht ihren Erwartungen entsprechen. In der Vergangenheit wurden auf diese Weise durchaus Fehler bei der Korrektur schriftlicher Klausuren aufgedeckt und entsprechend nachgebessert. Die Einsicht erfolgt im klassischen Fall in Anwesenheit des Prüfenden, der währenddessen auf Fragen der Prüflinge eingehen kann. Im elektronischen Fall ist eine solche Einsichtnahme auch online vorstellbar.

### 4.3.1.7 Übermittlung der Ergebnisse an das Prüfungsamt

Handelt es sich um eine Modulprüfung, sind die zugehörigen Bewertungen im Anschluss daran an das Prüfungsamt zu übermitteln. Im traditionellen Prozess tragen Prüfende die Ergebnisse in eine Liste ein (z. B. Excel-Tabelle), die sie vorab zusammen mit einer Teilnahmeliste erhalten haben. Diese wird entsprechend ausgefüllt, unterschrieben und per Post an das Prüfungsamt zur Weiterverarbeitung geschickt. Hochschulen wie z. B. die Uni Oldenburg haben Prüfungsverwaltungs- und Lernmanagementsysteme miteinander gekoppelt. Auf diese Weise können sich Studierende online zu Modulprüfungen an- und abmelden oder ihre Ergebnisse einsehen. Lehrende können ihre Bewertungen direkt online eingeben bzw. elektronisch ausgefüllte Excel-Tabellen dort hochladen. Um jedoch die Verbindlichkeit von Noten zu gewährleisten und Fehler bei der elektronischen Datenübertragung auszuschließen, ist darüber hinaus i. d. R. eine unterschriebene Liste mit Ergebnissen auf traditionellem Weg ans Prüfungsamt zu senden.

### 4.3.1.8 Übernahme in Prüfungsverwaltung

Prüfungsämter sichern erzielte Ergebnisse bzw. Noten meist im Prüfungsverwaltungssystem sowie in den Prüfungsakten der Studierenden. Denn aufgrund von Anforderungen des Verwaltungsaktes pflegen sie neben den elektronischen Studierendenakten oft klassische Akten in Papierform. Prüfende liefern die Testergebnisse meist auf einer unterschriebenen Liste (und ggf. zusätzlich in elektronischer Form als Excel-Tabelle) an. Die Sachbearbeiter/innen im Prüfungsamt übernehmen die Daten, indem sie diese i. d. R. manuell ins Prüfungsverwaltungssystem eingeben. Um Fehler bei der Datenübernahme zu vermeiden, bietet sich die

Kopplung von E-Klausur- und Prüfungsverwaltungssystem an. Auf diese Weise können die Prüfungen und Prüflinge (als Teilnehmerliste) in das E-Klausursystem exportiert und erzielte Ergebnisse auf elektronischem Weg zurück ins Prüfungsverwaltungssystem importiert werden. Zur Integration von E-Assessment-Systemen in die Hochschulsystemlandschaft siehe Abschnitt 4.2.5 ab S. 102.

### 4.3.1.9 Archivierung der Unterlagen

Bei benoteten Modulprüfungen ist es notwendig, zugehörige Unterlagen für einen vorgegebenen Zeitraum zu archivieren. Diese Archivierung umfasst einerseits die erzielten Ergebnisse, andererseits zugehörige schriftliche Unterlagen wie z. B. Klausurbögen, Aufgaben oder Protokolle. Im elektronischen Fall gehören Mitschnitte, Logfiles und ähnliches ebenfalls dazu. I. d. R. bewahren Prüfende die schriftlichen Unterlagen selbst auf; Prüfungsordnungen bestimmen dazu den Zeitraum, in dem diese vorzuhalten sind. Siehe hierzu auch Abschnitt 6.3.3 ab S. 195 und die dort angesprochenen Rechtsfragen der Archivierung. Die Sicherung von Prüfungsergebnissen, z. B. in Form von Noten oder Punkten, ist hingegen Aufgabe des Prüfungsamtes. Ihre Aufbewahrung erfolgt in den Prüfungsakten der Studierenden; damit richtet sich der Zeitraum ihrer Archivierung nach der Dauer, in der diese Prüfungsakten (auch über das Studium hinaus) archiviert werden müssen.

An Hochschulen sind zumeist die Bibliotheken für das Thema Archivierung zuständig und beschäftigen ggf. Archivierungsbeauftragte. Existiert eine hochschulweite Archivierungsstrategie oder ein digitales Hochschularchiv, scheint es sinnvoll, auch elektronische Prüfungsunterlagen dort einzugliedern. Gibt es darüber hinaus einen zentralen Aufgaben-Pool, sollten dorthin Aussagen zur Qualität und zum festgestellten Schwierigkeitsgrad der Aufgaben zurückgemeldet werden.

## 4.3.2 Prozessbeispiele

Die Abläufe können abhängig von Hochschule, Fachgebiet oder Einsatzszenario variieren. Neben den vorab beschriebenen, typischen Aktivitäten kommen häufig noch weitere qualitätssichernde Maßnahmen hinzu, die hochschulspezifisch in den Gesamtprozess integriert werden. Speziell für den Bereich E-Klausuren sind nachfolgend zwei beispielhafte Prozesse aufgeführt.

### 4.3.2.1 MH Hannover

Die MH Hannover führt seit 2006 E-Klausuren mit Hilfe mobiler Engeräte durch. Dazu arbeitet sie mit der Firma IQuL GmbH[39] (ehemals Codiplan) zusammen. Diese stattet die Hörsäle mit Eingabegeräten und der notwendigen Infrastruktur (z. B. Server, Netzwerk) aus. Die folgende Abb. 4.5 zeigt basierend auf dem zugehörigen Informationsflyer[40] die verschiedenen Schritte im Regelkreis für das Prozessmanagement von E-Klausuren.

Abbildung 4.5: Regelkreis für E-Klausuren (MHH)

Eine Besonderheit ist, dass E-Klausuren im gesamten Studium geschrieben werden; entsprechend ist ein großer Aufgaben-Pool zu pflegen. Die MHH hat das Ziel, die hochwertige Qualität der Aufgaben sicherzustellen und bezieht dazu ihr Studiendekanat mit ein.

### 4.3.2.2 Uni Bremen

Die Uni Bremen führt seit 2004 E-Klausuren in einem eigens dafür eingerichteten Testcenter durch. Sie wird dabei unterstützt von ihrem Zentrum für Multimedia in

---

39  http://www.iqul.de
40  http://goo.gl/7r34Cy

der Lehre (ZMML) und dem dort ansässigen E-Assessment-Dienst. Der typische Ablauf[41] einer E-Klausur unter Einbeziehung dieses Dienstes ist in der folgenden Abb. 4.6 skizziert.

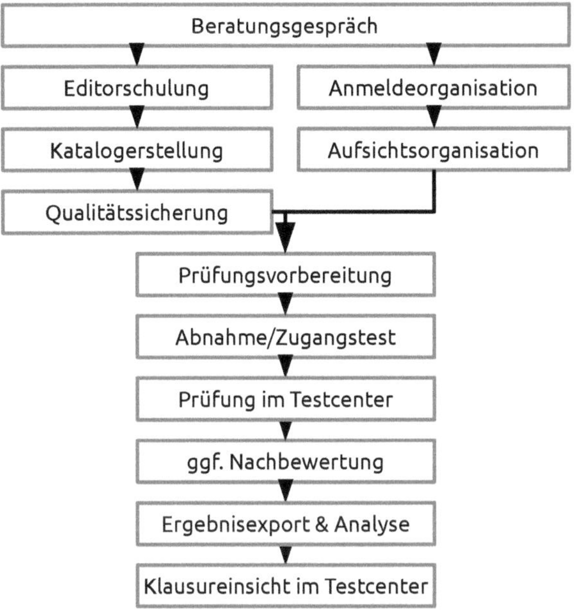


Abbildung 4.6: Ablauf einer E-Klausur (Uni Bremen)

Großer Wert wird ebenfalls auf die Qualität von Aufgaben gelegt. Zu diesem Zweck wurde ein spezieller Qualitätsmanagementprozess entwickelt und jeweils durchlaufen. Abb. 4.7 skizziert auf der nächsten Seite diesen Prozess, eine kurze Beschreibung der Schritte folgt.

Das ZMML unterscheidet[42] dabei zwischen Aufgabenerstellung und Katalogrevision. Die Schritte im Revisionsprozess sind die Folgenden:

- *Kontrolle durch Autor/inn/en* im Editor, danach Transfer an ZMML.

- *Kontrolle durch ZMML* im Editor, dann Upload der Erstversion.

- *Katalogtest* aller Aufgaben, Annotation bei Problemen, Überarbeitung durch ZMML, dann Upload der Endversion.

- *Einstellungstest* auf Zeit, Anzahl, Auswahl und Reihenfolge der Aufgaben. Dann Prüfungsabnahme im Testcenter.

---

41  http://www.eassessment.uni-bremen.de/ablauf.php
42  Siehe dazu http://www.eassessment.uni-bremen.de/ablauf_qm.php

- *Kommentare Studierender* während der Prüfung, danach Abruf und Auswertung durch Autor/inn/en.

- *Statistische Auswertung* von Schwachstellen und Ergebnissen, Export und Transfer zur Auswertung an Autor/inn/en.

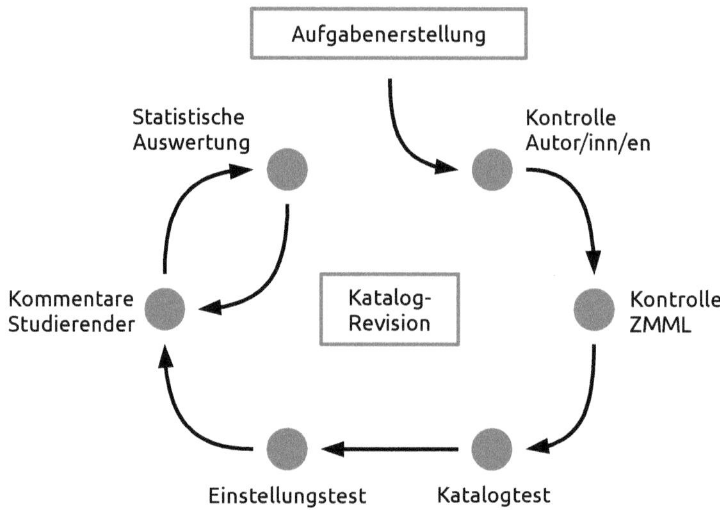


Abbildung 4.7: Qualitätsmanagementprozess des ZMML

## 4.4 Qualitätssicherung

Wie im vorangehenden Abschnitt angedeutet, gehört methodisches und organisiertes Vorgehen zum Qualitätssicherungsprozess von E-Assessments. Um Aussagen über die Qualität von Aufgaben machen zu können, ist zunächst festzustellen, woran sich diese Qualität bemisst. Der folgende Abschnitt 4.4.1 identifiziert dazu verschiedene Kriterien. Wurden Aufgaben mehrfach verwendet, lässt sich mit Hilfe statistischer Verfahren im nächsten Schritt ihre Qualität untersuchen. Mit dieser sog. Item-Analyse befasst sich anschließend Abschnitt 4.4.2.

### 4.4.1 Gütekriterien

Verschiedene Kriterien können die Assessment-Qualität beeinflussen. [LR98] oder [ASA06] unterscheiden u. a. zwischen Hauptgütekriterien mit direktem Einfluss sowie Nebengütekriterien, die sich eher indirekt auswirken. Zu den Hauptgütekriterien zählen Objektivität, Reliabilität und Validität; ihre Charakterisierung folgt.

- *Objektivität* beschreibt die Unabhängigkeit einer Messung von den jeweils Prüfenden. Hohe Objektivität besteht, wenn verschiedene Prüfende bei den gleichen Prüflingen auch zum gleichen Ergebnis kommen. Objektivität lässt sich in den verschiedenen Phasen des Assessment-Prozesses betrachten, und zwar als Durchführungs-, Auswertungs- und Interpretationsobjektivität bei der Ergebnisauslegung.

- *Reliabilität* gibt den Grad der Messgenauigkeit an. Eine hohe Reliabilität bedeutet, dass die Wiederholung einer Messung bei gleichen Beteiligten auch gleiche Ergebnisse bringt. Sie ist feststellbar durch eine Wiederholung des gleichen (Retest) oder streng vergleichbarer Tests (Paralleltest); entsprechend kann ein Test z. B. halbiert und jede Hälfte als eigener Test ausgewertet werden. Indirekt feststellbar ist Reliabilität durch Bestimmung der internen Konsistenz: Dabei wird jedes Item als eigener Test angesehen. Als Kenngröße dafür wird Cronbachs Alpha verwendet, siehe [Cro51]. Zudem können Aufgabenschwierigkeit und Trennschärfe einfließen.

- *Validität* bedeutet, dass die Ergebnisse eines Assessments mit den zu prüfenden Kompetenzen übereinstimmen. Hier sind verschiedene Formen zu unterscheiden: Inhaltsvalidität gibt an, ob das zu messende Merkmal mit den Lernzielen übereinstimmt. Konstruktvalidität besagt, dass ein Assessment geeignet ist, um inhaltliche Kompetenzen zu erfassen, statt z. B. die Fähigkeit, Gedanken in kurzer Zeit einzugeben. Kriteriumsvalidität bedeutet, dass Testergebnisse mit einem empirischen Kriterium übereinstimmen, das bereits vorliegt (konkurrent, z. B. als Schulnoten) oder erst später erkennbar wird (prognostisch, z. B. als Studienerfolg).

Diese Kriterien beeinflussen sich gegenseitig und bauen aufeinander auf: So ist z. B. Reliabilität unbedeutend ohne Objektivität, und Validität ist nur sinnvoll, wenn auch Reliabilität gegeben ist. [Sti11] untersucht diese Zusammenhänge für die Gestaltung von Klausuren. Darüber hinaus gibt es noch weitere Nebengütekriterien, die sich eher indirekt auswirken können. Dazu zählen:

- *Akzeptanz/Transparenz*: Sorgt dafür, dass Anweisungen sowie Aufgaben verständlich sind, Prüflinge sich vorher mit dem Verfahren vertraut machen können und angemessenes Feedback zu jedem Schritt erhalten. Dies schafft zudem Orientierung.

- *Ökonomie*: Stellt sicher, dass der Nutzen des Verfahrens seinen Aufwand sowie dabei entstehende Kosten übersteigt.

- *Fairness*: Stellt sicher, dass sämtliche Testpersonen gleich behandelt werden, die gleichen Voraussetzungen erhalten und gleiche Chancen auf ein entsprechendes Testergebnis haben.

Zudem sollte ein Assessment die Kandidat/inn/en nicht übermäßig belasten und tauglich zur Beantwortung einer speziellen Fragestellung sein (externe Validität). Die genannten Kriterien können sich darüber hinaus gegenseitig beeinflussen. Ein Beispiel: Werden genügend Mittel und Zeit eingesetzt (Ökonomie), ist es möglich, eine Prüfung sehr objektiv, reliabel und valide zu gestalten. Das erhöht ebenso die Akzeptanz unter den Prüflingen. Sind hingegen hohe Reliabilität und Akzeptanz nicht wichtig, ist ein E-Assessment auch mit geringerem Mitteleinsatz möglich. Diese Faktoren sind jeweils im Einzelfall abzuwägen.

## 4.4.2 Item-Analyse

Item-Analyse bezeichnet die Verwendung statistischer Verfahren, um die Qualität von Aufgaben (den sog. Items) zu beurteilen. Sie hat das Ziel, deren Reliabilität zu erfassen und ist somit Voraussetzung, um diese ggf. zu verbessern. Dies geschieht i. d. R. durch eine Analyse der Rohwertverteilung, Berechnung statistischer Kennwerte wie Itemschwierigkeit, Trennschärfe und Homogenität sowie durch Dimensionalitätsprüfung. Eine kurze Beschreibung dieser Faktoren folgt.

- *Rohwertverteilung*: Beschreibt die Verteilung erzielter Ergebnisse. Durch z. B. grafische Darstellung besteht die Möglichkeit, diese Verteilung mit einer (gewünschten oder erwarteten) Normalverteilung zu vergleichen.

- *Itemschwierigkeit*: Gibt das Verhältnis der Personen, die ein Item richtig gelöst haben, im Vergleich zu sämtlichen Testteilnehmenden an.

- *Trennschärfe*: Macht Aussagen über die Vorhersagbarkeit des Gesamtergebnisses aufgrund der Beantwortung eines einzelnen Items.

- *Homogenität*: Gibt an, wie sehr die unterschiedlichen Items eines Tests miteinander korrelieren, sowohl bezogen auf Inhalt als auch Schwierigkeit.

- *Dimensionalität*: Beschreibt, ob ein Test nur ein Merkmal erfasst (eindimensionaler Test) oder sich über mehrere Konstrukte bzw. Teilkonstrukte erstreckt (mehrdimensionaler Test).

Häufig wird die Item-Analyse mit Antworten einer Referenzgruppe durchgeführt, die der Zielgruppe (als Stichprobe) ähnlich ist. Weitere Informationen dazu liefern u. a. [LR98], [BD02] oder [Fis04].

# 4.5 Aufgaben

Zur Untersuchung verschiedener Lernziele stehen ganz unterschiedliche Typen von Aufgaben zur Verfügung, nämlich geschlossene, offene und sonstige Aufgaben. Eine Analyse der verschiedenen Aufgabenformate in Verbindung mit jeweils zuordenbaren Lehrzielen findet sich z. B. bei [Sti11]. Eine Gegenüberstellung ausgewählter technischer Systeme mit den Aufgabentypen, die diese unterstützen, ist in Abschnitt 4.2 ab S. 92 zu finden. In vielen Fällen setzen Lehrende aber den geschlossenen Typ des Antwortwahlverfahrens ein, da dieses automatisch auswertbar ist und damit effizientes Feedback gewährleistet.

Geschlossene Aufgaben geben Antworten vor, die Prüflinge auswählen oder passend anordnen sollen. Dies entspricht einer Wiedererkennens- oder Selektionsleistung. Mit diesem Format setzt sich nachfolgend Abschnitt 4.5.1 auseinander. Offene Aufgaben verlangen eine Reproduktionsleistung von Prüflingen, da Antworten komplett selbst zu erstellen sind; Abschnitt 4.5.2 geht auf entsprechende Typen näher ein. Darüber hinaus gibt es Aufgabentypen, die weitere Möglichkeiten des Multimediaeinsatzes nutzen; Abschnitt 4.5.3 stellt einige davon vor. Wie im vorangehenden Abschnitt angedeutet, sind qualitativ hochwertige Aufgaben wichtig für Erfolg und Akzeptanz von E-Assessments: Hinweise zum Vorgehen bei der Aufgabenerstellung finden sich darum in Abschnitt 4.5.4. Abschnitt 4.5.5 beleuchtet schließlich die Perspektive der Prüflinge und gibt Hinweise zur Bearbeitung von Multiple-Choice-Tests.

## 4.5.1 Geschlossene Aufgaben

Geschlossene Aufgaben werden auch als Anordnungs- oder Auswahlaufgaben bezeichnet, da sie zusätzlich zum Aufgabenstamm, der eine Frage oder einen Arbeitsauftrag beinhaltet, verschiedene Antwortalternativen vorgeben. Prüflinge müssen daraus die richtigen Antworten bestimmen oder die zur Verfügung stehenden Optionen in eine korrekte Reihenfolge bringen. Damit wird eine Wiedererkennens- und Selektionsleistung gezeigt.

Die auf der nächsten Seite folgende Tabelle 4.1 zeigt eine Übersicht verschiedener Typen von Auswahlaufgaben, wie sie u. a. von [CS02] unterschieden wurden. Eine Gegenüberstellung von Lernzielen und dazu passenden Aufgabentypen wurde in Abschnitt 4.1.3 ab S. 89 vorgenommen. Häufig anzutreffende Typen geschlossener Aufgaben sind in den folgenden Unterabschnitten kurz vorgestellt.

| Typ | Name |
| --- | --- |
| A | Einfachauswahlaufgabe |
| B | Zuordnungsaufgabe |
| C | A/B/beide/keine-Aufgabe |
| D | Komplexe Zuordnungsaufgabe |
| E | Verknüpfungsaufgabe |
| H | Vergleichsaufgabe |
| I | Abhängigkeitsaufgabe |
| K | Komplexe Richtig/Falsch-Aufgabe |
| K' (K-prim) | Kombinationsaufgabe |
| R | Erweiterte Zuordnungsaufgabe |
| X | Einfache Richtig/Falsch-Aufgabe |
| Pick N | Mehrfachauswahlaufgabe |

Tabelle 4.1: Verschiedene Typen von Auswahlaufgaben

## 4.5.1.1 Anordnungsaufgabe

Bei der Anordnungsaufgabe müssen Prüflinge verschiedene Elemente in eine bestimmte Reihenfolge bringen, einander zuordnen oder zueinander in Beziehung setzen. Das kann – abhängig von der eingesetzten Technik – z. B. durch Drag-and-Drop-Verfahren erfolgen oder über Auswahllisten mit zugehörigen Positionsnummern. Je nachdem, wie die Elemente einander zugeordnet werden sollen, sind folgende unterschiedliche Subtypen unterscheidbar:

- *Anordnung (Reihenfolge)*: Bei dieser Form müssen die gegebenen Elemente in eine geforderte Anordnung oder Reihenfolge gebracht werden. Beispiele sind Schritte einer Methode, die der Reihe nach durchgeführt werden müssen, eine zeitliche Einordnung historischer Persönlichkeiten, das Sortieren von Städten nach ihrer Einwohner/innenzahl oder die Anordnung vorgegebener Organe an die passenden Positionen im menschlichen Körper.

- *Zuordnung (Beziehung)*: Hierbei stehen zwei Listen zur Verfügung, deren Elemente jeweils in Beziehung zu setzen sind. Beispiele für solche Zuordnungen sind Staatsoberhäupter zu Ländern, Eigenschaften zu Organen, passende Begriffe zu Oberbegriffen oder historische Fakten zu Jahreszahlen.

Die auf der nächsten Seite folgende Abb. 4.8 zeigt jeweils ein Beispiel für eine Anordnungs- (links) und eine Zuordnungsaufgabe (rechts).

Abbildung 4.8: Beispiele einer Anordnungs- und Zuordnungsaufgabe

### 4.5.1.2 Auswahlaufgabe

Auswahlaufgaben geben zu einer Frage verschiedene Antworten fest vor. Prüflinge müssen die jeweils richtigen Antwortalternativen identifizieren und markieren. Entsprechende Alternativen können auch in Form von Abbildungen oder Formeln dargestellt werden. Wichtig ist, dass falsche Antwortalternativen, die sog. Distraktoren, plausibel sind, damit Prüflinge nicht durch bloßes Ausschließen unsinniger Möglichkeiten eine richtige Antwort herleiten können. Je mehr Antwortmöglichkeiten angeboten werden, umso geringer ist die Wahrscheinlichkeit für eine zufällig richtige Lösung; siehe dazu auch die Empfehlungen zur Aufgabenerstellung in Abschnitt 4.5.4 ab S. 128. Da Auswahlaufgaben eine gern eingesetzte und bekannte Form sind, werden E-Assessments häufig mit ihnen assoziiert. Die auf der nächsten Seite folgende Abb. 4.9 zeigt einige Beispiele für Auswahlaufgaben.

Tabelle 4.1 hat auf S. 118 bereits verschiedene Typen von Auswahlaufgaben aufgelistet. Am häufigsten sind jedoch die im vorangehenden Beispiel aufgeführten Typen zu finden. Ihre Charakterisierung folgt.

- *Einfachauswahl (Single-Choice, Forced-Choice)*: Ist nur eine der vorgegebenen Antworten korrekt, spricht man von einer Einfachauswahlaufgabe, auch Single- oder Forced-Choice-Aufgabe genannt. Im Spezialfall der True/False-Aufgabe gibt es immer genau zwei Antwortalternativen, nämlich „wahr" und „falsch". Hierbei müssen Prüflinge entscheiden, ob die vorab getätigte Aussage korrekt ist. Problem dabei ist jedoch, dass aufgrund

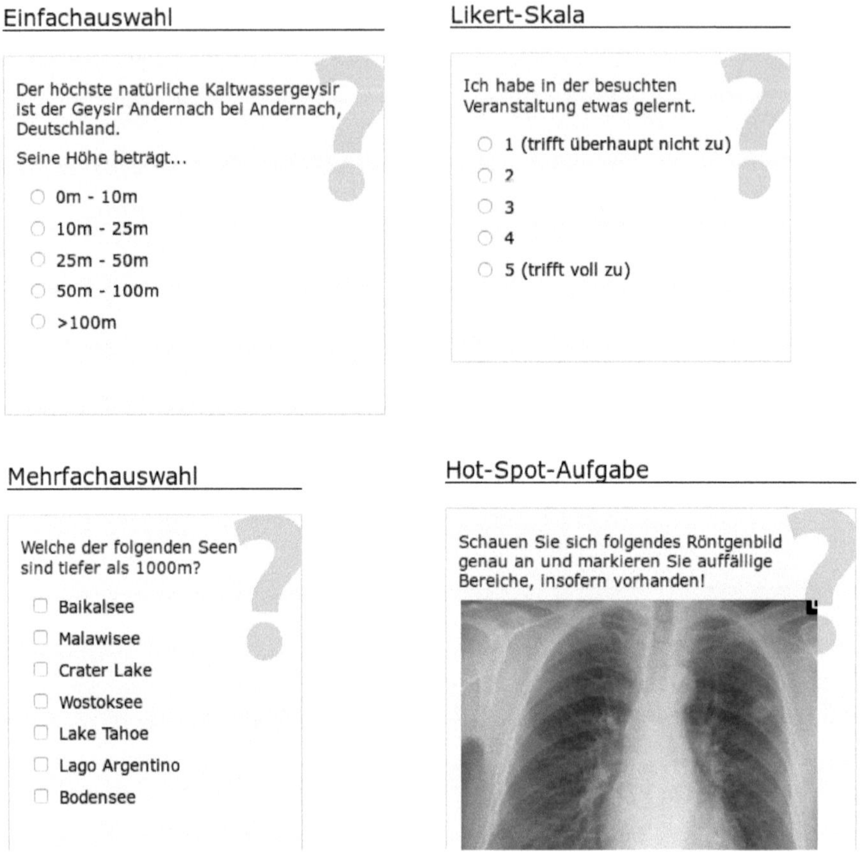

**Einfachauswahl**



**Likert-Skala**



**Mehrfachauswahl**



**Hot-Spot-Aufgabe**



Abbildung 4.9: Beispiele verschiedener Auswahlaufgaben

von nur zwei Alternativen ein zufälliges Treffen (Raten) der korrekten Lösung mit 50% Wahrscheinlichkeit sehr hoch ist. Daher sollten True/False-Aufgaben mit weiteren Aufgabentypen kombiniert werden.

- *Likert-Skala*: Spezialisierung der Einfachauswahl ist die Likert-Skala, bei der eine feste Reichweite als Antwortoption vorgegeben wird. In diese sollen Prüflinge einen bestimmten Sachverhalt einordnen, der z. B. von 1 (trifft voll zu) bis 5 (trifft überhaupt nicht zu) reicht. Dieser Typ wird gerne für die in Abschnitt 3.5.4 ab S. 82 beschriebenen E-Lehrevaluationen eingesetzt.

- *Mehrfachauswahl (Multiple-Choice)*: Mehrfachauswahl- bzw. MC-Aufgaben besitzen mehrere markierbare Antwortalternativen. Die Auswahlmöglichkeiten reichen hierbei von 0 (keine Antwort ist richtig) bis n (alle Aussagen sind korrekt). Nur wer ein zugeordnetes Lernziel erreicht hat, soll eine solche Aufgabe richtig beantworten können. Laut Jacobs[43] erfassen MC-Aufgaben auch Lernziele auf höherem Niveau, z. B. Verständnis und Anwendung. Der Aufgabenstamm ist dabei als Frage oder unvollständiger Satz formuliert, der durch nachfolgende Möglichkeiten vervollständigt wird. Bei den sog. „interpretative exercises", gehen laut [Gro05] Informationen voran, zu denen in Folge mehrere Fragen jeweils inklusive Antwortoptionen gestellt werden. Dabei ist die gesuchte Antwort entweder wahr und alle Distraktoren falsch (true answer form) oder sie stellt die beste Auswahl unter den Alternativen dar (best answer form).

- *Hot-Spot-Aufgabe*: Eine Spezialisierung der Mehrfachauswahlaufgabe ist die sog. Hot-Spot- oder Image-Map-Aufgabe. Prüflinge müssen bestimmte Bereiche (sog. Hot-Spots) auf einer gegebenen Abbildung (der Image-Map) markieren. Medizinische E-Assessments nutzen dieses Verfahren z. B. für Aufgaben rund um Röntgenbilder. Prüflinge sollen darauf erkrankte Regionen erkennen und hervorheben. Da dies einer typischen Tätigkeit entspricht, ist hierbei große Praxisnähe gegeben. Die Darstellung ist durch die elektronischen Medien häufig besser als auf gedruckten oder kopierten Aufgabenblättern. Zudem können Prüflinge durch „Heranzoomen" oder Änderung des Kontrastes kritische Stellen genauer analysieren.

Bei einer Auswahlaufgabe liegt die Wahrscheinlichkeit hoch, durch Raten eine richtige Antwort zu treffen. Entsprechend hängt ihre Qualität insbesondere von der Wahl guter Distraktoren ab. Hinweise zur Erstellung von Aufgaben sind in Abschnitt 4.5.4 ab S. 128 zu finden. Im Rahmen einer E-Klausur ist laut eines Urteils des OVG Nordrhein-Westfalen (Az. 14 A 2154/08) das Abziehen von Punkten für falsche Antworten bei MC-Aufgaben nicht erlaubt.[44] Daher sollten themenverwandte Bereiche zu einer Gesamtaufgabe zusammengezogen und diese als gesamte Einheit bewertet werden. Auf weitere rechtliche Aspekte elektronischer Klausuren geht Kapitel 6 ab S. 155 noch genauer ein.

### 4.5.1.3 Key-Feature-Aufgaben

Die vorab beschriebenen Auswahlaufgaben können dabei helfen, das Vorhandensein deklarativen Wissens zu überprüfen. Laut des Modells von [Mil90] entspricht dies einem grundlegenden Leistungsniveau.[45] Um aber darüber hinaus auch pro-

---

43  http://goo.gl/XyaeWo
44  Siehe dazu auch Abschnitt 6.2.7.4 ab S. 190.
45  Eine Erläuterung dazu ist in Abschnitt 2.4 ab S. 20 zu finden.

zedurales Wissen und damit die situationsbezogene Anwendung dieses grundlegenden Wissens beurteilen zu können, sind komplexere Verfahren notwendig. [KMF06] schlagen zu dem Zweck „Key-Feature-Aufgaben" vor, um die Entscheidungskompetenz der Prüflinge zu testen. Die sog. „Key-Features" sind dabei kritische Entscheidungen, die getroffen werden müssen, um z. B. ein klinisches Problem zu lösen. Sie fokussieren auf Schwierigkeiten, die häufig in der Praxis anzutreffen sind, und legen ihren Schwerpunkt auf das Erkennen von und den Umgang mit solchen Problemen.

Key-Feature-Aufgaben bestehen z. B. aus der knappen Darstellung einer klinischen Situation (Aufgabenstamm), gefolgt von 3-5 Fragen. Weil die Fragen stufenförmig aufeinander aufbauen, ist Zurückblättern zu gegebenen Antworten und ihre Änderung nicht mehr möglich. Auf diese Weise können korrekte Antworten in nachfolgenden Fragen verwendet werden, ohne dass diese Informationen die bereits gegebenen Antworten beeinflussen. Zur Entwicklung von Key-Feature-Aufgaben empfehlen [KMF06] folgende Vorgehensweise:

1. Definition eines Kontextes

2. Wahl der (klinischen) Situation

3. Identifikation der Key-Features des (klinischen) Problems

4. Schreiben des (klinischen) Szenarios (Fallvignette)

5. Schreiben der einzelnen Key-Feature-Aufgaben

6. Auswahl des Antwortformates

7. Bewertungsverfahren

8. Inhaltsvalidierung

Allgemeine Hinweise zur Erstellung von Aufgaben finden sich darüber hinaus in Abschnitt 4.5.4 ab S. 128. Im Zentrum einer Key-Feature-Aufgabe steht der Moment, an dem Prüflinge am wahrscheinlichsten Fehler machen. Entsprechend versuchen z. B. Mediziner/innen beim Erstellen von Aufgaben ihre klinischen Probleme auf diese kritischen Schritte zu reduzieren. Im Sinne eines Best-Practice-Beispiels beschreiben z. B. [SFTE11] und [STE13] für das Einsatzgebiet Tiermedizin, wie an der TiHo Hannover summative MC-Assessments um Key-Feature-Aufgaben ergänzt wurden.

## 4.5.2 Offene Aufgaben

Offene Aufgaben verlangen von den Prüflingen eine Reproduktionsleistung. Dazu geben sie keine Antwortalternativen zur Orientierung vor, sondern stecken lediglich den groben Rahmen für ihre Eingaben ab. Bekannte Typen offener Aufgaben sind Freitext- und Lückentextaufgaben, numerische Aufgaben sowie Textteilmengen. Ihre Charakterisierung folgt.

### 4.5.2.1 Freitextaufgabe

Freitextaufgaben bestehen aus einer Aufgabenstellung sowie einem offenem Eingabebereich für textbasierte Antworten. Lehrende können mit ihrer Hilfe das Strukturieren, Organisieren, Integrieren und Bewerten durch Prüflinge überprüfen. Zudem regt dieser offene Typ das Finden und Darstellen kreativer Ideen an. Freitextaufgaben können das Lernen fördern, da sie ein tieferes Verständnis für die Auseinandersetzung mit komplexen Themen verlangen. Zudem sind elektronisch erfasste Texte für Prüfende leichter zu lesen und zu transportieren.

Eine Untersuchung der Uni Osnabrück hat ergeben, dass Studierende längere Texte lieber elektronisch als handschriftlich erstellen, auch wenn dies keine Auswirkung auf ihre Bewertung hat, siehe dazu [OSWL12]. Je offener die zugehörige Frage formuliert wurde, umso schwieriger gestaltet sich aber die Auswertung der gegebenen Antworten. Eine teilautomatisierte Auswertung wäre zwar im Sinne eines Abgleichs mit vorgegebenen Schlagwörtern denkbar, erscheint aber nicht zwingend sinnvoll.

### 4.5.2.2 Lückentextaufgabe

Eine Lückentextaufgabe, auch Short-Answer-Aufgabe genannt, ist eine verkürzte Freitextaufgabe. Sie ermöglicht die freie Bearbeitung einer Aufgabenstellung mit einer kurzen, prägnanten Antwort. Dazu stellt sie ein Textfeld zur Verfügung, in das Prüflinge jeweils genau ein Wort oder eine Zahl eintragen können. Wesentliche Vorteile sind, dass maschinelle Unterstützung bei der Auswertung möglich ist und ein mögliches Raten von Antwortalternativen (wie z. B. bei Auswahlaufgaben vorstellbar) entfällt. Nachteil hingegen ist, dass sich auch kleine Schreibfehler negativ auf die automatisierte Auswertung auswirken können. Aus diesem Grund gestatten manche Systeme die Angabe einer gewissen Toleranz, um korrekte Antworten trotz Flüchtigkeits- oder Rechtschreibfehlern erkennen zu können. Diese sog. „Levenshtein-Distanz" gibt die Zahl der Einfüge-, Lösch- und Ersetz-Operationen an, um eine eingegebene Zeichenkette in eine Vorgegebene zu überführen. Bei numerischen Aufgaben kann eine Fehlertoleranz in Form eines Wertebereichs eingestellt werden – immer natürlich unter der Bedingung, dass die zugrunde liegende Technologie dies unterstützt.

Komplexe Lückentexte bestehen aus mehreren solcher Short-Answer-Aufgaben, ein Beispiel dazu zeigt Abb. 3.4 auf S. 39. Sie werden z. B. in Sprachzentren im Rahmen von C-Tests verwendet, um die Sprachfähigkeit von Prüflingen einzuschätzen und passende Kurse auswählen zu können. Weil sie jeweils korrekte Antworten vorgeben, sind sie wie geschlossene Aufgaben i. d. R. vollständig automatisiert und damit effizient auswertbar.

### 4.5.2.3 Numerische Aufgabe

Numerische Aufgaben sind eine besondere Form von Short-Answer-Aufgaben, die Zahlenwerte als Eingabe verlangen. Dazu beinhaltet die Aufgabenstellung zumeist verschiedene (auch z. B. per Zufall generierte) Grundwerte, aus denen Prüflinge dann ihr Ergebnis errechnen sollen. Zu berücksichtigen sind:

- *Zielbereich*: Viele Technologien gestatten die Angabe eines Zielbereichs, in dem die Eingaben der Prüflinge liegen müssen, damit die Aufgabe als korrekt gelöst gilt. Dies erleichtert die Auswertung und berücksichtigt etwaige Rundungsungenauigkeiten.

- *Formel*: Wurde eine der Aufgabenstellung entsprechende mathematische Formel zur Berechnung des Ergebnisses hinterlegt, kann das auswertende System das korrekte Ergebnis in Echtzeit ermitteln und mit den Eingaben der Prüflinge vergleichen.

- *Zufallswerte*: In manchen Fällen (z. B. für gemeinsames Lernen oder Erschweren von Täuschungsversuchen) sollen alle Prüflinge individuelle Aufgaben erhalten. Besonders in den mathematisch-naturwissenschaftlichen Fächern bietet sich an, die Grundwerte einer solchen Aufgabe per Zufall bestimmen zu lassen. Ist zudem eine Berechnungsformel hinterlegt, kann das System die Korrektheit der Lösung autonom überprüfen.

Abb. 4.10 zeigt auf der folgenden Seite ein Beispiel für eine numerische Aufgabe. Prüflinge berechnen auf Basis der angegebenen Grundwerte zunächst ihr Ergebnis und geben dies dann ein. Solche Aufgaben werden z. B. im Rahmen von E-Übungen eingesetzt, siehe dazu Abschnitt 3.3.3 ab S. 49. Sind ihre Grundwerte von Aufgabe zu Aufgabe verschieden, bieten sie sich zum gemeinsamen Lernen an, siehe Abschnitt 3.3.4 ab S. 52.

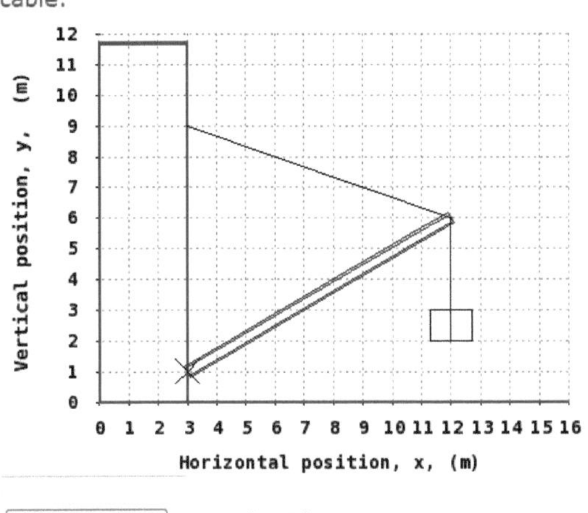



Abbildung 4.10: Beispiel einer numerischen Aufgabe

### 4.5.2.4 Textteilmengenaufgabe/Text-Box-Aufgabe

Bei der Textteilmengenaufgabe handelt es sich um eine weitere Spezialisierung der Lückentextaufgabe. Prüflinge geben eine geforderte Zahl von Begriffen ein, die mit einer größeren Menge korrekter Vorgaben abgeglichen werden. Vorteil gegenüber der Lückentextaufgabe ist, dass Prüflinge durch Mehrfachangaben einer einzelnen Antwort keine weiteren Punkte erhalten. Die auf der nächsten Seite folgende Abb. 4.11 zeigt dazu ein Beispiel.

Eine andere Spezialisierung des Lückentextes ist die Text-Box-Aufgabe. Diese bietet Drop-Down-Boxen mit einer großen Auswahl an Begriffen anstelle von Freitextlücken. Prüflinge müssen dann daraus den korrekten Begriff auswählen und so die Lücke schließen. Dieser Aufgabentyp ist damit eine Kombination aus einer Lückentextaufgabe und der in Abschnitt 4.5.1.2 ab S. 119 beschriebenen Single-Choice-Aufgabe, nur dass hierbei eine große Zahl an Auswahlalternativen (wie ein Wörterbuch) existiert.

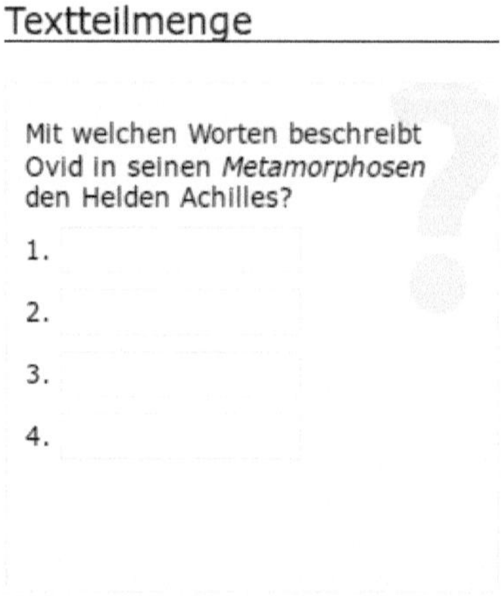

<u>Textteilmenge</u>

Mit welchen Worten beschreibt
Ovid in seinen *Metamorphosen*
den Helden Achilles?

1.

2.

3.

4.

Abbildung 4.11: Beispiel einer Textteilmengenaufgabe

## 4.5.3 Sonstige Aufgaben

Über die bereits beschriebenen Aufgabentypen hinaus gibt es noch weitere For-mate, welche die multimedialen Mehrwerte elektronischer Verfahren nutzen, um z. B. mehr Praxisnähe in einem Assessment herzustellen. Nachfolgend sind exemplarisch einige aufgeführt.

### 4.5.3.1 Java-Applet-Aufgabe/Flash-Aufgabe

Hierbei handelt es sich um eine Schnittstelle für Java- oder Flash-Anwendungen. Diese können beliebig gestaltet sein und fungieren wie ein E-Assessment innerhalb eines E-Assessments. Über die Schnittstelle liefert die Anwendung zurück, ob sie korrekt gelöst wurde. Weil diese Form frei in Gestaltung und Programmierung ist, schafft sie Eingabemöglichkeiten, die bestehende Aufgabentypen bisher nicht vorsehen. So ist z. B. ein Koordinatensystem vorstellbar, in das Prüflinge geometrische Konstrukte wie Punkte oder Funktionen einzeichnen können.

### 4.5.3.2 Datei-Upload

Über den Aufgabentyp Datei-Upload können Studierende schriftliche Ausarbeitungen wie Haus- oder Seminararbeiten einreichen, insofern diese in digitaler

Form (z. B. als PDF) vorliegen. Obwohl in den meisten Fällen eine maschinelle Beurteilung solcher Inhalte nicht möglich ist, können Technologien trotzdem bei der Verwaltung helfen: Sie können dafür sorgen, dass eingereichte Beiträge nur fristgerecht angenommen werden oder sie z. B. im Fall von „Peer Reviewing" zur Auswertung automatisch weiterverteilen. Der Einsatz von Technologien zur Plagiaterkennung, für den die zu untersuchenden Arbeiten ebenfalls digital einzureichen sind, ist Gegenstand von Abschnitt 3.5.2 ab S. 77.

Handelt es sich bei den hochgeladenen Dateien allerdings um Quellcodes von Programmen, wie sie beispielsweise im Rahmen eines Programmierkurses anfallen, kann das Assessment-System deren Begutachtung unterstützen. In diesem Fall sind z. B. eine automatisierte Untersuchung auf syntaktische Korrektheit, die Analyse der Programmstruktur (wurden Kommentare oder bestimmte Schleifentypen verwendet) oder ein Abgleich erwarteter Ausgabewerte bei vorgegebenen oder zufälligen Eingabewerten vorstellbar. Abschnitt 3.3.5 beschäftigt sich ab S. 54 mit diesem Szenario und seinen Möglichkeiten.

### 4.5.3.3 Mündliche Antwort

Bei einer mündlichen Antwort müssen die Prüflinge ihre Eingaben mit dem Mikrofon aufzeichnen. Zu dem Zweck stellt ihnen das System eine Kassettenrekorder-Schaltfläche (mit Aufnahme- und Abspielfunktion) bereit. Wie bei einer mündlichen Prüfung üblich spricht ein Prüfling die Antworten in einem begrenzten Zeitraum ins Mikrofon (z. B. längstens 30 Sekunden). Da eine automatisierte Auswertung hierbei bislang nicht möglich ist, müssen Prüfende im Nachhinein sämtliche Aufzeichnungen anhören und bewerten. Gegenüber schriftlichen Antworten bietet das aber die Möglichkeit, neben inhaltlichen und Verständnis-Aspekten auch auf korrekte Aussprache, Betonung oder Sprachgefühl zu achten. Entsprechend liegt der Hauptanwendungsbereich bei den Sprachzentren.

Letztendlich entscheiden die Lehrenden, welcher Aufgabentyp im Einzelfall einzusetzen ist. Dies hängt u. a. vom Zweck des Assessments, den Lernzielen sowie Erfahrungen mit bereits verwendeten Aufgaben ab. Entsprechende Vorschläge machen z. B. [Dow02], [Rod02] oder [SZ06]. Eine Übersicht, welcher Aufgabentyp einem Lernziel zuzuordnen ist, findet sich in Abschnitt 4.1.3 auf S. 89. Aspekte, die bei der Aufgabenerstellung zu berücksichtigen sind, führt der nun folgende Abschnitt auf. Darüber hinaus unterstützt nicht jede Technologie sämtliche Aufgabentypen. Zudem existieren Spezialtypen, die in allgemeinen Systemen zumeist nicht zu finden sind. Eine Gegenüberstellung des Funktionsumfangs ausgewählter Systeme sowie die von ihnen abgedeckten Aufgabentypen finden sich in Abschnitt 4.2.2 ab S. 94.

## 4.5.4 Aufgabenerstellung

Die Entwicklung qualitativ hochwertiger Aufgaben kostet Zeit und setzt Erfahrung im jeweiligen Fach sowie beim Formulieren voraus. Eine Vielzahl von Autor/inn/en hat diesen Prozess untersucht und insbesondere für die Konstruktion von Auswahlaufgaben Hinweise erarbeitet. Entsprechende Beispiele dazu sind u. a. bei [CS02], [HDR02], [Kre02], [Hal04], [IF06], [BS08] oder [Kre08] zu finden.

Allgemein gilt, dass eine Aufgabe Trennschärfe besitzen, angemessen schwer, sprachlich einfach und klar formuliert sein sollte sowie keine ungewollten Lösungshinweise besitzen darf, um als reliabel zu gelten. Zur Validität trägt bei, wenn ihr Thema relevant für künftige Anforderungen ist, ihr Anspruchsniveau stimmt, sie auf ein einziges Problem fokussiert, mit ihren Antworten ein thematisch geschlossenes Ganzes bildet und es eine eindeutige Lösung gibt. Entsprechende Gütekriterien wurden bereits in Abschnitt 4.4.1 ab S. 114 angesprochen.

Die nachfolgenden Punkte sind als allgemeiner und zusammenfassender Überblick zu verstehen. Vertiefende Informationen sind der jeweiligen Literatur zu entnehmen; gleiches gilt für Besonderheiten beim Erstellen bestimmter Aufgabentypen. Abschnitt 4.5.4.1 geht zunächst auf das Vorgehen bei der Konstruktion ein und nennt Formulierungshinweise. Mit der Entwicklung von Antwortalternativen beschäftigt sich danach Abschnitt 4.5.4.2. Schließlich untersucht Abschnitt 4.5.4.3 unbeabsichtigte Lösungshinweise, die es in jedem Fall zu vermeiden gilt.

### 4.5.4.1 Formulierungshinweise

Eine Aufgabe sollte immer auf ein Lernziel ausgerichtet sein. Es ist hierbei zu überlegen, ob sich ein Problem auch wirklich so in der Praxis stellt und es ob zudem wichtig ist, dass Prüflinge dieses selbstständig lösen können. Eine Auswahlaufgabe besteht dazu aus einem Aufgabenstamm, der ein Problem formuliert und einen Arbeitsauftrag enthält, sowie aus möglichen Antwortalternativen, mit denen je nach Auftrag zu verfahren ist. Ist die Aufgabe in Form einer Frage formuliert, sollte diese beantwortbar sein, auch ohne die angebotenen Antworten zu kennen. Zur Themenfindung bietet sich das relevante Fachwissen an, aufgelistet z. B. in Lernzielkatalogen, aber auch ein Verzeichnis des Prüfungsstoffes ist hilfreich. Themen für einzelne Aufgaben lassen sich insbesondere ableiten aus Problemen, ...

- die man häufig im Fachgebiet antrifft.
- bei denen Fehler gravierende Folgen haben können.
- wo Fehlmeinungen verbreitet sind.
- die für das Verständnis späterer Lerninhalte wichtig sind.

Der Aufgabenstamm muss sämtliche Informationen enthalten, die zur Bearbeitung notwendig sind. Darüber hinaus sollte er positiv formuliert sein; ist dies nicht möglich, muss die Negation unübersehbar hervorgehoben werden! Künstliche Komplizierungen, überflüssige Informationen oder Fangfragen sind wenig hilfreich – außer es soll gerade die Fähigkeit geprüft werden, diese zu filtern bzw. nicht darauf hereinzufallen. Bei der Formulierung ist darauf zu achten, möglichst kurze und übersichtliche Antworten zu verwenden – auch wenn der Aufgabenstamm dadurch länger werden sollte. D. h. wenn Wörter bei den Antworten eingespart werden können, sollten diese dem Aufgabenstamm zugefügt werden.

Nach dem Verfassen sollten Autor/inn/en die Aufgabe noch einmal durchlesen und überprüfen, ob diese Grundregeln eingehalten wurden. Mögliche Lösungshinweise sind auszuschließen; das zugehörige Lernziel kann jeweils zusammen mit dem Inhaltsgebiet (z. B. in Form von Schlagwörtern) und der richtigen Lösung dokumentiert werden. Des Weiteren ist klarzustellen, dass die als korrekt gekennzeichnete Antwort auch tatsächlich die richtige Antwort ist; dies kann z. B. über Literaturreferenzen belegt werden. Lehrbücher können neben dem Absichern der Richtigkeit zudem beim Finden von Lösungsalternativen helfen.

Weitere Formulierungshinweise und Hilfen sind z. B. in den „General Item-Writing Guidelines" von [Hal04] oder den „Richtlinien zur Erstellung geschlossener Aufgaben" von [Sti11] enthalten. Darüber hinaus können zusätzliche Expert/inn/en den Prozess unterstützen: Inhaltsexpert/inn/en stellen die Richtigkeit und Relevanz sicher, Assessment-Expert/inn/en begutachten Form sowie Sprache und Studiendekanat/Prüfungskommission (z. B. in medizinischen Fächern) entscheiden über Annahme, Rückweisung oder Änderung von Aufgaben.

### 4.5.4.2 Ratschläge für Distraktoren

Bei einer Single-Choice-Auswahlaufgabe mit vier Antwortoptionen liegt die Wahrscheinlichkeit, eine richtige Antwort zufällig zu treffen, bei 25%. Da Prüflinge aber nicht wie Zufallsgeneratoren funktionieren, sondern Vorwissen mitbringen, hängt die Qualität einer Auswahlaufgabe besonders von der Wahl guter Distraktoren ab. Dabei handelt es sich um falsche Antwortalternativen, die zusammen mit richtigen Antworten die Wahlmöglichkeiten bei Auswahlaufgaben ausmachen. Sie sollten inhaltlich homogen sein, d. h. in die gleiche Kategorie wie die korrekten Antworten fallen, und in der Sprache der Prüflinge formuliert sein. Für Distraktoren sollte es klare Gründe geben, z. B. häufige Fehlmeinungen, falsche Konzepte oder veraltete Ansichten. Sie brauchen nicht völlig falsch zu sein – richtige Antworten müssen aber dennoch die eindeutig bessere Alternative sein. Die optimale Distraktorenzahl wurde u. a. von [Lor77], [TSM91], [HD93], [BD95] oder [Rod05] untersucht.

In die Formulierung sowohl von Distraktoren als auch korrekten Antworten sollten wohlklingende Worte (z. B. genau, wichtig, bedeutsam) und äußere Hinweise einfließen, z. B. ähnliche Worte wie im Aufgabenstamm, wissenschaftlich klingende Aussagen, Passagen aus dem Lehrbuch usw. Beide sollten jeweils nur eine Aussage enthalten und sich nicht in Komplexität oder Satzlänge unterscheiden, so dass die Textlänge oder Sprache einer Alternative keine Prognose auf ihre Richtigkeit zulässt.

Sich überschneidende Antworten sollten nur verwendet werden, wenn das zugrunde liegende Problem dies unbedingt erfordert. Dennoch sollte von Antwortoptionen wie „Alle der obigen" oder „Sowohl (B) als auch (C) sind richtig" abgesehen werden; „Keine der obigen" ist nur in Ausnahmefällen zu verwenden. Die jeweiligen Antworten sollten möglichst logisch (alphabetisch oder numerisch aufsteigend) angeordnet werden. Effekte einer möglichen Anordnung von Aufgaben und Antworten untersuchen z. B. [NSM94], [PLZ98], [BHA02], [ABH03] oder [Ast08].

### 4.5.4.3 Unbeabsichtigte Lösungshinweise

Ein weiteres Problem ist, dass Aufgaben und Antwortalternativen unbeabsichtigte Lösungshinweise (engl. cues) enthalten können, die auf die korrekte Lösung hindeuten. Prüflinge können diese Hinweise nutzen, um auf richtige Antworten zu schließen, auch wenn sie diese nicht kennen; siehe zur entsprechenden Vorgehensweise Abschnitt 4.5.5.7 ab S. 135. Daher sollten Aufgabenstamm und Antworten auf solche Cues überprüft werden.

Dabei ist z. B. darauf zu achten, dass sämtliche Antworten grammatikalisch zum Aufgabenstamm passen. Verbale Assoziationen zwischen Stamm und richtiger Antwort sind zu vermeiden; dazu zählen z. B. Ähnlichkeiten von Wörtern in Beschreibung und korrekter Lösung. Die korrekte Antwort sollte nicht umfangreicher ausformuliert sein als ihre Alternativen. Zudem sollte ihre Formulierung nicht wie aus dem Lehrbuch klingen oder in stereotyper Phraseologie erstellt sein. Distraktoren sollten so lang und differenziert sein wie die richtige Antwort. Von absoluten Begriffen wie z. B. „immer, niemals, alle, kein, nur", die sich i. d. R. ausschließlich in Distraktoren finden, ist abzusehen. Zudem sollten richtige Antworten nicht überwiegend unter Position (C) oder (D) platziert werden. Beispiele für entsprechende Lösungshinweise sowie Strategien, diese zu vermeiden, finden sich in der zur Erstellung von Aufgaben angegebenen Literatur,[46] aber auch im Speziellen bei z. B. [Gib64], [Kun82] oder [MGA06].

## 4.5.5 Bearbeiten von MC-Aufgaben

Zur Bearbeitung von MC-Tests bietet sich methodisches Vorgehen an. Dazu hat z. B. Robert Runté verschiedene „Basic Rules for Taking a Multiple-Choice Test"[47] zusammengestellt. Diese umfassen allgemeine Hinweise zur Bearbeitung der Tests selbst sowie spezielle Hinweise zur Beantwortung von Aufgaben, deren Antworten nicht bekannt sind. Ein vorstellbares Vorgehen umfasst die folgenden Punkte:

1. Eigene Antwort finden.

2. Sämtliche Antworten lesen.

3. Nicht zu viel Zeit vergeuden.

4. Falsche Antworten ausschließen.

5. Erste Antwort beibehalten.

6. Zeit komplett nutzen.

7. Korrekte Antwort identifizieren (Lösungshinweise nutzen).

Diese Vorschläge sind nicht nur als Hilfe für Prüflinge zu verstehen, sondern sollen Lehrende dafür sensibilisieren, Lösungshinweise zu vermeiden. Eine Beschreibung der einzelnen Punkte, zugehörige Gründe sowie Beispiele (zur Veranschaulichung in vereinfachter Form von Single-Choice-Aufgaben) schließen sich in den folgenden Unterabschnitten an.

---

46  Siehe dazu Abschnitt 4.5.4 auf S. 128.

47  http://www.uleth.ca/edu/runte/tests/take/mc/how.html

### 4.5.5.1 Eigene Antwort finden

Ein Prüfling sollte zunächst eine Aufgabe lesen und versuchen, eine eigene Antwort darauf zu finden. Erst danach sollten die Antwortalternativen durchgelesen und mit dieser eigenen Antwort abgeglichen werden.

> *Aufgabe*: Die Hauptstadt von Deutschland ist...
>
> A) München
>
> B) Hannover
>
> C) Bonn
>
> D) Berlin

Wer nur den Aufgabenstamm liest, kommt selbst recht schnell auf die richtige Antwort „Berlin". Diese kann nun bei den Antwortalternativen gesucht werden. Dadurch dass man die richtige Antwort bereits im Hinterkopf hat, lässt man sich weniger durch eine falsche Antwort ablenken.

### 4.5.5.2 Sämtliche Antworten lesen

Ein Prüfling sollte vor der Auswahl einer Antwort auf jeden Fall sämtliche Alternativen durchlesen. Wer direkt nach dem ersten „Treffer" abbricht, übersieht dadurch evtl. weitere korrekte Antworten.

> *Aufgabe*: Eichhörnchen...
>
> A) sind Nagetiere.
>
> B) wohnen auf Bäumen.
>
> C) können Spuren von Nüssen enthalten.
>
> D) Alle obigen Antworten stimmen.

Obwohl im vorangehenden Beispiel (A) bereits eine richtige Antwort ist, ist (D) die Lösung dieser Aufgabe. Darum ist es wichtig, sämtliche Antworten zu lesen und nicht schon nach der ersten richtigen Antwort zur Folgeaufgabe überzugehen.

### 4.5.5.3 Nicht zu viel Zeit vergeuden

Manche Aufgaben scheinen keine korrekte Antwort zu haben. Zudem können die Autor/inn/en einen Fehler gemacht haben oder es evtl. keine korrekte Lösung geben. In einem solchen Fall ist es wichtig, nicht zu viel Zeit zu vergeuden, um eine möglichst passende Antwort zu finden. Hier sollte eine zufällige Antwort gewählt und später – wenn Zeit übrig ist – darauf zurückgekommen werden.

---

*Aufgabe*: Die Hauptstadt von Hannover ist …

A) Brandenburg

B) Mecklenburg-Vorpommern

C) Nordrhein-Westfalen

D) Niedersachsen

---

Ist eine Aufgabe zu schwer oder die richtige Antwort unbekannt, sollten Prüflinge ebenfalls zunächst eine zufällige Antwortalternative wählen und sich die Nummer der Aufgabe merken. Sind später die übrigen Aufgaben bearbeitet und noch Zeit übrig, können sie sich weiter mit diesen offenen Aufgaben beschäftigen.

### 4.5.5.4 Falsche Antworten ausschließen

Falls Prüflinge die korrekte Antwort nicht kennen, sollten sie zunächst versuchen, die falschen Antwortalternativen auszuschließen.

---

*Aufgabe*: Die Hauptstadt von Sambia ist …

A) Lusaka

B) Khartum

C) London

D) Vilnius

---

Wer beim vorangehenden Beispiel nicht viel über Sambia weiß, könnte aber dennoch z. B. „London" und „Vilnius" als europäische Hauptstädte ausschließen. Auf diese Weise kommen nur noch (A) oder (B) als mögliche Optionen in Frage. Die Chance, die richtige Antwort dann durch Raten zu finden, erhöht sich somit auf 50%. Im Beispiel ist übrigens (A) die korrekte Antwort.

Ist nur die Hälfte der Antworten bekannt, müsste das Endergebnis eines Tests bei 50% liegen. Wer aber schafft, pro Frage eine falsche Antwort auszuschließen, kann das Ergebnis theoretisch auf 67% verbessern, bei 2 ausgeschlossenen Antworten pro Frage sogar auf 75%.

### 4.5.5.5 Erste Antwort beibehalten

Ein Prüfling sollte an der ersten Antwort festhalten, die ihm oder ihr in den Sinn kommt. Manchmal scheint es, als gäbe es zwei korrekte Antworten:

> *Aufgabe*: Welche der folgenden Städte ist eine Hauptstadt?
>
> A) Ottawa
>
> B) Calgary
>
> C) Edmonton
>
> D) Lethbridge

In einem solchen Fall sollte immer die Antwort gewählt werden, die am plausibelsten erscheint (z. B. Ottawa) und dann zur nächsten Aufgabe übergegangen werden. Es zeigt sich, dass der erste Gedanken häufig richtig ist. Viele, die ihre Antwort nachträglich ändern, wechseln von der richtigen zu einer falschen Alternative. Daher sollten Antworten nur geändert werden, wenn absolut sicher ist, dass man einen Fehler gemacht hat – z. B. weil eine weitere Aufgabe an die korrekte Antwort erinnert hat.

### 4.5.5.6 Zeit komplett nutzen

Am Ende des Tests sollten die Aufgaben noch einmal betrachtet werden, die zuvor als „zu schwer" oder „nur geraten" gemerkt worden sind. Evtl. ist die Antwort nun zu finden. Man sollte sich die ganze Zeit nehmen, die zur Verfügung steht – und niemals eine Prüfung vorher verlassen, es sei denn, es ist sicher, dass sämtliche Aufgaben richtig beantwortet wurden. Wenn Aufgaben am Ende immer noch nicht beantwortet werden können, bleibt zumindest eine 25% Chance, die richtige Antwort durch Raten zu finden – oder sogar mehr, wenn man falsche Antworten ausschließen kann. Niemals sollte eine Auswahlaufgabe unbeantwortet bleiben!

### 4.5.5.7 Korrekte Antworten identifizieren

Der beste Weg, bei einem E-Assessment gut abzuschneiden, ist es, die richtigen Antworten zu kennen. In manchen Fällen sind Aufgaben jedoch schlecht ausgearbeitet oder bieten unbeabsichtigte Lösungshinweise. Wie in Abschnitt 4.5.4.3 ab S. 130 angedeutet, können solche Lösungshinweise von den Prüflingen verwendet werden, um auf die richtigen Antworten zu schließen (engl. test-wiseness). Statt eine Antwort also einfach zu erraten, sollten sich Prüflinge an den folgenden Hinweisen orientieren – gleiches gilt für Autor/inn/en von Aufgaben, die entsprechend vermeiden sollten, derartige Hinweise zu geben.

- *Passende Grammatik:* Ist ein Satz zu vervollständigen, sollte darauf geachtet werden, dass die gewählte Antwortmöglichkeit grammatikalisch besser zu diesem passt als die Alternativen.

> *Aufgabe*: Ein Hund ist ein ...
>
> A) Tier
>
> B) Frucht
>
> C) Maschine
>
> D) Gesteinsformation

Im vorangehenden Beispiel gibt das „ein" den entscheidenden Hinweis auf die korrekte Antwort. Diese muss, um der Grammatik zu entsprechen, maskuline Form haben. „Ein Hund" ginge, während es für die anderen Optionen sprachlich richtig „eine " heißen müsste. Da die Aufgabe aber „ist ein ... " vorsieht, stellt „Tier" die einzige passende Möglichkeit dar.

- *Rechtschreibfehler beachten* Wenn die Lösung einer Aufgabe nur geraten werden kann, gleichzeitig aber ein Rechtschreibfehler in einer Antwortmöglichkeit vorhanden ist, sollte eine andere Antwort gewählt werden. Prüfende achten beim Korrekturlesen nämlich insbesondere auf korrekte Antworten. Danach gehen sie oft zur nächsten Aufgabe über und überlesen dabei gerne Rechtschreibfehler in den Distraktoren. Wird also ein Fehler gefunden, handelt es sich dabei mit großer Wahrscheinlichkeit um eine falsche Antwort. Automatische Rechtschreibüberprüfung relativiert dieses Phänomen jedoch.

- *Schlagworte suchen:* Distraktoren enthalten häufig absolute Begriffe wie „alle", „immer" oder „jeder". Prüflinge sollten zudem die Antwortalternativen darauf untersuchen, ob sie Schlüsselwörter aus dem Aufgabenstamm wiederholen.

*Aufgabe*: Beispiel für eine Kernreaktion ist ...

A) Hydratation

B) Verbrennung

C) Sublimierung

D) Kernspaltung

Auch wenn die Antwort nicht bekannt ist, ist wahrscheinlich Option (D) richtig, da sie mit „Kern" ein Schlüsselwort der Fragestellung aufgreift.

- *Längere Antwort:* Ist eine Antwort deutlich länger als die anderen, deutet das auf die Lösung der Aufgabe hin. Prüfende versuchen nämlich, die korrekten Antworten absolut richtig zu gestalten. Dazu reichern sie diese häufig mit zusätzlichen Details an, was sie präziser, klarer und hochwertiger und damit länger macht als die anderen Antwortalternativen.

*Aufgabe*: Der Gefrierpunkt von Wasser ist ...

A) 32 Grad Kelvin

B) 32 Grad Celsius

C) 0 Grad Fahrenheit

D) 0 Grad Celsius bei reinem Wasser auf Höhe des Meeresspiegels

Bei dem obigen Beispiel ist Antwort (D) die korrekte Alternative.

- *Außenseiter raus:* Falls nur eine Antwort korrekt sein darf, sollte geprüft werden, ob eine Alternative ein „Außenseiter" ist und sich von den anderen unterscheidet. Sticht eine Antwort hervor oder passt nicht ins Konzept, während sich die anderen ähneln, deutet dies auf die korrekte Antwort hin. Antwortalternativen ohne Bezug zum Aufgabenstamm können zudem leicht ausgeschlossen werden.

*Aufgabe*: ...

A) Junge

B) Mädchen

C) Sohn

D) Knabe

Da im Beispiel „Junge", „Sohn" und „Knabe" ähnliche Bedeutung haben, ist die Wahrscheinlichkeit hoch, dass die richtige Antwort „Mädchen" ist –

sogar bei unbekannter Fragestellung. Dennoch kann dieses Verfahren einen Prüfling auf die falsche Fährte führen: Denn auch „Sohn" kann korrekt sein, da diese Alternative als einzige etwas über mögliche Familienverhältnisse aussagt. Im Ergebnis scheint die Anwendung dieses Verfahrens aber besser zu sein als blind zu raten.

- *Antwort (C):* Wer absolut keine Ahnung hat, sollte sich für Antwortalternative (C) entscheiden. Prüfende versuchen gerne, eine korrekte Antwort zwischen falschen Alternativen zu „verstecken"; Position (C) wird dazu am häufigsten verwendet. Vorhersagbare Muster sollten ebenfalls fortgesetzt werden, z. B. wenn bei bisher bearbeiteten Aufgaben die richtige Antwort immer an Position (A) war.

Darüber hinaus kann eine Aufgabe immer auch Hinweise zur Beantwortung anderer Aufgaben enthalten. Bei 100 Single-Choice-Aufgaben mit jeweils 3 Auswahlalternativen erhalten Prüflinge rein statistisch gesehen 33 richtige Antworten allein durch Raten. Je mehr Antwortalternativen eine Aufgabe erhält und je mehr Alternativen ein Prüfling auswählen kann (Beispiel Multiple-Choice), umso geringer wird die Chance, die Lösung durch Raten zu finden – umso anfälliger wird die Aufgabe jedoch für unbeabsichtigte Lösungshinweise.

Der folgende Abschnitt fasst noch einmal die wesentlichen Überlegungen für den praktischen Einsatz von E-Assessments in Form von Checklisten zusammen.

# 4.6 Checklisten

Es folgen einige Stichpunktlisten, die helfen sollen, wesentliche Aspekte rund um den Einsatz von E-Assessments zu rekapitulieren. Abschnitt 4.6.1 geht zunächst auf allgemeine Vorüberlegungen ein. Danach beschäftigt sich Abschnitt 4.6.2 mit der Vorbereitung notwendiger Technologien. Abschnitt 4.6.3 führt Gedanken zur Organisation von Räumlichkeiten und Aufsichten auf. Schließlich nennt Abschnitt 4.6.4 Punkte rund um die Vorbereitung der zu stellenden Aufgaben.

## 4.6.1 Allgemeine Vorüberlegungen

- Welchen Typ von Lehrveranstaltung biete ich an?
- Ist es sinnvoll, diese durch E-Assessments anzureichern?
- Welche Möglichkeiten stehen mir dafür zur Verfügung?

- Welche Ziele verfolge ich, was soll dadurch erreicht werden?

- Kann ich den erzielten Erfolg anschließend feststellen/messen?

- Gibt es Kolleg/inn/en, die ebenfalls E-Assessments einsetzen (wollen)?

- Welche Erfahrungen haben sie damit schon gemacht?

- Gibt es Unterstützung für mich, z. B. durch E-Learning-Zentren, Hochschuldidaktik oder E-Assessment-Beauftragte?

- Was kann ich tun bzw. wie soll ich mich verhalten, wenn technische Schwierigkeiten auftreten?

- Gibt es Workshops oder Informationsveranstaltungen, die z. B. über Einsatzmöglichkeiten oder Vorgehen bei der Aufgabenerstellung informieren? Wer hält die ab?

- Wie sieht es mit der Schulung von Lehrenden und Lernenden im Umgang mit den einzusetzenden Technologien aus?

## 4.6.2 Vorbereitung von Technologien

- Gibt es bereits eine E-Assessment-Infrastruktur?

- Welche Möglichkeiten bietet sie? Reichen die aus?

- Betreibt das Hochschulrechenzentrum noch andere Systeme, die meine Anforderungen vielleicht besser abdecken?

- Muss ich weitere Systeme installieren und betreiben (lassen)?

- Soll das E-Assessment von zu Hause (z. B. als E-Übung) oder auf dem Campus (z. B. als E-Klausur) durchgeführt werden?

- Stehen genügend parallele Rechnerarbeitsplätze zur Verfügung?

- Reicht die Ausstattung aus? Oder ist etwas hinzuzufügen (z. B. Secure Browser, Headset, E-Assessment-Client)?

- Ist die Anmietung von Geräten oder Ausstattung notwendig?

- Bringen Studierende eigene Geräte mit, die genutzt werden sollen (z. B. Notebooks, Smartphones)?

- Sind diese Geräte passend eingestellt? Müssen notwendige Einstellungen vorher veröffentlicht werden?

- Wie ist die Geräuschkulisse der Geräte und Eingabegeräte?

- Haben alle Studierenden Zugriff auf das E-Assessment-System?

- Muss ein mobiler Netzwerkzugang (z. B. im Hörsaal) aufgebaut werden oder sind überall feste Anschlüsse vorhanden?
- Ist eine Internetverbindung notwendig oder reicht das Intranet?
- Gibt es die Möglichkeit zum Aufbau abgesicherter Prüfungsnetzwerke, um externe Manipulationsversuche zu vermeiden?
- Existieren Notfallpläne die ich oder die Aufsichten abarbeiten können, falls unvorhergesehene Schwierigkeiten auftreten?
- Gibt es eine Liste mit Notfall-Telefonnummern, wenn technische Probleme auftreten?

### 4.6.3 Räume und Aufsichten

- Brauche ich zur Durchführung Räume auf dem Campus?
- Wer ist für die Termin- und Raumvereinbarung zuständig?
- Welche Räume stehen zur Verfügung?
- Gibt es ein Testcenter, das genutzt werden kann?
- Wie ist die technische Ausstattung der Rechnerräume/Hörsäle?
- Reicht die Ausstattung meinen Anforderungen?
- Ist von diesen Räumen aus ein problemloser Zugriff auf das E-Assessment-System möglich?
- Passen alle Studierenden gleichzeitig in den gewählten Raum?
- Sind Aufsichten nötig oder arbeiten Studierende eigenständig?
- Muss ich technische und/oder fachliche Aufsichten einsetzen?
- Steht technischer Support im Assessment-Zeitraum bereit, falls Pannen oder Schwierigkeiten auftreten?
- Sind mehrere Durchgänge zu unterschiedlichen Terminen nötig?
- Muss ich die Aufsichten einteilen oder Zeitpläne erstellen?

### 4.6.4 Vorbereitung der Aufgaben

- Welche Lernziele sind zu überprüfen, welche Aufgabentypen kann ich dafür einsetzen?

- Existieren bereits schriftliche Aufgaben, die einfach nur „elektronisiert" werden müsen?

- Gibt es Vorgaben zur Erstellung „guter" Aufgaben von der Hochschuldidaktik?

- Existiert eine Zusammenarbeit oder ein Austausch im Lehrverbund?

- Bietet das E-Assessment-System Import- bzw. Exportfunktionen?

- Existiert bereits ein fachbezogener Aufgaben-Pool oder sind sämtliche Aufgaben neu zu erstellen?

- Kann ich vorhandene Aufgaben wiederverwenden oder weiterentwickeln?

- Sind Aufgaben überhaupt wiederverwendbar? Was sagen die Ergebnisse der Item-Analyse zu ihrer Qualität?

- Soll die Zusammenstellung der Aufgaben aus einem solchen Pool erfolgen?

- Welche Form der Zusammenstellung strebe ich an? Per Zufall?

- Soll es mehrere Durchgänge geben? Benötige ich dafür jeweils andere Aufgaben?

- Sind Aufgaben anzupassen, um Absprachen zwischen den Studierenden der verschiedenen Durchgänge zu umgehen?

- Kann ich die erstellten Aufgaben vorab aus Studierendensicht testen?

- Ist genügend Zeit zur Bearbeitung eingeplant? Muss überhaupt eine Zeit festgelegt werden?

- Gibt es Testpersonen, die ein E-Assessment vorab schon probehalber bearbeiten könnten?

- Sind Aufgaben und Einsatzumgebung aufeinander abgestimmt?

- Wenn Multimedia (z. B. Hörbeispiele oder Videosequenzen) eingeplant ist, sind dann die Arbeitsplätze ausreichend dafür ausgestattet (z. B. mit Mikrofon oder Kopfhörer)?

Die aufgeführten Punkte sind keinesfalls für jeden aller möglichen Fälle vollständig. Sie sollen lediglich eine Gedankenstütze sein und auf die Vielzahl der zu berücksichtigenden Aspekte hinweisen.

# 5 Einführung an Hochschulen

Viele Gründe sprechen für den Einsatz von E-Assessments an Hochschulen, z. B. um das Profil als fortschrittliche Hochschule zu stärken, bessere Voraussetzungen für gute Hochschullehre zu schaffen oder die Lehrenden zu entlasten. Häufig haben einzelne Lehrende schon Erfahrungen gesammelt oder entsprechende Technologien erprobt. Um jedoch mehr Lehrende zu erreichen, diese für den Einsatz und Umgang mit E-Assessment zu qualifizieren sowie eine zugehörige technische Infrastruktur aufzubauen, bietet sich eine methodische Einführung an.

Der folgende Abschnitt 5.1 stellt Elemente vor, die am Erfolg vergangener Einführungsprojekte beteiligt waren. Eines davon ist die hochschulübergreifende Begleitung, auf die Abschnitt 5.2 näher eingeht. Zusätzliche Maßnahmen zur Unterstützung der Einführung von E-Assessments stellt danach Abschnitt 5.3 vor. Schließlich machen Hochschulen durch ihre Beschäftigung mit diesem Thema eine jeweils ähnliche Entwicklung durch, die Abschnitt 5.4 nachvollzieht.

## 5.1 Strukturierter Ansatz

In der Vergangenheit wurden z. B. der Aufbau einer E-Learning-Infrastruktur oder die Einführung von Lernmanagementsystemen an Hochschulen durch öffentliche Mittel gefördert. Ein Beispiel dafür ist das Niedersächsische „E-Learning Academic Network"[1] (ELAN), das technische und personelle Voraussetzungen vor Ort geschaffen sowie hochschulübergreifende Netzwerke aus E-Learning Akteuren aufgebaut hat, siehe z. B. [Kle10]. Für die Hochschullehre hatte dies folgende Konsequenz: E-Learning-Elemente waren hochschulweit verfügbar und Lehrende deshalb eher bereit, mit diesen ihre Veranstaltungen anzureichern. Als Ergebnis liegen neben den Erfahrungen aus der Einführung eine etablierte Infrastruktur an den Hochschulen sowie Kontakte zwischen verschiedenen Standorten vor. Zudem existieren Mitarbeiter/innen vor Ort, die sich mit Technik, Organisation und Besonderheiten ihrer Hochschule auskennen. Ein solches Projekt ist damit eine solide Grundlage für weitere Einführungsaktivitäten. Drei Elemente

---

1  http://www.elan-niedersachsen.de

haben sich dabei als wichtig in Einführungsprojekten herausgestellt: zuständige Ansprechpartner/innen vor Ort, hochschulübergreifende Begleitung und beratende Expert/inn/en im Hintergrund. Die folgende Abb. 5.1 zeigt diese Elemente als „drei Säulen" einer erfolgversprechenden Einführung in einer Übersicht, wobei die vorhandene E-Learning-Infrastruktur die Basis für diese Säulen bildet.

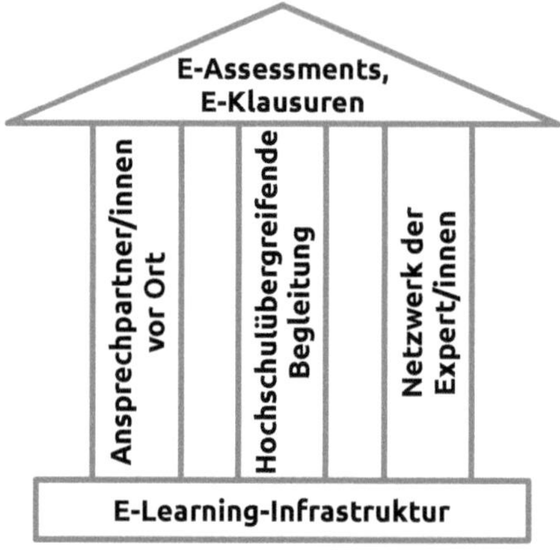


Abbildung 5.1: Drei Säulen zur Einführung von E-Assessments

Die folgenden Abschnitte gehen auf diese drei Elemente näher ein. Ein Beispielprojekt, das die vorgestellte Strategie verfolgt und darüber eine Einführung vorantreibt, ist das „Niedersächsische Netzwerk für E-Assessments und E-Prüfungen", kurz N2E2 genannt. Weitere Beispiele einschließlich ihrer Ziele, Details und Ausrichtung sind in Abschnitt 5.3.2 ab S. 150 aufgeführt.

## 5.1.1 Ansprechpartner/innen vor Ort

Mitarbeiter/innen direkt vor Ort sind das wesentliche Element einer erfolgreichen Einführung. Sie können die notwendige technische Infrastruktur einrichten und betreuen, individuelle fachspezifische Anforderungen abfragen, verschiedene technische Systeme evaluieren, installieren und gemäß Anforderungen der Hochschule anpassen oder entsprechend erweitern. Zudem können sie den Einsatz dieser Technologien an ihrer Hochschule bewerben, Verwendungsmöglichkeiten und Szenarien aufzeigen, Lehrende im Umgang mit den Systemen schulen und beraten, sie bei der Durchführung unterstützen und bei Fragen oder Problemen z. B. per Hotline als Ansprechpartner/in zur Verfügung stehen. Die Erfahrung zeigt, dass Hochschulmitarbeiter/innen eher bereit sind, mit Kolleg/inn/en vor Ort zu kooperieren als mit unbekannten (und womöglich externen) Dritten, deren Motivation zunächst unklar ist und die sie seltener zu Gesicht bekommen. Durch eine Einbindung von bzw. Zusammenarbeit mit etablierten Serviceeinrichtungen einer Hochschule, z. B. dem dortigen E-Learning-Kompetenz- oder Rechenzentrum, können die Mitarbeiter/innen vor Ort zudem auf die Schaffung organisatorischer, rechtlicher und politischer Rahmenbedingungen hinwirken.

## 5.1.2 Hochschulübergreifende Begleitung

I. d. R. halten Hochschulen E-Assessment-Technologien nicht flächendeckend vor. Dennoch gibt es an verschiedenen Standorten einzelne Lehrende, die z. B. in der eigenen Lehrveranstaltung Erfahrungen damit gesammelt oder Einsatzideen entwickelt haben. Ein Beispiel dafür ist das Projekt „E-Übungen"[2] an der Hochschule Ostfalia. Hochschulübergreifende Begleitung bietet sich an, um dieses Wissen weiteren Lehrenden zur Verfügung zu stellen. Sie ist das Bindeglied zwischen Expert/inn/en sowie Interessierten und unterstützt den Know-how-Transfer. Eine koordinierende Stelle kann z. B. Aktivitäten unterschiedlicher Standorte methodisch begleiten, Ansprechpartner/innen und Expert/inn/en vor Ort identifizieren, deren Erfahrungen abfragen, Informationen und Best-Practices sammeln, in Übersichten, Leitfäden oder Handbüchern aufbereiten und den Beteiligten zur Verfügung stellen. Informationsveranstaltungen können auf das Potential von E-Assessments eingehen, Workshops Kenntnisse zum Einsatz in der Lehre vermitteln. Darüber hinaus kann eine hochschulübergreifende Organisation weitere Fachexpert/inn/en vorhalten. Möchte eine Hochschule den Einsatz von E-Assessments zunächst nur erproben, z. B. motiviert durch eine projektbezogene Anschubfinanzierung, rechnet es sich (insbesondere für kleinere Hochschulen) i. d. R. nicht, dazu notwendige Fachexpert/inn/en auszuwählen und einzustellen – insofern diese überhaupt verfügbar sind. Diese könnten aber u. a. unterstützen bei:

- *Software für Lehre, Studium und deren Management* (z. B. durch Anpassung von E-Assessment-Systemen, Anbindung an Prüfungsverwaltung)

- *Rechtsfragen* bei E-Klausuren (z. B. durch Erarbeiten von Leitfäden, Hilfestellung bei der Anpassung von Prüfungsordnungen)

- *Video- und Multimediatechnik* (z. B. durch Unterstützung bei der Ausstattung von Hörsälen oder Testcentern)

- *Mediendidaktik* (z. B. durch Beratung Lehrender, Hilfestellung bei Auswahl und Einsatz geeigneter E-Assessments zur Unterstützung der Lehre)

---

2 http://www.ostfalia.de/cms/de/vita

### 5.1.3 Expert/inn/ennetzwerk im Hintergrund

Wie in [KKS13] bereits beschrieben, bieten sich als Strukturen zur Zusammenarbeit von Hochschulen insbesondere Netzwerke an. Lehrende, die bereits Erfahrungen mit E-Assessments gemacht haben, können ein solches hochschulübergreifendes Expert/inn/ennetzwerk bilden. Sie können unterstützen, beraten und ihr Know-how in Form von Best-Practice-Beispielen teilen. Im Rahmen weiterer Forschungsprojekte können sie neue Aufgabenformate, Einführungs- und Einsatzstrategien entwickeln oder Einsatzszenarien optimieren. Ein solcher Verbund erleichtert die Erprobung von Technologien und Szenarien, da keine Hochschule diese Leistung alleine übernehmen muss. Damit profitiert jede Hochschule von Erfahrungen und Ideen der anderen. Zudem gestattet dieser Ansatz den Aufbau von und Zugriff auf Kompetenzen ohne den Bau eines eigenen Testcenters.

## 5.2 Phasenweise Begleitung

Angenommen, eine Hochschule denkt über die Erprobung oder die Einführung von E-Assessments oder gar E-Klausuren nach. Dann sollte sich dieser Prozess in die generelle E-Learning- oder Prüfungsstrategie der Hochschule eingliedern: So gibt es z. B. Fachkulturen, die Prüfungsaufgaben oder -themen explizit herausgeben, damit sich Studierende im Vorfeld damit beschäftigen können – denn das Wissen bezogen auf die Aufgaben ist genau das, was sie lernen sollen. Andere hingegen sehen Aufgaben als geheim an und sorgen z. B. dafür, dass Studierende keine Notizen mit aus Klausuren nehmen. So versuchen Lehrende, die Wiederverwendbarkeit von Aufgaben zu erhöhen und Aufgabensammlungen unter Studierenden zu vermeiden; siehe dazu auch Abschnitt 3.5.5 ab S. 85. Die Wahl einer geeigneten Metapher, z. B. die Digitalisierung schriftlicher Klausuraufgaben, kann darüber hinaus die Einführung elektronischer Verfahren erleichtern.

Wichtige Voraussetzung für den Einsatz von E-Assessments ist eine funktionierende Infrastruktur. Diese besteht idealerweise aus zuverlässigen Technologien, qualifizierten Mitarbeiter/inne/n für Betrieb, Erweiterung und Schulung sowie aus Lehrenden, die damit umgehen und bei Bedarf darauf zugreifen können. Ob diese Infrastruktur selbst aufgebaut, von externen Dienstleistern angemietet oder im Hochschulverbund gegenseitig bereitgestellt wird, ist den Hochschulen jeweils selbst überlassen. Um diesen Prozess zu unterstützen, fungiert die in Abschnitt 5.1.2 ab S. 143 angesprochene hochschulübergreifende Begleitung als Bindeglied zwischen Expert/inn/en und Lehrenden. Sie unterstützt den Know-how-Transfer und stellt dazu geeignete Rahmenbedingungen her: Wissen und Erfahrung der Ex-

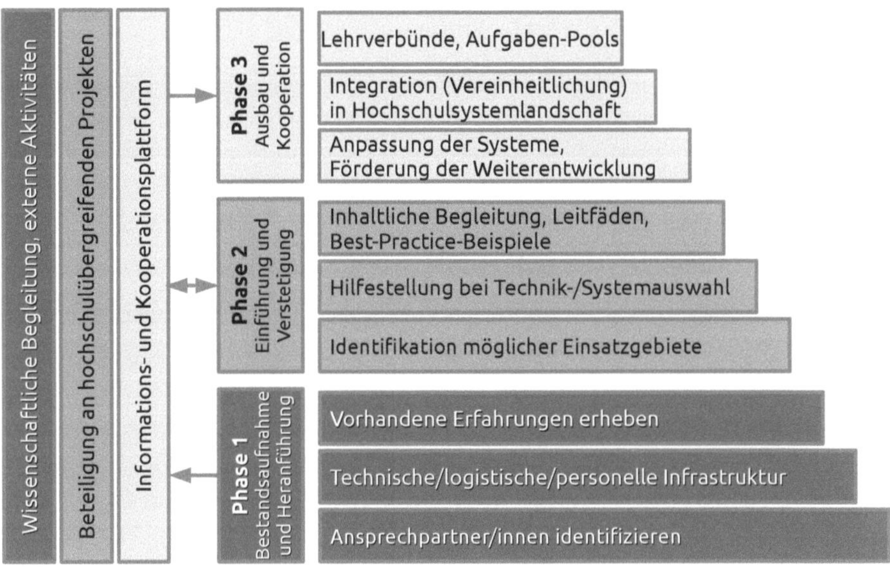


Abbildung 5.2: Verschiedene Einführungsphasen

pert/inn/en einbeziehen, Lehrende vor Ort für das Thema sensibilisieren und qualifizieren sowie hochschulübergreifende Zusammenarbeit fördern. Zu dem Zweck wurde eine Methode entwickelt, die Abb. 5.2 illustriert und die in den nachfolgenden Unterabschnitten näher beschrieben ist.

### 5.2.1 Bestandsaufnahme und Heranführung

An E-Assessments sind verschiedene Personen mit jeweils unterschiedlichen Aufgaben beteiligt. Im ersten Schritt ist daher wichtig, diese an den Standorten zu identifizieren und ihre Zuständigkeiten, Erfahrungen sowie Ideen abzufragen. Typischerweise sind folgende Rollen beteiligt:

- E-Learning-Beauftragte (allgemeine Koordination)
- Dozierende und Übungsleiter/innen (Einsatz, Erfahrungen)
- Hochschuldidaktik (Anpassung von Szenarien an Fachgebiete)
- Hochschulrechenzentrum (Rechnerräume, Ausstattung)
- LMS-Betreiber (Erweiterungen, Schnittstellen)
- Zuständige für Betrieb und Administration von Software

- Netzbetrieb (mobiles WLAN, Prüfungsnetz)
- Prüfungsamt (Prüfungsordnungen)
- Prüfungsverwaltungssystem-Betreiber (Schnittstellen)
- Ausleihe/Verleihstelle (Tablet-PCs, Notebooks)
- Raumbüro (Durchführungsräume, Raumbelegung, Ausstattung)
- Zuständige für Langzeitarchivierung (Hochschulbibliothek)
- Sprachenzentrum (Einstufungstests, Aufgaben-Pools vorhanden?)
- Fachbereiche/Immatrikulationsamt (Studienorientierungstests)
- Pädagogik (Messbarkeit von Kompetenzen etc.)

Darüber hinaus hat jede Hochschule eigene Besonderheiten, z. B. eine individuelle Ausstattung mit Rechnern oder Rechnerräumen, bereits installierte Assessment-Systeme, eigene Prüfungsverwaltungssysteme, typische Verwaltungsprozesse usw. Diese sind ebenfalls zu erfassen. Im nächsten Schritt können diese Informationen aufbereitet und als Übersicht über die technische, logistische und personelle Infrastruktur der Hochschule verbreitet werden. Dadurch entstehen zwei Mehrwerte: Auf der einen Seite erleichtert dies das Auffinden von Zuständigkeiten, z. B. falls Lehrende neu an die Hochschule gewechselt sind. Auf der anderen Seite können die Rolleninhaber/innen (z. B. zuständige Mitarbeiter/innen im Prüfungsamt) sehen, wer in der gleichen Rolle an einer anderen Hochschule tätig ist und sich so mit diesen besser austauschen. Um Erfahrungen der Expert/inn/en einbeziehen zu können, sind diese und ihre Aktivitäten ebenfalls zu ermitteln und im Sinne einer Kompetenzmatrix aufzuführen.

## 5.2.2 Einführung und Verstetigung

Im nächsten Schritt geht es darum, die erhobenen Bestandsdaten zu nutzen, um vor Ort E-Assessments einzuführen bzw. bereits vorhandene Aktivitäten auszubauen. Dafür sind zunächst typische Einsatzgebiete zu ermitteln und zu beschreiben, z. B. um Lehrveranstaltungen damit anzureichern. Eine Übersicht, die als Ergebnis daraus hervorgegangen ist, ist in Kapitel 3 ab S. 27 zu finden. Dort wurden ebenfalls zugehörige Szenarien beschrieben. Sind hochschulindividuelle Prozesse identifiziert und in einzelne Aktivitäten aufgeschlüsselt, sind mögliche Integrationspunkte für eine technologische Unterstützung erkennbar. Darauf folgt eine Hilfestellung bei der Technik- oder Systemauswahl. Eine Auflistung von Systemen zur Unterstützung verschiedener Aktivitäten sowie ihre Gegenüberstellung mit Alternativen zeigt die Wahlmöglichkeiten. Ein Beispiel dafür ist die Übersicht über den Funktionsumfang ausgewählter E-Assessment-Systeme in Abschnitt 4.2.2 ab S. 94. Schließlich findet eine inhaltliche Begleitung der Erprobungsphase statt. Testberichte helfen den Entscheider/inne/n vor Ort bei der Systemwahl, da sie Aussagen über ihre Zuverlässigkeit machen können. Anleitungen erlauben, den Umgang mit unterschiedlichen Systemen zu lernen. Erfahrungsberichte und Best-Practice-Beispiele können aufbereitet und in Form von Checklisten und Leitfäden zur weiteren Verwendung bereitgestellt werden.

### 5.2.3 Ausbau und Kooperation

Sobald Systeme erprobt und Szenarien ausgewählt wurden, geht es im Folgenden darum, sie an individuelle Anforderungen von Hochschulen, Fachgebieten oder Einsatzbereichen anzupassen. Diese Anforderungen stammen u. a. aus dem Bedarf nach erweiterten Funktionalitäten, wie sie z. B. [SWO13] für E-Assessments in den Sprachwissenschaften beschreiben. Zudem kann es Forderungen an alle Hochschulsysteme geben. Sollten die eingesetzten Systeme nicht anpassbar sein, weil Spezialist/inn/en fehlen oder Lizenzen dies verbieten, ist eine Rückmeldung an die Entwickler/innen notwendig. Eine Mitwirkung in der Entwicklergemeinde kann zudem dafür sorgen, dass hochschulindividuelle Anforderungen in die weitere Entwicklung einfließen.

Darüber hinaus ist eine Integration von Systemen in die Hochschulsystemlandschaft vorstellbar, siehe dazu auch Abschnitt 4.2.5 ab S. 102. Häufig setzen Hochschulen im Rahmen ihrer Campusmanagementstrategie bereits Lernmanagement- oder Prüfungsverwaltungssysteme (beispielsweise HIS POS[3]) ein. Weitere Mehrwerte sind erzielbar, wenn z. B. neu eingeführte E-Klausursysteme mit bereits etablierten Prüfungsverwaltungssystemen gekoppelt werden. Auf diese Weise ist es einfacher als bisher möglich, Prüfungsdaten auszutauschen und Testergebnisse in die Verwaltungssysteme zurück zu spielen. Dies hilft zudem, Fehler bei der Datenübernahme zu vermeiden, die durch ein Eintragen in Listen und Abtippen derselben im Prüfungsamt leicht auftreten können. Im Rahmen der „Corporate Identity" einer Hochschule kann zudem großer Wert auf ein einheitliches Erscheinungsbild der Hochschulsysteme nach außen gelegt werden.

Weiterhin ist die hochschulübergreifende Zusammenarbeit zu fördern. Da der Einsatz von E-Assessment-Systemen irgendwann eher Regel statt Ausnahme sein wird, gleichzeitig aber das Erstellen guter Aufgaben sehr zeitaufwändig ist, sollte ein inhaltlicher Austausch berücksichtigt werden. So ist es z. B. vorstellbar, fachliche Aufgaben-Pools aufzubauen und diese im Lehrverbund auszutauschen sowie

---

3  http://www.his.de/abt1/ab02

weiterzuentwickeln. Voraussetzung dafür ist die Verwendung von Standards wie „IMS Question & Test Interoperability"[4] (QTI), die jeweils zu identifizieren bzw. neu zu entwickeln sind. Zudem ist eine Infrastruktur (z. B. als Katalog) bereitzustellen, die diesen Austausch unterstützt. Evtl. sind eingesetzte E-Assessment-Systeme anzupassen, damit sie den Im- und Export von Aufgaben oder ganzer Aufgaben-Pools erlauben, sofern bisher nicht vorgesehen.

### 5.2.4 Flankierende Maßnahmen

Verschiedene Maßnahmen können die vorgestellten Schritte begleiten: Um den Know-how-Transfer von Expert/inn/en zu interessierten Lehrenden zu erleichtern, ist zunächst der Informations- und Kommunikationsfluss zu unterstützen. Zu dem Zweck wurde z. B. vom ELAN e.V. ein projektunabhängiges Wiki[5] als allgemeine Wissensbasis aufgebaut. Dieses unterstützt die hochschulübergreifende Zusammenarbeit, indem es Ansprechpartner/innen an unterschiedlichen Standorten nennt und deren Kompetenzen aufführt. Zudem beschreibt es Grundlagen und stellt Einsatzszenarien sowie Best-Practice-Beispiele dar. Die Inhalte des vorliegenden Buchs wurden im Wesentlichen aus diesem Wiki entnommen.

Eine Beteiligung und Mitarbeit an hochschulübergreifenden Projekten erlaubt, Erfahrungen und Ideen weiterer Hochschulen einzubeziehen. Beispiele dafür sind das „Niedersächsische Netzwerk für E-Assessments und E-Prüfungen" (N2E2), auf das Abschnitt 5.3.2.1 ab S. 150 näher eingeht, oder das Projekt „eCompetence and Utiles for Learners and Teachers" (eCULT), mit dem sich Abschnitt 5.3.2.2 ab S. 151 beschäftigt. Schließlich geht es darum, über den Tellerrand hinaus zu schauen und Erkenntnisse auf Tagungen zu veröffentlichen bzw. zu schauen, welche Ideen und Erfahrungen an Standorten auch außerhalb eines lokalen Einflussbereichs gemacht werden.

## 5.3 Einführungsunterstützung

Es gibt unterschiedliche Wege, um die Einführung von E-Assessments zu unterstützen. Abschnitt 5.3.1 stellt verschiedene Maßnahmen vor, die sowohl innerhalb einer Hochschule greifen als auch hochschulübergreifend zum Tragen kommen. Darauf aufbauend beschreibt Abschnitt 5.3.2 zwei Einführungsprojekte, die sich genau dieser Maßnahmen bedient haben.

---

4 http://www.imsglobal.org/question/
5 http://ea.elan-ev.de

## 5.3.1 Changemanagement

Für die Ausbreitung neuer Konzepte in der Hochschullehre existieren, wie schon von [Hof90] für den Bereich Technologietransfer identifiziert, zwei Richtungen: Eine „vertikale" Dimension bezieht sich auf die Verbreitung innerhalb einer Hochschule, während eine „horizontale" Dimension die Weitergabe von Erfahrungen an andere Hochschulen beschreibt. Die vertikale Verbreitung hat ihre Ursprünge z. B. im E-Learning-Zentrum der Hochschule, in der Hochschuldidaktik oder bei aktiven Lehrenden, die sich mit dem Thema auskennen und vor Ort als Multiplikator/inn/en fungieren. Bei der horizontalen Verbreitung liegt i. d. R. eine Kraft von außen vor, die verschiedene Hochschulen zur Zusammenarbeit motiviert – sei es in Form eines gemeinschaftlichen Förderprojekts oder als Zusammenschluss zu einem Verein, der Impulse zur Zusammenarbeit gibt.

Während die Kommunikation innerhalb einer Hochschule stark von der Hochschulkultur abhängt (interne Strukturen, Zusammenarbeit der Bereiche), liegt der praktische Nutzen eines Hochschulnetzwerks im Wesentlichen in der Möglichkeit zum hochschulübergreifenden Know-how-Transfer: Diejenigen, die bereits Erfahrung haben, geben ihr Wissen weiter und unterstützen so jene, die sich bisher kaum damit beschäftigt haben. So können bereits identifizierte Fehler anderenorts vermieden und bewährte Lösungen ohne großes „Rumprobieren" direkt übernommen werden. Verschiedene Maßnahmen, die einen horizontalen und vertikalen Know-how-Transfer fördern können, sind nachfolgend kurz aufgelistet:

- Einrichtung hochschulweiter E-Learning-Zentren

- Hotlines und Support vor Ort

- Austausch und Weitergabe von Schulungsmaterialien

- Sicherstellen der Informationsversorgung

- Regelmäßige regionale Themenstammtische

- Halbjährliche Vollversammlungen

- Bilaterale Hochschultandems, Mentorenprogramme

- Besuch von Fachtagungen und -workshops

- Erwerb von Fachzertifikaten

- Hochschulübergreifende Arbeitskreise

- Einbindung externer Expert/inn/en (z. B. für Rechtsfragen)

Wichtiges Element ist die Kommunikation innerhalb des Netzwerks. Erfolgversprechend scheint der Austausch folgender Informationen:

- Informationen über aktuelle Vorhaben vor Ort, Ankündigungen und wichtige Termine, um die Partner/innen über Ereignisse an den verschiedenen Netzwerkstandorten auf dem Laufenden zu halten.

- Sammlung und Bereitstellung von Know-how und Best-Practices, damit sich interessierte Lehrende einen Überblick verschaffen können, auch über die Zusammenarbeit hinaus.

Im konkreten Beispiel des nachfolgend beschriebenen N2E2-Projekts gab es für Ankündigungen und Neuigkeiten ein Blog, das die Projektpartner mit Beiträgen füllen konnten. Zum anderen hatte der ELAN e.V. schon vor Projektbeginn ein E-Assessment-Wiki aufgebaut, um Informationen rund um das Thema zu sammeln und für seine Mitglieder bereitzustellen. Weil Betrieb und redaktionelle Betreuung nachhaltig im ELAN e.V. verankert sind, steht dieses Wiki auch nach Projektende weiterhin als Informationsquelle zur Verfügung.

## 5.3.2 Projektbeispiele

Die öffentliche Hand hat verschiedene Projekte gefördert, um die Einführung und den Ausbau von E-Assessments an Hochschulen voranzubringen sowie die Lehrenden für den Einsatz neuer Medien zu qualifizieren. Eine kurze Beschreibung zweier beispielhafter Projekte schließt sich in den folgenden Unterabschnitten an.

### 5.3.2.1 Niedersächsisches Netzwerk für E-Prüfungen und E-Assessments (N2E2)

Weil der Einsatz von E-Assessments und insbesondere die Planung und Durchführung von E-Klausuren umfangreiches didaktisches, technisches, organisatorisches und rechtliches Know-how erfordert, haben sich – gefördert durch das Niedersächsische Ministerium für Wissenschaft und Kultur[6] – verschiedene Einrichtungen zum „Niedersächsischen Netzwerk für E-Assessments und E-Prüfungen"[7] zusammengeschlossen. Innerhalb der Projektlaufzeit von zwei Jahren (2010-2012) wurde in enger Zusammenarbeit auf das Ziel hingearbeitet, die bisher an niedersächsischen Hochschulen kaum verbreiteten E-Assessments in sinnvollen Lernszenarien zu erproben, voranzutreiben und damit zur Verbesserung der Lehre beizutragen. Das Netzwerk umfasste dazu sog. „Konsortialpartner", die schon Erfahrung im Einsatz von E-Assessments und E-Klausuren hatten und diese auch nach

---

6  http://www.mwk.niedersachsen.de

7  http://www.n2e2.de

Ende der Projektlaufzeit weiterhin einsetzen wollten. Hinzu kamen sog. „Partnerhochschulen", die den Einsatz erst einmal erproben wollten, und zwar eingebettet in ein unterstützendes Netzwerk, um erst dann über die weitere Nutzung zu entscheiden. Eine Zusammenfassung der vielfältigen Aktivitäten und Einsatzideen ist in [KS13] zu finden, eine Übersicht über die beteiligten Partner folgt.

### Konsortialpartner (mit Ansprechpartnern)

- LU Hannover (Marc Krüger, Projektleitung)
- MH Hannover (Herbert Matthies)
- TiHo Hannover (Jan Ehlers)
- Uni Osnabrück (Andreas Knaden)
- HS Ostfalia (Peter Riegler)
- ELAN e.V. (Markus Schmees)

### Partnerhochschulen (mit Ansprechpartner/inne/n)

- HS Hannover (Oliver Bott)
- HS Osnabrück (Karsten Morisse)
- Uni Vechta (Karin Siebertz-Reckzeh)
- TU Clausthal (Niels Pinkwart)
- Uni Oldenburg (Axel Hahn)

### 5.3.2.2 eCompetence and Utilities for Learners and Teachers (eCULT)

Das vom Bundesministerium für Bildung und Forschung[8] im Rahmen des „Qualiätspakt Lehre"[9] geförderte, auf fünf Jahre angelegte Projekt „eCompetence and Utilities for Learners and Teachers"[10] (eCULT) soll durch Einsatz von Didaktiker/inne/n, Fachwissenschaftler/inne/n und Informatiker/inne/n die Rahmenbedingungen zum Einsatz digitaler Lerntechnologien zur Anreicherung der Lehre an niedersächsischen Hochschulen nachhaltig verbessern. Neben einem standortübergreifenden Erfahrungsaustausch werden folgende Ziele angestrebt:

---

8  http://www.bmbf.de

9  http://www.qualitaetspakt-lehre.de

10  http://www.ecult-niedersachsen.de

- Verbreitung didaktischer Ansätze auf Basis digitaler Lehr-/Lerntechnologien gemäß quantitativer Zielvorgaben zur Qualitätsverbesserung der Lehre.

- Aufbau und Bereitstellung der dafür notwendigen Lehr-/Lerntechnologien und Services (Didaktische Beratung, Support, Bereitstellung).

- Sanierung und Weiterentwicklung der digitalen Lehr-/Lerntechnologien für die Lehre von morgen.

Projektstart war im Wintersemester 2011/2012. Neben der federführenden Universität Osnabrück übernehmen in der Koordinationsgruppe die Universitäten Oldenburg und Hannover sowie der ELAN e.V. leitende Aufgaben. Weitere Verbundpartner sind die Hochschule Braunschweig/Wolfenbüttel (Ostfalia), HBK Braunschweig, TU Clausthal, Universität Göttingen, Hochschule Hannover, Hochschule für angewandte Wissenschaft und Kunst (Hildesheim), Hochschule Osnabrück, Universität Vechta sowie der Stud.IP e.V. (Göttingen).

## 5.4 Hochschulentwicklung

Hochschulen, die über die Einführung elektronischer Klausuren nachdenken, machen häufig eine charakteristische Entwicklung durch. Diese ist zwar von Hochschule zu Hochschule verschieden, dennoch finden sich typische Elemente in den jeweiligen Verläufen oftmals wieder. Nachfolgend ist beispielhaft eine mögliche Ausprägung für einen solchen Prozess beschrieben. Sie soll verschiedene Integrationspunkte für E-Assessments aufzeigen sowie die Weiterentwicklung bestehender E-Assessment-Systeme nachvollziehbar machen.

1. *Veränderte Ausgangslage*: Häufig ist es eine Veränderung der Ausgangssituation, die Überlegungen zur Einführung von E-Assessments anstößt: Die Modularisierung von Studiengängen als Folge der Bologna-Reform verlangt benotete Leistungen in jedem Modul. Zudem kommen immer mehr Studierende an die Hochschulen, was u. a. mit dem Wegfall der Wehrpflicht und doppelten Abiturjahrgängen zusammenhängt. Die Folge ist eine deutliche Zunahme summativer Assessments.

2. *Wunsch nach IT-Unterstützung*: In vielen Bereichen werden Abläufe an Hochschulen aber bereits durch Technologien unterstützt: In Hochschulverwaltung und Lehrorganisation finden sich z. B. Studierenden-, Prüfungsverwaltungs- oder Lernmanagementsysteme. Im Blended Learning reichern E-Learning-Elemente die Lehrveranstaltungen an. Das sorgt für eine Reduktion des Aufwands sowie für Komfortgewinn für die Beteiligten. Die

Idee liegt nahe, eine solche IT-Unterstützung auch zur Vorbereitung, Durchführung und Auswertung summativer Assessments einzusetzen. In der Folge denken die Lehrenden über den Einsatz von E-Klausuren nach.

3. *Unterschiedliche Lösungsansätze*: Hat sich eine Hochschule erst einmal für die Einführung von E-Klausuren entschieden, stehen verschiedene Strategien zur Verfügung: Einige Hochschulen bauen zu diesem Zweck ganze Testcenter auf, z. B. die Unis Bremen, Göttingen oder Duisburg/Essen. Andere beziehen externe Dienstleister ein, welche die Hörsäle e-klausurgerecht ausstatten, z. B. die MH oder TiHo Hannover. Wieder andere nutzen das hochschuleigene LMS und führen E-Klausuren in ihren Rechnerräumen oder mit Hilfe von Leihgeräten durch, z. B. die Unis Mainz oder Osnabrück. Siehe für weitere Beispiele Abschnitt 3.4.2.5 ab S. 65.

4. *Inhaltliche Auseinandersetzung*: Durch die Beschäftigung mit dem Thema stellen Lehrende fest, dass die Durchführung von E-Klausuren großen Aufwand bedeutet: Die Qualität der Aufgaben muss stimmen, neue Sicherheitskonzepte sind zu überlegen, die Technik muss zuverlässig sein, Prüfungsplätze sind bereitzustellen, Prüfungsordnungen sind anzupassen uvm. Zudem ist allgemein über Zweck und Wesen von Prüfungen nachzudenken. Die Reaktion darauf ist unterschiedlich: Viele Hochschulen schreckt dieser Aufwand zunächst ab, andere bekennen sich zu E-Klausuren und beseitigen mit Rückendeckung ihrer Hochschulleitung sämtliche Hindernisse, noch andere tun sich zu Einführungsprojekten zusammen, arbeiten gemeinsam am Thema und profitieren vom Know-how des Netzwerks.

5. *Alternative Einsatzmöglichkeiten*: Bereits die Beschäftigung mit dem Thema E-Klausuren kann zur Verbesserung klassischer Klausuren und mündlicher Prüfungen beitragen, da bisherige Prüfungsprinzipien überdacht, diskutiert und Aufgaben ggf. stärker an Lernzielen ausgerichtet werden. Zudem erfahren Lehrende, dass es neben E-Klausuren noch weitere Möglichkeiten gibt, Lehre mit E-Assessments anzureichern; diese sind in Kapitel 3 ab S. 27 beschrieben. Die auf der nächsten Seite folgende Abb. 5.3 ordnet diese Szenarien in eine Matrix aus ihrer Relevanz für den weiteren Studienverlauf und die dafür notwendige Umgebung ein. Daran ist z. B. zu erkennen, dass benotete E-Klausuren „gefährlicher" als andere Szenarien sind, da mehrmaliges Scheitern ein Studium im schlimmsten Fall beenden kann; sie finden darum meist in kontrollierter Umgebung statt. Freiwillige Quizzes hingegen haben i. d. R. keine Auswirkung auf den Studienverlauf. Studierende können sie beliebig oft – auch von zu Hause aus – durchführen, bis sie (im günstigsten Fall) die Inhalte verstanden haben.

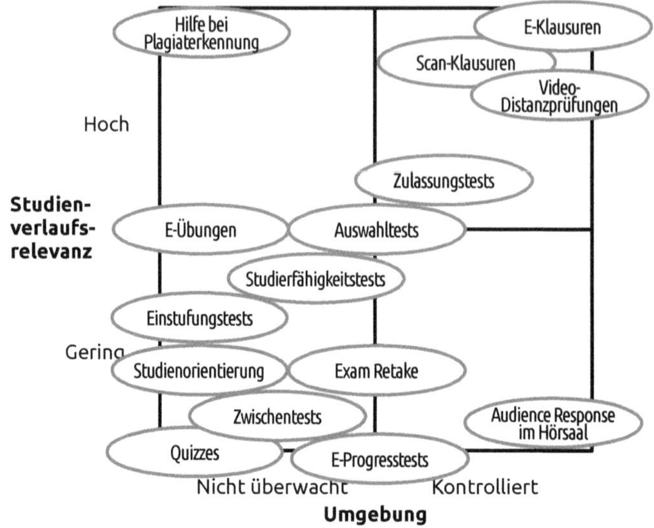


Abbildung 5.3: Szenarien nach Relevanz und Umgebung

Die Idee liegt nahe, dass Lehrende zunächst weniger problematische Szenarien einsetzen, um den Umgang mit den Technologien zu lernen, Erfahrungen beim Erstellen von Aufgaben zu sammeln und die Akzeptanz bei Studierenden zu erhöhen. Sobald sich Handhabbarkeit und Zuverlässigkeit der Technologien erwiesen haben, insbesondere bei vielen parallelen Zugriffen, ist eine Ausweitung auf weitere Szenarien vorstellbar.

6. *Rückbesinnung auf Anfangsproblem*: Schließlich erfolgt eine Rückbesinnung auf das Startproblem. Insbesondere populäre Studiengänge führen Massenveranstaltungen durch, entsprechend viele Klausuren stehen an. Für E-Klausuren sind in so einem Fall oft nicht genug Rechnerarbeitsplätze vorhanden und externe Dienstleister können Kosten verursachen, die eine Hochschule evtl. langfristig nicht decken kann. Um dennoch sämtliche Studierende in einem einzigen Durchlauf mit gleichen Aufgaben prüfen zu können, denken Lehrende in Folge über Scan-Klausuren nach: Diese werden mit Stift und Papier geschrieben und anschließend zur Analyse eingescannt; siehe für weitere Erklärungen dazu Abschnitt 3.4.3 ab S. 66. Statt einer elektronischen „Ausfüllhilfe" erhalten Lehrende dann, was sie bereits von Anfang an gewünscht haben: elektronische Unterstützung bei der Klausurkorrektur. [POSP12] weisen dabei auf ein ausgewogenes Kosten-Nutzen-Verhältnis hin. Dies bestätigen auch Erfahrungen der Fernuni Hagen, die seit vielen Jahren ein maschinelles Korrektursystem einsetzt.

# 6 Rechtliche Aspekte bei E-Klausuren

Dieses Kapitel widmet sich insbesondere den rechtlichen Aspekten elektronischer Klausuren. Hierfür werden die Rechtsfragen eines Prüfungsablaufs von der Anmeldung über das Prüfungsverfahren bis hin zur Auswertung und Veröffentlichung der Prüfungsergebnisse dargestellt. Dies soll eine erste Hilfestellung bei der Integration von E-Klausuren in den Prüfungsverwaltungsprozess einer Hochschule geben. Computergestützte Prüfungen bedürfen einer hinreichenden normativen Regelung. Es sind gleiche Bedingungen im Prüfungsablauf sowie bei der Bewertung durch das System zu gewährleisten. Die Authentizität und Integrität der Prüfungsleistung ist während des gesamten Prüfungsverfahrens zu gewährleisten. Das Prüfungssystem ist transparent und revisionsfähig zu gestalten.

Prüfungsverfahren an Hochschulen sind Verwaltungsverfahren i. S. des Verwaltungsverfahrensgesetz (VwVfG). Studienbegleitende Modulabschlussprüfungen sind Verwaltungsakte i. S. des § 35 VwVfG und somit gerichtlich anfechtbar. Anfechtungsgründe, die auf einem Mangel im Prüfungssystem beruhen, sollten deshalb ausgeschlossen werden. Bei der Durchführung von E-Klausuren werden personenbezogene Daten der Prüflinge verarbeitet. Dies ist zulässig, wie bei herkömmlichen Klausuren, soweit es zur Aufgabenerfüllung erforderlich ist. Zusätzlich ist die automatisierte Korrektur, die Datenübertragung vom Prüfungsverwaltungssystem in das Klausursystem, die vollständige elektronische Protokollierung der Prüfung und anschließende Archivierung datenschutzkonform zu gestalten.

Vorsorglich wird darauf hingewiesen, dass die Übertragbarkeit der nachfolgenden allgemeinen Ausführungen in jedem Einzelfall in der Prüfungsverantwortung der Anwender/innen liegt. Die Autor/inn/en können mit der Zusammenstellung von Informationen keine Gewähr oder Haftung für die individuelle rechtliche Tragfähigkeit der von Anwender/inne/n umgesetzten Lösungen im Einzelfall übernehmen. Diese Ausführungen erheben darüber hinaus keinen Anspruch auf Vollständigkeit und ersetzen nicht die Notwendigkeit, sich bei konkreten rechtlichen Fragen an die zuständigen Stellen der eigenen Hochschule zu wenden oder sich von einem Rechtsanwalt/einer Rechtsanwältin beraten zu lassen.

Der Aufbau dieses Kapitels ist angelehnt an die unterschiedlichen Phasen im Prüfungsprozess. Abschnitt 6.1 geht zunächst auf Aspekte ein, die mit der Prüfungsvorbereitung zu tun haben. Ihm folgen in Abschnitt 6.2 jene Rechtsfragen, die bei der Durchführung von E-Klausuren anfallen. Abschnitt 6.3 beschäftigt sich mit Punkten, die im Anschluss daran anstehen. Schließlich fasst Abschnitt 6.4 noch einmal die wesentlichen Aspekte in Form von Checklisten zusammen.

## 6.1 Vorbereitung

Bereits im Vorfeld einer E-Klausur sind die Prüfungsordnungen anzupassen. Darauf geht der folgende Abschnitt 6.1.1 näher ein. Die Gleichwertigkeit von Prüfungsformen ist Thema von Abschnitt 6.1.2. Mit der Qualität von Aufgaben sowie urheberrechtlichen Fragen beschäftigt sich danach Abschnitt 6.1.3. Besonderheiten, die bei Verwendung elektronischer Kommunikation zu beachten sind, beleuchtet Abschnitt 6.1.4. Abschnitt 6.1.5 beschäftigt sich mit der Zulassung zur Prüfung. Schließlich sind Aspekte der An- und Abmeldung Gegenstand von Abschnitt 6.1.6.

### 6.1.1 Ausgestaltung der Prüfungsordnung

Die Durchführung von Prüfungen und damit einhergehende Prüfungsentscheidungen bedarf einer gesetzlichen Grundlage. Dieser Gesetzesvorbehalt für Prüfungen folgt aus Art. 12 Abs. 1 und 2 GG, da jedes Prüfungsverfahren das Recht auf freie Berufswahl (Berufszugangsschranke) tangiert. Das Nichtbestehen einer abschließenden Prüfung ist ein belastender Verwaltungsakt und somit ein Eingriff in das Grundrecht der Berufsfreiheit aus Art. 12 Abs. 1 S. 1 GG, gegen den Rechtsmittel eingelegt werden können. Bei den neuen Bachelor-/Master-Studiengängen werden alle Module mit einer Leistungsüberprüfung (studienbegleitende Prüfung) abgeschlossen und diese sind somit berufsbezogen. Damit ist jede Modulabschlussprüfung gerichtlich anfechtbar.

Für bestimmte berufsqualifizierende Studiengänge sind staatliche Prüfungsordnungen der Länder oder des Bundes verbindlich. Dabei handelt es sich beispielsweise um die Juristenausbildungsgesetze (JAG) und die Verordnung zur Durchführung der Juristenausbildung (JAO), aber auch die Lehrerausbildungsgesetze (LABG) und die Lehramtsprüfungsordnungen (LPO) der Länder. Auf Bundesebene sind die Approbationsordnungen für Ärzt/innen (ÄApprO, ZÄPrO, TAppV) und Apotheker/innen (AApprO) zu nennen. Rechtssatzcharakter haben auch die Prüfungsordnungen, die von Hochschulen im Rahmen der ihnen durch Gesetz oder Verfassung zugewiesenen Aufgaben und Befugnisse der Selbstverwaltung erlassen worden sind.

Es stellt sich die Frage, wie computergestützte Prüfungen in der Prüfungsordnung geregelt sein müssen und wie zu verfahren ist, wenn die Prüfungsordnung durch Einführung der E-Klausur geändert wird. Auch im Prüfungswesen erfordern alle wesentlichen Entscheidungen eine normative Regelung. Wesentlich sind alle Entscheidungen mit belastendem Charakter. Prüfungsordnungen müssen den Inhalt, die Bestehensvoraussetzungen und das Verfahren, einschließlich der Zulassung und der Wiederholung, umfassend regeln (§ 16 S. 2 HRG). Entsprechende Vorgaben enthalten die landesrechtlichen Regelungen der Hochschulgesetze, wie zum Beispiel § 6 und § 7 des Niedersächsischen Hochschulgesetzes (NHG).

In den Prüfungsordnungen wird bislang zwischen schriftlichen, mündlichen oder praktischen Prüfungen unterschieden. Die elektronische Klausur ist in diesem Zusammenhang nicht als eine Art schriftliche Prüfung zu verstehen. Das Verwaltungsgericht Hannover sieht aufgrund der technischen Besonderheiten und der Unsicherheiten der Authentifizierung des Prüflings eine neue Form der Leistungsermittlung, welche einer ausdrücklichen normativen Regelung bedarf.

> „Eine Prüfung, bei der die auf einem Bildschirm angezeigten Prüfungsfragen ausschließlich durch das Markieren der vom Anwendungsprogramm vorgegebenen Antwortfelder mit einem Eingabegerät beantwortet werden und die Fragen und Antworten ausschließlich als digitale Informationen auf einem Speichermedium verbleiben, stellt keine schriftliche Prüfung dar."

(VG Hannover, 10.12.2008 - 6 B 5583/08)

Wie bereits in Abschnitt 3.4.2 ab S. 62 ausgeführt, ist eine E-Klausur ein summatives E-Assessment, das am Computer mittels eines Prüfungsprogramms durchgeführt wird. Sie besteht aus dem Erfüllen von Anforderungen, die durch das Prüfungsprogramm vorgegeben werden. Die Programmierung oder Konfiguration der Anforderungen sowie die Festlegung der Bewertungskriterien erfolgt durch die Prüfenden. Das Prüfungsprogramm nimmt die Antworten der Prüflinge entgegen, bewertet gegebenenfalls die Antwort anhand vorgegebener, nachvollziehbarer Kriterien und speichert Antwort und Bewertung in elektronischer Form. Abschließend führt der/die Prüfungsverantwortliche die abschließende Bewertung und gegebenenfalls die Benotung durch.

Unterschiede zur schriftlichen Form liegen in der Form der Authentifizierung des Prüflings (Unterschrift vs. z. B. Log-In mit TAN), des Mediums und dessen Archivierung (Schriftstück vs. elektronisches Dokument) und der Bewertung (Bewertung durch Prüfenden vs. automatisierte Bewertungsunterstützung durch ein Prüfungsprogramm). Die Option einer E-Klausur sollte daher in der Prüfungsordnung explizit verankert werden.

Dabei ist zu entscheiden, ob die E-Klausur als eigenständige Prüfungsform oder als Variante einer schriftlichen Prüfung eingeführt wird. Letzteres bietet den Vorteil, dass bereits z. B. im Rahmen eines Akkreditierungsverfahrens und/oder in abgeleiteten Prüfungsordnungen getroffene modulbezogene Festlegungen zu zulässigen Prüfungsformen nicht geändert werden müssen, wenn die bisherige schriftliche Prüfung in Zukunft auch elektronisch durchgeführt werden soll. Allerdings sollte die Äquivalenz zur Schriftform durch einen prinzipiell möglichen Ausdruck der Aufgaben und Lösungen des Prüflings sichergestellt werden.

Das Verwaltungsgericht Hannover erklärte in o. g. Entscheidung ein elektronisches Prüfungsverfahren mit schriftlich am PC gestellten Aufgaben und Antworten für nicht vereinbar mit einem in der Prüfungsordnung oder in einer anderen einschlägigen Norm normiertem Schriftformerfordernis. Das Oberverwaltungsgericht Koblenz hält hingegen bei MC-Klausuren am PC die Schriftlichkeit dann noch gewahrt, wenn bei per PC gestellten Aufgaben mit Mausklick angekreuzt werden muss, welche der vorgelegten Antworten richtig ist.[1]

Dieser Entscheidung ist nicht zu folgen. Denn eine durch Rechtsvorschrift (hier Prüfungsordnung) bestimmte Schriftform kann nach dem auch im Prüfungsverfahren maßgeblichen § 3a Abs. 2 VwVfG seit 2002 nur mit qualifizierter elektronischer Signatur i. S. des Signaturgesetzes (SigG) von 2001 durch eine elektronische Form ersetzt werden. Siehe dazu Abschnitt 6.1.4.3 ab S. 167.

Eine E-Klausur kann ganz oder zu einem großen Teil aus geschlossenen Aufgaben nach dem Antwortwahlverfahren bestehen. Die Prüfungsart „Antwortwahlverfahren" umfasst verschiedene Aufgabentypen, die alle gemeinsam haben, dass zur Beantwortung einer Aufgabe aus vorgegebenen Antwortoptionen eine oder mehrere richtige Antwort(en) ausgewählt werden müssen. Dazu werden Aufgabentypen gezählt wie z. B. Mehrfach oder Einfachauswahlaufgaben, Zuordnungsaufgaben, aber auch Long-Menu-Aufgaben. Weitere Informationen rund um geschlossene Aufgaben sind in Abschnitt 4.5.1 ab S. 117 aufgeführt.

Rechtlich relevant ist, dass bei E-Klausuren mit Antwortwahlverfahren im Vergleich zu anderen Prüfungsarten die Tätigkeit der Prüfenden vorverlagert ist. Dies umfasst die Auswahl des Prüfungsstoffes, die Ausarbeitung der Aufgaben, die Festlegung der Antwortmöglichkeiten und die Wahl des Auswertungsmodus. Dies erfolgt in einer konkreten Prüfungssituation nicht in Bezug auf bestimmte Prüflin-

---

1 OVG Koblenz Beschl. v. 19.01.2009, 10 B 11244/08: http://goo.gl/wwHMQe

ge, sondern abstrakt und generell, und zwar für alle Studierenden im betreffenden Studiengang. Dies begründet die Notwendigkeit, E-Klausuren mit Antwortwahlverfahren in der Prüfungsordnung explizit zu regeln.

> "Schriftliche Prüfungen dürfen nur dann in der Prüfungsart des Antwort-Wahl-Verfahrens (Multiple Choice) durchgeführt werden, wenn die Prüfungsordnung abstrakt-generelle Regelungen über die Tätigkeit von Prüfungsausschuss und Prüfern bei der Aufgabenstellung sowie über die Bestehensvoraussetzungen enthält, die der Eigenart des Atnwort-Wahl-Verfahrens Rechnung tragen."
>
> (Sächsisches OVG, 10.10.2002 - 4 BS 328/02)

Insofern der Anteil an Aufgaben nach dem Antwortwahlverfahren an einer Prüfung grundsätzlich 50% (Mischklausur) nicht übersteigt, ist die Prüfung insgesamt nicht als Prüfung im Antwortwahlverfahren zu bewerten und keine besondere Berücksichtigung in der Prüfungsordnung erforderlich. Sollen Prüfungen zu mehr als 50% oder komplett im Antwortwahlverfahren durchgeführt werden, ist das Antwortwahlverfahren explizit in den Katalog der Prüfungsformen in der Prüfungsordnung aufzunehmen. Die Prüfungsordnungen müssen die besonderen Anforderungen der Rechtsprechung an diese Prüfungsart in Bezug auf Bewertung und Qualitätssicherung erfüllen.

Sofern eine Prüfungsordnung zwecks Einführung von E-Klausuren geändert werden muss, stellt sich die Frage nach einer Übergangsregelung für die nach der alten Prüfungsordnung Studierenden. Aufgrund des Vertrauensschutzes ist es unzulässig, im laufenden Prüfungsverfahren Änderungen der Prüfungsbedingungen durch Änderung der Prüfungsordnung vorzunehmen.

Ansonsten ist es möglich, eine Prüfungsordnung abzuändern und auch die Bestehensgrenze zu erhöhen. Dies gilt auch bei studienbegleitenden Modulprüfungen selbst dann, wenn Studierende bereits nach der alten Prüfungsordnung Leistungen erbracht haben und sich nun die Art einer Prüfungsleistung ändert (E-Klausur statt schriftlicher Klausur).

Es besteht grundsätzlich kein Vertrauensschutz der Studierenden, nach genau der Prüfungsordnung das Studium zu beenden, nach welcher sie das Studium aufgenommen haben. [NF10] weisen darauf hin, dass im Einzelfall – zur Vermeidung übermäßiger, unzumutbarer Benachteiligungen – eine gesetzliche Übergangsregelung geschaffen werden kann.[2]

---

2 Niehues/Fischer, Rn 64.

## 6.1.2 Gleichwertigkeit von Prüfungsformen

Fraglich ist, ob Studierende laut Prüfungsordnung bei der Prüfungsanmeldung die Auswahl haben dürfen zwischen mündlichen Prüfungen und schriftlichen Prüfungen mit elektronischen Endgeräten. Das Gebot der Chancengleichheit (Art. 3 Abs. 1 GG) erfodert im Sinne einer zuverlässigen Vermittlung gleicher Startchancen für alle Prüflinge, die den Zugang zu einem Beruf anstreben, dass die schriftliche Prüfung mit elektronischen Eingabegeräten und die mündliche Prüfung gleichwertig sein müssen.

Die beiden Formen, also schriftliche Prüfungen mit elektronischen Eingabegeräten und mündliche Prüfungen, sind als gleichwertig anzusehen, wenn die Prüfungen sowohl in Inhalt als auch in Form sowie in ihrem gesamten zeitlichen Umfang im Ergebnis gleichzusetzen sind. Für die Wahrung des Grundsatzes der Chancengleichheit ist nach [NF10] schwerpunktmäßig die inhaltliche Vergleichbarkeit entscheidend.[3] Aus dem Grundsatz der Chancengleichheit und der Freiheit der Berufswahl folgt nicht zwingend, dass gleichzeitig erbrachte Prüfungsleistungen stets nach gleichem Prüfungsrecht insbesondere nach denselben Maßstäben bewertet werden müssen.

Gleichheit liegt zunächst bei einer standardisierten Prüfung, bei der alle Prüflinge unter identischen Bedingungen geprüft werden, vor. Standardisierte Prüfungen können jedoch nur im selben Prüfungsformat bereitgestellt werden. Ist dies, wie zwischen schriftlicher und mündlicher Prüfung, nicht zu erreichen, ist eine strukturierte Prüfung durchzuführen: Strukturierte Prüfungen sind dadurch gekennzeichnet, dass die Gesamtmenge der Prüfungsaufgaben gewährleistet, dass alle Prüflinge über verschiedene Themen im gleichen Verhältnis befragt werden können, der Ablauf vor der Prüfung festgelegt wird, im Voraus ein Beurteilungsschema mit entsprechendem Arbeitsblatt erstellt wurde und es ein nachvollziehbares Verfahren gibt, wie bei unterschiedlichen Beurteilungen durch verschiedene Prüfende vorgegangen werden soll.

Schreibt die Prüfungsordnung für mündliche Prüfungen eine strukturierte Prüfung (engl. structured oral examination, SOE) vor, ist die schriftliche Prüfung mit elektronischen Endgeräten ebenfalls strukturiert auszugestalten. Um die Gleichwertigkeit von strukturierter mündlicher und schriftlicher Prüfung zu erreichen, muss der Aufgabentyp vergleichbar sein. Dieses ist zumindest bei Antwortwahlverfahren fraglich, da bei einer mündlichen Prüfung Antworten in der Regel nicht vorgegeben werden bzw. Antwortwahlverfahren sich nicht für eine mündliche

---

3  Niehues/Fischer, Rn 74.

Prüfung eignen. Langtextverfahren, Kurztextverfahren, Bildanalyseverfahren und fallbasierte Verfahren sind hingegen auch in einer mündlichen Prüfung umsetzbar.

Ungleichheit zwischen beiden Prüfungsformaten besteht in der Interaktionsmöglichkeit seitens des Prüflings und des Prüfenden in der mündlichen Prüfung. In mündlichen Prüfungen sollten deswegen mehrere Aufgaben bzw. möglichst die gleichen Aufgaben wie in der schriftlichen Prüfung gestellt werden. Spontane Nach- oder Vertiefungsfragen sollten nur eingesetzt werden, um Verständnisprobleme zu beseitigen, damit die Standardisierung der mündlichen Prüfungen gewährleistet bleibt. Bei der Festlegung der Anzahl der Aufgabenstellungen sind sie nicht zu berücksichtigen.

Ein weiteres Problem ist die Prüfungszeit. Mündliche Prüfungen sind in der Regel kürzer als schriftliche Prüfungen bei denen die Schreibzeit berücksichtigt werden muss. Die MH Hannover geht bspw. in § 16 ihrer Prüfungsordnung von einer Zeit bei mündlichen Prüfungen von 20-30 Minuten und bei schriftlichen Prüfungen von 30-45 Minuten bei gleicher Anzahl von Aufgaben eines Typs aus.

Die Notengebung wird bei mündlichen Prüfungen im Gegensatz zu schriftlichen Prüfungen durch subjektive Eindrücke und die Zufälligkeit fachlicher Prägungen der Prüfenden beeinflusst. Weil eine gerichtliche Kontrolle des Bewertungsvorgangs daher nur eingeschränkt möglich ist, muss das dadurch bedingte Rechtsschutzdefizit soweit möglich durch eine weitgehende (und einer schriftlichen Prüfung entsprechende) Protokollierung der Aufgaben und Antworten in der mündlichen Prüfung ausgeglichen werden.

## 6.1.3 Aufgabenerstellung

Abschnitt 6.1.3.1 geht auf die Qualität von Aufgaben ein. Weil die Erstellung von Aufgaben ein schöpferischer Akt sein kann, spricht Abschnitt 6.1.3.2 zugehörige Urheberrechte an. Schließlich können fremde urheberrechtliche Werke in eine Aufgabe einfließen, womit sich Abschnitt 6.1.3.3 beschäftigt.

## 6.1.3.1 Qualitätssicherung

Wie bereits in Abschnitt 4.4 ab S. 114 angesprochen, ist die Aufgabenqualität von entscheidender Bedeutung bei E-Assessments. Die erstellten Aufgaben und Antworten sind daher vor der Aufnahme in eine Prüfung in Bezug auf ihre Eignung in einem definierten Verfahren zu überprüfen. Unter anderem empfiehlt sich ein Pre-Review-Verfahren sowie die Berücksichtigung von Ergebnissen von Item-

Analysen[4] bei einer erneuten Verwendung von Aufgaben oder nach einem Testlauf neu erstellter Aufgaben. Dieses Verfahren und die Art und Weise der Dokumentation der Aufgabenentwicklung nach diesem Verfahren ist idealerweise in den Verfahrensanweisungen eines Qualitätsmanagementsystems dokumentiert.

Die Aufgaben müssen auf die für den Beruf bzw. das Studienziel allgemein erforderlichen Kenntnisse abgestimmt sein und zuverlässige Prüfungsergebnisse ermöglichen. Alle möglichen Lösungen müssen vorausgesehen und die Aufgaben so formuliert werden, dass sie verständlich, widerspruchsfrei und eindeutig sind, d. h. jeweils nur eine richtige Lösung zulassen. Vor der Endauswertung sollte eine teststatistische Analyse der Prüfungsaufgaben (Item-Analyse) im Hinblick auf Trennschärfe und Schwierigkeitsgrad erfolgen, um Hinweise auf fehlerhaft gestellte Aufgaben zu erhalten. Die Ergebnisse der teststatistischen Analyse der Prüfungsaufgaben sind zudem ein wichtiger Bestandteil der Qualitätssicherung von Prüfungsaufgaben im Hinblick auf deren Wiederverwendung.

## 6.1.3.2 Urheberrechte an Aufgaben

Fraglich ist, ob Prüfungsberechtigten ein Urheberrecht an den von ihnen entworfenen Aufgaben zusteht. Textaufgaben können als Schriftwerk und Abbildungen als wissenschaftliche Darstellungen nach §§ 1 und 2 Abs. 1 UrhG geschützt sein. Ideen, wissenschaftliche Lehre oder Prüfungsmethoden sind hingegen nicht geschützt; die Verwendung bekannter Formen, wissenschaftlicher Zeichen, Lehren oder Darstellungen sind demnach als solche nicht urheberrechtlich geschützt.

Ein Urheberrechtsschutz an Prüfungsaufgaben kommt nur dann in Betracht, wenn den Prüfenden ein gewisser Gestaltungsspielraum zur Entfaltung einer individuellen Eigenart verbleibt. Die Anordnung und Auswahl des Prüfungsstoffes ist größtenteils durch das Fach vorgegeben, so dass der Gestaltungsspielraum für die Darstellungsart bereits begrenzt ist. In der Art und Weise der Abfrage des Lehrstoffes, etwa durch selbsterdachte Versuche, eingestreute Beispiele oder Wiederholungsaufgaben, kann aber eine individuelle Leistung liegen. Die individuelle Eigenart einer Klausur kann auch in der Kombination bekannter Elemente liegen. Geschützt ist nicht das einzelne Element, sondern nur die Zusammenfassung mit anderen Elementen in dieser speziellen Gestaltung. Letzteres zeigt, dass an die Qualität einer urheberrechtlich geschützten Leistung keine besonderen Anforderungen zu stellen sind, um geschützte Klausuren zu schaffen. Ausreichend ist, dass die geistige Leistung des Verfassers/der Verfasserin individualisierbar ist, so dass diese ihm/ihr zugerechnet werden kann (Individualität). Anhaltspunkt dabei

---

4 Siehe zur Item-Analyse auch Abschnitt 4.4.2 ab S. 116.

ist, dass andere Prüfungsberechtigte die Möglichkeit hätten, den gleichen Stoff in anderer Weise abzufragen.

Die Auswahl und Anordnung des Prüfungsstoffes kann nach der Rechtsprechung Individualität aufweisen, die einen Urheberrechtsschutz begründet. Sinnreiche Konstruktionen eines Sachverhalts, der einem Prüfling Gelegenheit gibt, erlerntes Wissen am konkreten Fall zu erproben, kann als individuell-geistige Leistung eines erstellenden Prüfenden bewertet werden.[5]

Gleiches gilt für eine Aufgabensammlung, die als Lernkontrolle zu einem Fachlehrbuch erstellt wurde und laienhaft formulierte sowie fachsprachlich gefasste Aufgaben enthält, um einmal das Erlernen von Fachausdrücken zu ermöglichen und zum anderen die Wissensinhalte des Buches zu rekapitulieren. Die Aufgabensammlung stellt dabei eine schutzfähige aber abhängige Bearbeitung des Fachlehrbuchs dar.[6]

Klausuren, die als MC-Tests gestaltet sind, können zumindest in ihrer Gesamtheit schutzfähig sein. Die Schutzfähigkeit liegt in der Gesamtheit der Auswahl und Zusammenstellung der Aufgaben nach unterschiedlichen Schwierigkeitsgraden. Die Aufgaben müssen so gestaltet sein, dass ihre Beantwortung zumindest eine ausreichende Qualifikation dokumentieren kann.[7]

Nach § 43 UrhG stehen die Verwertungsrechte dem Prüfenden originär als Schöpfer der Aufgaben zu, soweit sich aus dem Inhalt oder dem Wesen des Dienstverhältnisses nichts anderes ergibt. Häufig erwirbt der Dienstherr aber aufgrund des Dienstverhältnisses ausdrücklich oder stillschweigend die Nutzungsrechte an den Werken, die ein Urhebender in Erfüllung der Dienstpflicht geschaffen hat. Ein Dienstherr muss hingegen Nutzungsrechte vertraglich dann gesondert erwerben, wenn es sich nicht um Dienstwerke, sondern um außerhalb der Dienstpflicht geschaffene freie Werke handelt. Zu berücksichtigen ist allerdings, dass wissenschaftliches Personal bei einer eigenverantwortlichen wissenschaftlichen Tätigkeit das in Art. 5 Abs. 3 GG normierte Postulat der freien Forschung und Lehre geltend machen kann. Aufgrund der Wissenschaftsfreiheit gilt die Verpflichtung der Einräumung von Nutzungsrechten nach § 43 UrhG nicht uneingeschränkt.

Das wissenschaftliche Personal kann sich auf die Wissenschaftsfreiheit mit der Folge berufen, dass ihnen die Werke frei zur Verfügung stehen und die Hochschule zunächst keinerlei Rechte daran übertragen bekommt. Nach der zuvor zitierten Rechtsprechung gilt dies u. a. aber dann nicht, wenn die Schaffung urheberrechtlicher Werke der Dienstaufgabe immanent ist. So gehört zum Aufgabenbereich von

---

5  LG Köln, Urt. v. 19.05.1993, 28 O 424/92: http://goo.gl/Abhm2E

6  BGH, Urt. v. 27.2.1981, I ZR 20/79: http://lexetius.com/1981,2

7  LG Köln, Urt. v. 01.09.1999, 28 O 161/99: GRUR 2001, 152

Hochschullehrenden, Klausuren für nach der Studienordnung vorgesehene Prüfungen zu entwerfen – mit der Folge, dass es sich um Dienstwerke handelt, die von der Hochschule nachhaltig genutzt werden können. Ebenso der Entwurf eines Textes für eine nach der Studienordnung vorgesehenen Hausarbeit.

### 6.1.3.3 Verwendung von urheberrechtlichen Werken

Fraglich ist, ob ebenso wie zur Veranschaulichung der Lehre, urheberrechtlich geschützte Inhalte zu Prüfungszwecken an die Teilnehmenden einer computergestützten Prüfung zugänglich gemacht werden können. Ebenso ist fraglich, ob aus fremder Hand erstellte Prüfungsaufgaben mit dem Ziel vervielfältigt werden dürfen, sie wiederum in Prüfungen zum Einsatz zu bringen. Dies ist ohne vorherige Zustimmung der Rechteinhaber/innen nach derzeitiger Rechtslage nur in einem eingeschränkten Umfang möglich.

Obwohl Prüflinge angemeldet sind und zum gemeinsamen Zweck der Prüfung zusammenkommen, handelt es sich bei der Zugänglichmachung von Werken für diese um eine öffentliche Wiedergabe bzw. Verbreitung, welche in die Verwertungsrechte der Urheber/innen eingreift. Nach höchstrichterlicher Rechtsprechung sind universitäre Veranstaltungen aufgrund des großen Teilnehmendenkreises öffentlich i. S. des § 15 Abs. 3 UrhG. Deswegen enthält das Urheberrechtsgesetz eine Ausnahme für Werknutzungen in universitären Prüfungen. § 53 Abs. 3 Nr. 2 UrhG erlaubt Hochschulen zu Prüfungszwecken neben Druckwerken auch ausschließlich online veröffentlichte Werke in kleinen Teilen, Werke geringen Umfangs oder einzelne Zeitschriftenbeiträge begrenzt auf die Anzahl der Prüflinge ohne vorherige Zustimmung der Rechteinhaber/innen zu vervielfältigen und den Prüflingen zugänglich zu machen. Eine Vergütung der Nutzung erfolgt über die Kopiergeräteabgabe.

Es stellt sich die Frage, ob neben klassischen Papierkopien auch digitale Vervielfältigungen in Prüfungen verwendet werden dürfen. Der Wortlaut des § 53 Abs. 3 Nr. 2 UrhG ist zunächst techniktneutral und enthält keine Einschränkung auf analoge Kopien. Allerdings hatte der Gesetzgeber zum Zeitpunkt der Einführung der Norm 1985 die Vervielfältigungstechnik der Fotokopie vor Augen.

Bezweifelt wird hier die Vereinbarkeit der digitalen Vervielfältigung mit EG-Richtlinie 2001/29/EG, die digitale Kopien ausschließlich zur Veranschaulichung im Unterricht vorsieht. Wie in [Oec06] dargelegt, sieht die überwiegende juristische Literatur Prüfungen nicht vom Unterrichtsbegriff erfasst – mit der Folge, dass für Prüfungszwecke geeignete Inhalte aus dem Internet nur in Druckform verwendet werden können. Dieser Auffassung folgte der Gesetzgeber bereits bei

Umsetzung der Datenbankrichtlinie in § 87c Abs. 1 Nr. 3 UrhG, wonach der Prüfungsgebrauch unbeachtet blieb, so dass wesentliche Teile einer geschützten Datenbank ausschließlich zur Veranschaulichung des Unterrichts zu nichtkommerziellen Zwecken verwendet werden dürfen. Obwohl zwischen Unterricht und Prüfung ein Zusammenhang besteht, blieb die Bundesratsempfehlung zur Aufnahme des Prüfungsgebrauchs im Gesetzgebungsverfahren im Hinblick auf den Wortlaut der Datenbankrichtlinie unberücksichtigt.[8]

Die für Hochschulen seit 1985 im Urheberrechtsgesetz bestehende Privilegierung der Vervielfältigung zu Prüfungszwecken ist nicht an computergestützte Prüfungsformen angepasst worden. Solange keine erweiternde Auslegung des Anwendungsbereiches durch die Rechtsprechung erfolgt, besteht für die Zulässigkeit der Verwendung von Werken in computergestützten Prüfungsformen Rechtsunsicherheit. Zu beachten ist weiterhin, dass computergestützte Prüfungen wegen der Unterscheidung zwischen Unterricht und Prüfung nach Urheberrechtsgesetz und europäischem Recht nach überwiegender Auffassung – auch nach Privilegierung von E-Learning an Hochschulen mit § 52a UrhG – nicht zulässig sind. Eine Klärung ist letztlich von der Rechtsprechung vorzunehmen und steht noch aus.

## 6.1.4 Elektronische Kommunikation

Bei computergestützten Prüfungen sind die Vorschriften für das elektronische Verwaltungsverfahren zu beachten. Seit 2002 besteht die Möglichkeit der Übermittlung elektronischer Dokumente im Verwaltungsverfahren. In rechtlicher Hinsicht ist zwischen einfacher elektronischer Kommunikation und Schriftform zu unterscheiden (§ 3a Abs. 2 VwVfG i. V. m. § 2 Abs. 3 Nr. 2 NVwVfG).

Soweit die Interaktion mit der Hochschule an keine besonderen Formvorschriften wie eigenhändige Unterschrift oder persönliches Erscheinen gebunden ist, sind die zu schaffenden Voraussetzungen für die Einführung der elektronischen Kommunikation einfach: Die Übermittlung elektronischer Dokumente ist nach § 3a Abs. 1 VwVfG zulässig, sofern die Hochschule dafür den Zugang eröffnet, etwa ein elektronisches Prüfungsverwaltungssystem mit Webservices einrichtet oder den Studierenden zum Empfang elektronischer Dokumente einen Zugang eröffnet, bspw. ihnen ein E-Mail-Postfach einrichtet. Grundsätzlich ist die E-Kommunikation formfrei zulässig. So können Mitteilungen und Entscheidungen im Prüfungsverfahren per E-Mail versendet oder im PIN/TAN-Verfahren abgerufen werden, auf das nachfolgend Unterabschnitt 6.1.4.1 näher eingeht. Mit Besonderheiten der E-Mail-Kommunikation beschäftigt sich dann Abschnitt 6.1.4.2.

---

8  BR-Drs. 420/1/97, S. 13

Eine durch Rechtsvorschrift (z. B. Prüfungsordnung) bestimmte Schriftform hingegen kann nach § 3a Abs. 2 VwVfG seit 2002 nur mit qualifizierter elektronischer Signatur i. S. des Signaturgesetzes (SigG) durch eine elektronische Form ersetzt werden, siehe dazu Abschnitt 6.1.4.3. Der Ersatz einer Unterschrift auf Papier ist also nur mit einer qualifizierten elektronischen Signatur (§ 2 Nr. 3 SigG) möglich. Die Prüfungsordnung kann dies aber auch ausdrücklich ausschließen (§ 3a Abs. 2. Hs. VwVfG) und so die elektronische Form gänzlich ausschließen.

### 6.1.4.1 PIN/TAN-Verfahren

Das PIN/TAN-Verfahren stammt aus dem Bereich des Online-Banking. In Analogie zu diesem öffnen die Studierenden mit einer persönlichen Identifikationsnummer (PIN) das Portal. Das Portal kann ein Prüfungsverwaltungssystem mit vorgeschalteter Selbstbedienungsfunktion sein oder eine Schnittstelle über das Lernmanagementsystem. Bei letzteren ist keine PIN erforderlich, sondern es erfolgt ein Login mittels Passwort. In ihrem Arbeitsbereich können Studierende ihre Noten, die absolvierten Prüfungen und noch anstehenden Prüfungen sehen.

Die eigentliche Transaktion erfolgt mit der Transaktionsnummer (TAN). Bei diesen handelt es sich i. d. R. um sechsstellige Zufallszahlen. Die persönliche TAN-Liste, die sicher verwahrt werden muss, erhalten Studierende bei der Immatrikulation. Bei Verlust lassen sich die TANs sperren und eine neue Liste wird ausgestellt. Die Studierenden wählen eine Prüfung aus und melden sich mit einer TAN an, die daraufhin verbraucht ist.

### 6.1.4.2 Zugang und Nachweis bei E-Mail

Anmeldungen, Abmeldungen und sonstige Benachrichtigungen zu E-Klausuren werden meist elektronisch vorgenommen. Dabei stellt sich die Frage, wer die Beweislast für den Zugang für elektronisch übermittelte Dokumente trägt.

Nach § 3a Abs. 1 VwVfG ist die Übermittlung elektronischer Dokumente im Prüfungsverfahren zulässig, soweit Prüflinge hierfür einen Zugang eröffnet haben, also eine E-Mail-Adresse für Benachrichtigungen vorhalten. Wurde ein solcher Zugang eröffnet und entspricht die Datei den in der Prüfungsordnung gesetzten Formvorschriften, dann geht diese zu, wenn sie so in den Machtbereich der Prüflinge gelangt, dass diese bei gewöhnlichem Verlauf und unter normalen Umständen die Möglichkeit zur Kenntnisnahme haben. E-Mails gelten also als zugegangen, wenn sie in die Mailbox (bzw. den Posteingangsserver) der Empfänger/innen gelangt sind. Mit Eingang der E-Mail in dieser Mailbox geht das Verlust- und Verzögerungsrisiko auf die Empfänger/innen über, wenn beispielsweise Störungen in ihrem Machtbereich auftreten.

Grundsätzlich trägt die Hochschule als Absender einer elektronischen Nachricht die Beweislast für deren Zugang. Für schriftliche und elektronische Verwaltungsakte ist dieses ausdrücklich in § 41 Abs. 2 Satz 3 HS. 2 VwVfG geregelt. Danach hat im Zweifel die Hochschule den Zugang des Verwaltungsaktes und den Zeitpunkt des Zugangs nachzuweisen. Sie kann sich hierzu der in § 26 VwVfG normierten Beweismittel bedienen. Das ist bspw. die Auskunft oder der Aktenvermerk der zuständigen Sachbearbeiter/innen. Fraglich bleibt allerdings, inwieweit an dieser Stelle ein solcher Anscheinsbeweis ausreichend sein kann, um dem Nachweiserfordernis zu genügen. Allein, dass die E-Mail bei den Versender/inne/n ohne Fehlermeldung als gesendet verzeichnet ist, beweist nicht den Eingang bei den Empfänger/inne/n. Auch eine Lesebestätigung wird nur bedingt als belastbare Aussage angesehen. Hingegen ersetzt die qualifizierte elektronische Signatur nicht nur die Schriftform, sondern ermöglicht vor allem die eindeutige Identifizierung der Signaturschlüssel-Inhaber sowie den Nachweis der Integrität der übermittelten Daten und somit den einwandfreien Zugang.

### 6.1.4.3 Elektronische Signaturen

Sicherer, aber auch wesentlich kostenintensiver als ein TAN-Verfahren, ist die Verwendung elektronischer Signaturen. Die rechtlichen Voraussetzungen dafür sind als Umsetzung der EU-Richtlinie über gemeinschaftliche Rahmenbedingungen für elektronische Signaturen im Signaturgesetz (SigG) und der Signaturverordnung (SigV) festgelegt. Das Gesetz unterscheidet hierbei drei Arten mit unterschiedlichen Sicherheitsstandards. Es versteht unter elektronischen Signaturen Daten in elektronischer Form, die anderen elektronischen Daten beigefügt oder logisch mit ihnen verknüpft sind und die zur Authentifizierung dienen. Danach genügt es, einem elektronischen Dokument bzw. einer Willensbekundung den Namen oder die eingescannte Unterschrift anzufügen. Eine solche einfache elektronische Signatur (§ 2 Nr. 1 SigG) ist aber nicht gegen Fälschungen geschützt, da sie beliebig kopiert und anderen Dokumenten angefügt werden kann.

Etwas höheren Sicherheitsanforderungen genügt die fortgeschrittene elektronische Signatur (§ 2 Nr. 2 SigG), mit der die Identität der Unterzeichnenden bestätigt und geprüft werden kann, ob das unterschriebene Dokument nachträglich verändert worden ist, ohne dass aber z. B. Anforderungen an das Verfahren der Identifizierung und der Übergabe der Signaturkarte an die richtige Person bestehen. Das Verfahren wird mit einer Public-Key-Infrastruktur (PKI) umgesetzt. Es handelt sich dabei um ein asymmetrisches Verschlüsselungsverfahren, d. h. es werden für die Ver- und Entschlüsselung verschiedene Schlüssel (private und öffentliche Schlüssel) verwendet. Dieses Verfahren liefert eine mit einem Wasserzeichen vergleichbare Sicherheit, wobei ein Restrisiko verbleibt, da der von den Studierenden gespeicherte private Schlüssel Hackerangriffen ausgesetzt sein kann.

Den höchsten Sicherheitsstandard weist die sog. qualifizierte Signatur auf. Sie besteht aus einer Prüfsumme (einem sog. Hashwert), der an die zu signierende Datei angehängt wird. Dieser ist einzigartig und nicht reproduzierbar. Die Signatur wird von Studierenden mit Hilfe einer Chip-Karte und einem Kartenlesegerät durch die mathematische Verknüpfung eines Textes mit einem persönlichen, geheimen Schlüssel (Private Key) erzeugt. Die Hochschule als Empfänger kann diese Signatur mit einem speziellen öffentlichen Signaturschlüssel (Public Key) prüfen. Durch den Vergleich beider Hashwerte wird die Datei auf Veränderungen überprüft. Dieser Signaturprüfschlüssel wird im Internet in entsprechenden Verzeichnissen als Zertifikat vorgehalten. Das Zertifikat enthält noch weitere Daten, wie Angaben zur Identität des Teilnehmers, zur Gültigkeitsdauer oder zum Zertifizierungsanbieter. Die Zertifikate gelten als qualifiziert, wenn sie den inhaltlichen Anforderungen des § 7 SigG genügen und von Zertifizierungsanbietern ausgestellt werden, welche die Voraussetzungen des § 4 SigG erfüllen. Durch diese Anforderungen soll z. B. die Vertrauenswürdigkeit der Identifizierung und der Kartenübergabe sichergestellt werden. Zertifizierungsanbieter benötigen für ihre Tätigkeit keine Genehmigung, müssen ihre Tätigkeit jedoch bei der Bundesnetzagentur anzeigen. Auf Antrag können sich die Zertifizierungsanbieter bei der Bundesnetzagentur akkreditieren lassen. Solche Anbieter sind der Webseite der Bundesnetzagentur[9] zu entnehmen. Die Gültigkeit des Zertifikats beträgt nicht mehr als fünf Jahre, was zumindest der Regelstudienzeit entspricht. Solche Zertifikate müssen noch 30 Jahre nach Ende der Gültigkeit online prüfbar sein. Dies wird durch die Bundesnetzagentur auch dann sichergestellt, wenn der akkreditierte Anbieter seine Tätigkeit inzwischen eingestellt hat. Dieses ist für die Pflicht zur Archivierung von Prüfungsdokumenten und im Fall von später bekannt werdenden Täuschungen oder Einsprüchen entscheidend.

Um elektronische Signaturen einzurichten und zu verwenden, müssen personenbezogene Daten der Studierenden an den Zertifizierungsanbieter zu Identifizierung übermittelt werden. Dabei sind die in § 14 SigG enthaltenen datenschutzrechtlichen Vorgaben einzuhalten. Grundsätzlich darf der Zertifizierungsanbieter die personenbezogenen Daten nur bei den Studierenden direkt erheben.

---

9 http://www.bundesnetzagentur.de

Die Erhebung der Studierendendaten bei der Hochschule, z. B. aus ihren zentralen Verwaltungssystemen, wäre nur mit Einwilligung der Studierenden als Betroffene zulässig (§ 14 Abs. 1 S. 2 SigG). Dabei handelt es sich um einen Einwilligungsvorbehalt. Eine gesetzliche Erlaubnis zur Datenerhebung, etwa im Landeshochschulgesetz, ist demnach nicht möglich. Die Einwilligung wiederum bedarf gem. § 4a BDSG grundsätzlich der Schriftform, ausgeschlossen ist demnach eine elektronische Einwilligung. Eine Einwilligung zur Einrichtung einer elektronischen Signatur müsste demnach bei den Studierenden bei der Immatrikulation schriftlich eingeholt werden.

## 6.1.5 Zulassung zur Prüfung

Auch Verwaltungsakte wie die Zulassung oder Ablehnung zur Prüfung sowie die Bekanntgabe der Prüfungsergebnisse können im Prüfungsverfahren gemäß § 37 Abs. 2 VwVfG elektronisch ergehen. Elektronische Verwaltungsakte können, solange sie formfrei sind, durch eine einfache E-Mail erlassen werden.

Allerdings besteht die Pflicht der schriftlichen Bestätigung, wenn ein Prüfling ein berechtigtes Interesse geltend machen kann und dies unverzüglich verlangt. Hier sieht das VwVfG kein Ersatz der Schriftform durch eine qualifizierte elektronische Signatur vor. Dieser Rechtsanspruch erleichtert den Erlass elektronischer Verwaltungsakte ohne qualifizierte Signatur.

Für Studierende, die bereits eine Prüfung abgelegt haben, obwohl eine nicht der Prüfungsordnung entsprechende Anmeldung in elektronischer Form oder eine nicht fristgemäße Anmeldung durchgeführt wurde, gilt der Vertrauensschutz. Ein Fehler im Zulassungsverfahren berührt nicht zwangsläufig das Prüfungsverfahren im engeren Sinne oder die Prüfungsentscheidung. Erforderlich ist ein ursächlicher Zusammenhang zwischen Verfahrensfehler und Prüfungsentscheidung. Bei Mängeln im Bereich bloßer Formalien seitens der Hochschule liegt kein Verfahrensfehler nach [ZB07] vor.[10]

Prüflinge nach Beginn der Klausur zuzulassen verletzt nicht den Gleichheitsgrundsatz, wenn die Prüflinge auf die volle Prüfungszeit verzichten. Dennoch ist die nachträgliche Zulassung von Prüflingen bei computergestützten Prüfungen zu vermeiden. Das Verlassen und Hinzukommen von Prüflingen birgt gerade beim Einsatz technischer Hilfsmittel die Gefahr der Manipulation und Weitergabe von prüfungsrelevanten Informationen.

---

10  Zimmerling/Brehm, Rn 179.

Fraglich ist, ob die Zulassung zur Prüfung unter Hinweis auf Erschöpfung der Prüfungskapazität, weil beispielsweise nicht genügend Rechnerarbeitsplätze vorhanden sind, abgelehnt werden kann. Hier kann die Rechtsprechung zum Kapazitätsrecht herangezogen werden: Auf die Erschöpfung der Ausbildungskapazität kann sich eine Hochschule nur dann berufen, wenn effektiv alle Ressourcen genutzt wurden und es faktisch unmöglich ist, weitere Studierende auszubilden.

Daraus wird der Schluss gezogen, dass eine faktische Erschöpfung der Kapazität nur dann eintreten kann, wenn beispielsweise alle geeigneten Prüfenden erkrankt sind. Zu räumlichen Engpässen ist § 14 Abs. 2 Nr. 1 KapVO laut [ZB07] heranzuziehen.[11] Eine Verminderung der aufgrund der personellen Ausstattung berechneten Kapazität kommt nur in Betracht, wenn die Durchführung der ordnungsgemäßen Lehre (hier Prüfung) beeinträchtigt ist. Genannt werden in der Verordnung das Fehlen von Räumen in ausreichender Zahl, Größe oder Ausstattung oder das Fehlen ausreichender sachlicher Mittel. Aber selbst dann kann dies nach [NF10] nur zu einer Verzögerung der Prüfung führen, nicht aber zu einer Ablehnung der Zulassung.[12] Die EDV-Ausstattung ist demnach an die Anzahl der prüfungsberechtigten Studierenden anzupassen bzw. es sind zusätzliche Prüfungstermine anzuberaumen.

## 6.1.6 An- und Abmeldung

Die Anmeldung zur Prüfung im elektronischen Prüfungsverwaltungssystem erfolgt durch zuständige Mitarbeiter/innen im Prüfungsamt oder direkt durch die Studierenden über eine webbasierte Selbstbedienungsfunktion. Dort wird das Angebot personalisiert und eine Anmeldung ist nur möglich, wenn die entsprechenden Voraussetzungen erfüllt sind. Ein Prüfungsverwaltungssystem unterliegt dabei hohen Sicherheitsanforderungen: Es muss verhindert werden, dass unbefugte Personen Einstellungen oder Noten verändern oder dass Daten verloren gehen können. Daher ist der Zugang zu Prüfungsverwaltungssystemen streng zu sichern.

Beim Anmelden zur Prüfung muss gewährleistet sein, dass eine Anmeldung unter falschen Namen nicht möglich ist. Bei der direkten elektronischen Anmeldung zur Prüfung im Prüfungssystem durch die Studierenden muss auf andere Mittel als Personalausweis und Unterschrift zur Authentifizierung zurückgegriffen werden. Hier kommen zwei Verfahren in Betracht, nämlich elektronische Signatur und PIN/TAN-Verfahren, beide beschrieben in Abschnitt 6.1.4 ab S. 165.

---

11  Zimmerling/Brehm, Rn 161.
12  Niehues/Fischer, Rn 215.

Die Übermittlung elektronischer Dokumente ist nach § 3a Abs. 1 VwVfG zulässig, sofern die Hochschule dafür den Zugang eröffnet, etwa die Anmeldung zur Prüfung per Internet über ein Portal einrichtet. Prüfungsordnungen sehen die Anmeldung zur Modulprüfung schriftlich oder in elektronischer Form vor. Die Studierenden wählen dabei eine Prüfung aus und melden sich mit einer TAN an, die danach verbraucht ist. Den Studierenden werden i. d. R. nur Prüfungen aus ihrem Studiengang zur Anmeldung angeboten, deren Zulassungsvoraussetzungen erfüllt sind und die noch nicht bestanden sind. Sie können sich auf vorgenannte Weise von einer Prüfung auch wieder abmelden.

Das VG Saarlouis sah im Jahr 1998 eine Anmeldung per Internet auch dann als rechtswirksam an, wenn die Hochschule die Anmeldung zur Prüfung über das Internet bzw. Lernmanagementsystem entgegen der in der Prüfungsordnung vorgeschriebenen Schriftform ermöglichte. Zwar läge keine Rechtsgrundlage für das elektronische Anmeldeverfahren vor, doch akzeptiere die Hochschule in ständiger Übung eine solche Anmeldung. Gemäß Art. 3 Abs. 1 GG, welcher den Gleichbehandlungsgrundsatz festschreibt, hat die Verwaltung in gleich gelagerten Fällen ihr Ermessen in gleicher Weise auszuüben (Selbstbindung durch früheres Handeln). Sie ist damit an ihre ersten Entscheidungen und selbst gesetzte Maßstäbe gebunden und in ihrer Ermessensausübung in folgenden Fällen nicht mehr frei.[13]

Die Entscheidung des VG Saarlouis von 1998 ist nach geltender Rechtslage im Verwaltungsverfahren nicht mehr uneingeschränkt heranzuziehen. Der Grundsatz der Selbstbindung der Verwaltung greift nämlich dann nicht mehr, wenn die Rechtslage sich ändert oder höchstrichterliche Entscheidungen eine andere Entscheidungspraxis erfordern. Es gibt demnach keine Gleichheit im Unrecht, keinen Anspruch auf Fehlerwiederholung – auch nicht über die Selbstbindung. Es geht allein darum, ob die Studierenden einen Anspruch auf Zulassung zur Prüfung haben, und das entscheidet sich allein nach den zwingenden Rechtsvorschriften. Bei Änderung der Rechtslage hat die Hochschule ihr Verwaltungshandeln anzupassen. Nach gegenwärtiger Rechtslage wäre gemäß § 3a Abs. 2 VwVfG bei einer durch die Prüfungsordnung vorgeschriebenen Schriftform eine qualifizierte elektronische Signatur zur Anmeldung erforderlich.

Andernfalls ist die Anmeldung nicht rechtswirksam, da ein elektronisches Verfahren eingesetzt wurde, welches nicht die mit der Schriftform[14] einhergehende Rechtssicherheit aufweist.

Um das Anmeldeverfahren von der Seite der Prüflinge abzusichern, ist es notwendig, dass sie eine Quittung für die erfolgte Anmeldung erhalten. Denn die Be-

---

13 VG Saarlouis, Beschl. v. 23.07.1998, 1 F 73/98: NJW 1998, 3221

14 Dabei würde ein manifestierter Antrag den Teilnahmewillen eines Prüflings bestätigen.

weissschwierigkeiten des Zugangs der bei der Internet-Anmeldung erforderlichen Informationen trägt die Hochschule, solange nicht die Prüflinge bei der Anmeldung über zu beachtende Vorsichtsmaßnahmen informiert und aufgeklärt werden.

> Eröffnet eine Hochschule die Möglichkeit zur Online-Anmeldung zu Prüfungen, ohne dass dies in der Prüfungsordnung geregelt ist, hat es den Studierenden dieselben Sicherungsmechanismen wie bei der schriftlichen Anmeldung zur Verfügung zu stellen. Ist ein Quittungssystem nicht in ähnlicher Form wie im schriftlichen Verfahren vorgesehen, gehen alle Übertragungsfehler zu Lasten der Hochschule.

(frei nach VG Saarlouis, 23.07.1998 - 1 F 73/98)

Dies ist insbesondere dann von Bedeutung, wenn nicht geklärt werden kann, ob die unwirksame Anmeldung aufgrund eines Bedienungsfehlers der Studierenden oder einer Störung der IT-Infrastruktur im Verantwortungsbereich der Hochschule erfolgte. Aufgrund möglicher Beweisschwierigkeiten des Zugangs der Anmeldung sollte der Ablauf des elektronischen Anmeldeverfahrens in der Prüfungsordnung oder zumindest vor der Anmeldung beschrieben werden und eine Anmeldebestätigung zum Speichern oder Ausdruck vorgesehen sein.

Nach Fristablauf ist eine Anmeldung im elektronischen Prüfungssystem i. d. R. nicht mehr möglich. Die Rechtsfolgen richten sich nach den Regelungen in der Prüfungsordnung. Nach einigen Prüfungsordnungen ist es erforderlich, dass sich Studierende zu jeder Modulprüfung und teilweise auch zu jeder Modulteilprüfung anmelden. Andere Prüfungsordnungen verzichten auf eine gesonderte Anmeldung zu Modulteilprüfungen und fingieren die Zulassung mit der Belegung eines Moduls.

Die Meldetermine richten sich nach dem Prüfungstermin und erfolgen durch Bekanntgabe des Prüfungsamtes durch Aushang, durch das kommentierte Vorlesungsverzeichnis oder auf den Webseiten der Hochschule. Es handelt sich dabei um eine Ausschlussfrist: Studierende werden im Falle des Versäumens zu einem bestimmten Prüfungstermin nicht mehr zugelassen.

> Das in einer Diplom-Prüfungsordnung für die Teilnahme an jeder einzelnen Prüfungsleistung aufgestellte Erfordernis einer gesonderten Meldung, die innerhalb einer vom Prüfungsamt durch Aushang bekannt gegebenen Anmeldefrist erfolgen muss, bedarf keiner ausdrücklichen gesetzlichen Ermächtigungsgrundlage im Hochschulgesetz.

(frei nach VGH Kassel, 21.06.2004 - 8 TG 1439/04)

Sachlich gesehen sind die im jeweiligen Semester für die studienbegleitenden Prüfungsleistungen neu zu bestimmenden Anmeldefristen einer generellen normativen Regelung nicht zugänglich. Denn nur ein solches formalisiertes Prüfungsanmeldeverfahren garantiert, dass sich alle für die Prüfung ordnungsgemäß angemeldeten Studierenden dieser Prüfung unter gleichen Bedingungen unter Wahrung der Chancengleichheit unterziehen können. Insbesondere gilt dies bei computergestützten Prüfungen, da entsprechende Prüfungskapazitäten bereitgestellt werden müssen. Sind die Meldefristen nicht als Ausschlussfristen bestimmt, steht es im Ermessen des Prüfungsamtes, bei einem wichtigen Grund für die Verspätung und zeitnaher Nachholung der Anmeldung die Zulassung zu gewähren. Bei Nachzulassungen müssen dann auch entsprechende Prüfungskapazitäten für computergestützte Prüfungen vorhanden sein.

Fristen zum Absolvieren von Wiederholungsprüfungen sind häufig in den Prüfungsordnungen als Ausschlussfrist mit fiktivem Nichtbestehen der Prüfung geregelt. Diese materiell-rechtlich belastende Regelung bedarf der gesetzlichen Grundlage. Ein Erfordernis der fristgemäßen Ablegung von Prüfungen ist nach [ZB07] nur dann mit dem Recht auf freie Berufswahl des Art. 12 Abs. 1 GG vereinbar, wenn der Verlust des Prüfungsanspruchs auf die Fälle beschränkt bleibt, in denen der/die Prüfungskandidat/in das Versäumnis zu vertreten hat.[15] So kann nach dem Landeshochschulgesetz, wie § 7 Abs. 4 NHG, in einer Prüfungsordnung eine Ausschlussfrist mit fiktivem Nichtbestehen vorgesehen werden, sofern der Prüfling das Versäumnis zu vertreten hat oder über Prüfungsleistungen täuscht. Sofern die Wiederholungsprüfung innerhalb einer bestimmten Frist ohne wichtigen Grund nicht angetreten bzw. beendet wurde, gilt die Prüfungsleistung als nicht bestanden. Die Möglichkeit der Anmeldung über ein elektronisches Prüfungsverwaltungssystem ist zeitlich an die in der Prüfungsordnung enthaltenen sowie den vom Prüfungsamt gesetzten Fristen anzupassen.

Fraglich ist, welche Rechtsfolge eintritt, wenn Prüflinge sich elektronisch wieder von einer Prüfung abmelden. Gemäß vieler Prüfungsordnungen kann der Rücktritt ohne Angabe von Gründen bis 14 Tagen vor dem festgesetzten Prüfungstermin erfolgen. Maßgeblich für die Einhaltung der Frist ist die Eintragung im Prüfungssystem oder an sonstiger bezeichneter Stelle. Die Prüfung gilt dann als nicht unternommen. Der Prüfling kann sich demnach elektronisch abmelden, ohne dass Rechtsfolgen zu befürchten sind.

Die elektronische Erklärung des Rücktritts mit Grund ist hingegen nicht möglich. Der Rücktritt mit Grund innerhalb der Frist, z. B. bei Prüfungsunfähigkeit wegen Krankheit, ist unverzüglich dem Prüfungsamt mitzuteilen und schriftlich

---

15  Zimmerling/Brehm, Rn 159, 217.

(z. B. über ein online bereitgetelltes Rücktrittsformular) beim Prüfungsamt einzureichen. Zeitnah ist beim Amtsarzt vorzusprechen und das Attest dem Prüfungsamt innerhalb weniger Werktage zukommen zu lassen. Andernfalls gilt die betreffende Prüfungsleistung als mit „nicht bestanden" bewertet.[16] Ein berechtigter Rücktritt mit Grund ist demnach wegen der erforderlichen Dokumentenvorlage nicht vollständig über das elektronische Prüfungssystem möglich.

## 6.2 Durchführung

Bei einer E-Klausur muss jeder Prüfling gleiche Chancen erhalten; damit beschäftigt sich der folgende Abschnitt 6.2.1. Um die gezeigten Leistungen richtig zuordnen zu können, müssen sich die Prüflinge zunächst authentifizieren; Abschnitt 6.2.2 geht darauf näher ein. Mit den Pflichten zur Information und Protokollierung des Prüfungsablaufs beschäftigt sich dann Abschnitt 6.2.3. Die Überwachung der Prüflinge bei der Bearbeitung der Aufgaben ist Thema von Abschnitt 6.2.4. Manche Hochschulen beauftragen externe Unternehmen mit der Durchführung von E-Klausuren; was dabei zu beachten ist, beschreibt Abschnitt 6.2.5. Auf mögliche Störungen, die während der Durchführung auftreten können, geht Abschnitt 6.2.6 näher ein. Schließlich beschäftigt sich Abschnitt 6.2.7 mit rechtlichen Aspekten, die bei der Bewertung zu beachten sind.

### 6.2.1 Chancengleichheit

Nach dem aus dem Gleichheitsgrundsatz hergeleiteten Gebot der Chancengleichheit sind für jeden Prüfling durch das Prüfungsverfahren die gleichen Erfolgsaussichten einzuräumen. Erforderlich ist, dass für alle vergleichbare äußere Bedingungen herrschen. Kein Prüfling soll Vor- oder Nachteile haben, die das Leistungsprofil verzerren. Ein Prüfungsverfahren oder eine Bewertung, die gegen diesen Grundsatz verstößt, ist rechtswidrig. Allerdings gilt auch im Prüfungsverfahren der Grundsatz, dass es keine Gleichbehandlung im Unrecht gibt. Das heißt, es sind vergleichbare Prüfungsmodalitäten und Bewertungsmaßstäbe für vergleichbare Prüfungsteilnehmer/innen sicherzustellen.

Die E-Klausuren sollen an Computern abgenommen werden. Dabei handelt es sich um technische Hilfsmittel. Die Hochschule hat dazu die gleiche Ausstattung der Computer sicherzustellen. Das ist unabhängig davon, ob die Hochschulen bestimmte Rechner selber bereitstellen oder sich dafür privater Anbieter bedienen.

---

16  BVerwG, Urt. v. 13.05.1998, 6 C 12/98: http://goo.gl/Z997PE

Die Verwendung von eigenen Notebooks der Studierenden für eine E-Klausur ist hingegen im Hinblick auf die Sicherstellung gleicher Bedingungen bei den Hilfsmitteln sehr problematisch.

Die Bereitstellung von individuellen Klausuren, wo jeder Prüfling eine eigene Variation der Klausur erhält, stellt grundsätzlich keinen Verstoß gegen den Gleichheitsgrundsatz dar, sofern das E-Klausursystem diese aus einem standardisierten Aufgabenkatalog zusammenstellt. [Kal09] verweist darauf, dass der Aufgabenkatalog von den Prüfenden dahingehend standardisiert werden muss, dass Schwierigkeitsgrad, erforderliche Bearbeitungsdauer und Themenzugehörigkeit zumindest in Bezug auf die Gesamtprüfung (die Klausur) vergleichbar sind.

## 6.2.2 Zuordnung der Prüfungsleistung

Die Prüfungsleistung muss einem Prüfling eindeutig zugeordnet werden können und in einem unveränderbaren Format abgespeichert werden, um ihre Integrität zu gewähren. Vor Beginn der Prüfung ist daher die Identität des Prüflings zu überprüfen. Dies kann durch Vorlage des Studierendenausweises, Personalausweises oder der Chipkarte erfolgen.

Die Aufzeichnungen des Anwendungsprogramms über die gestellten Prüfungsaufgaben sind zusammen mit den Markierungen der Antwortaussagen und mit Hilfe eines ausreichend sicheren technischen Nachweises ihrer Authentizität gemäß der Prüfungsordnung zum Gegenstand einer Aufbewahrung und einer Einsichtnahme in die Prüfungsunterlagen zu machen.

Es kommt eine Authentifizierung und Zuordnung durch Unterschrift in Betracht. Die stärkste Beweiskraft hat die Urkunde (§ 416 ZPO). Eine Urkunde ist eine schriftlich verkörperte Gedankenerklärung, die geeignet und bestimmt ist, im Rechtsverkehr Beweis zu erbringen und ihre/n Aussteller/in erkennen lässt. Schriftlich sind sowohl handschriftlich als auch am Computer hergestellte Urkunden. Urkunden sind demnach:

- die handschriftlich auf Papier niedergelegte und unterschriebene Klausur auf Papier,

- die am Computer erstellte und ausgedruckte unterschriebene Klausur auf Papier,

- die mit einer qualifizierten elektronischen Signatur versehene Klausur-Datei (möglich mit neuem Personalausweis, sofern eine Hochschule ein Berechtigungszertifikat erwirbt).

Keine Urkunde ist eine nur elektronisch im Computer gespeicherte Erklärung, da diese nicht aus sich heraus ohne technische Hilfsmittel wahrnehmbar ist. Das gilt auch für Erklärungen z. B. auf elektronischem Papier (elektrophoretisches Display), Handhelds mit Schrifterkennung, Unterschriftenpads oder Grafiktablets.

Im Streitfall stellt sich die Frage nach der Beweiskraft der elektronischen Klausur-Datei. Spätestens in einer prozessualen Auseinandersetzung vor dem Verwaltungsgericht hat die Hochschule bezüglich der Zuordnung einer elektronischen Klausur-Datei zum Prüfling den Beweis zu erbringen. Hierbei ist zwischen Urkundsbeweis und Augenscheinsbeweis zu unterscheiden, wobei ersteres Klausur-Dateien mit qualifizierter elektronischer Signatur und letzteres Klausur-Dateien ohne dieser entspricht.

Nur eine elektronische Datei mit qualifizierter elektronischer Signatur ist der Beweiskraft einer privaten Urkunde gleichgestellt (§ 371a ZPO). Eine Urkunde ist der volle Beweis dafür, dass die in ihr enthaltenen Erklärungen von ihren Aussteller/inne/n abgegeben wurden (§ 416 ZPO). Es gilt zunächst der Anschein der richtigen und vollständigen privaten Urkunde. Einfaches Bestreiten durch den Prüfling reicht zum Widerlegen nicht aus, sondern bedarf eines entsprechenden Tatsachenvortrages, der ernstliche Zweifel erweckt, dass die Erklärung nicht von dem/der Inhaber/in des Signaturschlüssels abgegeben worden ist. Denkbar wäre ein Missbrauch des Schlüssels durch Unberechtigte. Alle anderen Klausur-Dateien ohne qualifizierte elektronische Signatur sind sog. Augenscheinsobjekte (§ 371 Abs. 1 S. 2 ZPO).

Die Datei ist Indiz dafür, dass sie von einer bestimmten Person angefertigt wurde. Dem Richter/der Richterin steht demnach ein Beurteilungsspielraum zu. Das E-Klausursystem muss eine Funktion vorsehen, mit der ein Prüfling bestätigt, dass er/sie die angezeigten Antworten tatsächlich so abgeben möchte. Damit die Klausur-Datei ein taugliches Augenscheinsobjekt sein kann, sehen E-Klausursysteme beispielsweise folgende Möglichkeiten zur Authentifizierung und Zuordnung einer Prüfungsleistung vor:

- Überprüfung der Identität eines Prüflings bei Antritt der Prüfung durch Ausweis gegenüber Personal,

- Einloggen mit Chipkarte, Vergabe zertifizierter Nutzungsdaten und PIN,

- Prüfling wird am Bildschirm angezeigt, was durch Personal überprüfbar ist,

- Unterschrift unter kurzer, gesonderter Erklärung auf Papier, dass die abgespeicherte Datei die abgegebene Prüfungsleistung ist oder

- Mehrfachbestätigung, bevor eine Speicherung in einem (auch von Prüfenden) nicht mehr veränderbaren Dateiformat erfolgt.

### 6.2.3 Informations- und Protokollierungspflicht

Bei der Gestaltung des Prüfungsverfahrens sind hinreichend Maßnahmen zu treffen, die das Prüfungsgeschehen nachträglich noch aufklären können. Daraus resultieren die Informationspflicht der Hochschule und der Informationsanspruch des Prüflings. Zudem ist die Prüfungsdurchführung hinreichend zu protokollieren und zu dokumentieren sowie die Prüfungsbewertung zu begründen. Das Prüfungsamt hat den Prüflingen alle wesentlichen Informationen über das Prüfungsverfahren mitzuteilen und auf sachdienliche Anträge und Erklärungen hinzuweisen. Diese Informationspflichten sind in der Prüfungsordnung geregelt, ergänzend gilt § 25 VwVfG. Anmeldefristen und Prüfungsorte sind so bekannt zu geben, dass alle Prüflinge Kenntnis davon nehmen können. Bei einer Zusendung von Mitteilungen im Prüfungsverfahren per E-Mail sollte der vorherige Hinweis erfolgen, dass die Prüflinge im Zeitraum des Prüfungsverfahrens ihre E-Mails regelmäßig kontrollieren müssen. Häufig enthält bereits die Prüfungsordnung diesen Hinweis.

Über den Prüfungsverlauf ist ein Protokoll anzufertigen, das den Gang und das Ergebnis der Prüfung wiederzugeben hat. Es handelt sich dabei um eine öffentliche Urkunde zu Beweiszwecken. Der Mindestinhalt des Protokolls ist in der Prüfungsordnung geregelt bzw. ergibt sich aus den allgemeinen prüfungsrechtlichen Grundsätzen. Es handelt sich um ein Ergebnisprotokoll, welches die teilnehmenden Personen, den Prüfungsstoff bzw. die Prüfungsaufgaben, die Dauer, den wesentlichen Verlauf (äußerer Verlauf) sowie Unterbrechungen (Störung, Täuschungen, Prüfungsunfähigkeit) wiedergibt. Die Dokumentationspflicht bezieht sich als solche nur auf den äußeren Verlauf einer Prüfung.

Bei E-Klausuren kann jeder Klick des Prüflings in einer Protokolldatei gespeichert und somit die Anfertigung der Prüfungsleistung dokumentiert werden, siehe dazu auch Abschnitt 6.2.4.2 ab S. 179. Soll der Inhalt eines Prüfungsgesprächs bzw. die Bearbeitung der Aufgaben aufgezeichnet werden, muss dies die Prüfungsordnung nach [NF10] ausdrücklich vorsehen.[17] Denn die aus Art. 12 Abs. 1 GG folgende Überprüfbarkeit der Entscheidung über den Berufszugang gebietet nicht die ausführliche Protokollierung. Auch das aus Art. 19 Abs. 4 GG folgende Gebot des effektiven Rechtsschutzes gegen die Prüfungsentscheidung erfordert nicht die Niederschrift sämtlicher Fragen und Antworten mit oder ohne Verwendung technischer Hilfsmittel (Tonbänder, Videogeräte, Computer als Eingabegerät). Eine Verschärfung der Protokollierungspflicht durch technische Hilfsmittel erzeugt zwar eine optimale Beweislage für alle Beteiligten, führt aber u. a. zu einer Erhöhung des Stressfaktors.

---

17  Niehues/Fischer, Rn 455.

Verfassungsrechtlich geboten wäre eine solche Erweiterung der Protokollierungspflicht laut [NF10] nur, wenn dies für den Prüfling die einzig effektive Möglichkeit wäre, wesentliche Vorgänge der Prüfung beweiskräftig nachzuweisen.[18] Dafür könnte sprechen, dass eine Protokolldatei die Eingabe und somit die Zuordnung der Prüfungsleistung beweist. Dies kann aber auch über eine abschließende Durchsicht und Abzeichnung (Speicherung mit Bestätigung oder Ausdruck und Unterschrift) der Prüfungsleistung vor Abgabe erfolgen.

## 6.2.4 Überwachung der Prüflinge

I. d. R. stellen Aufsichten sicher, dass keine Täuschungsversuche bei einer E-Klausur erfolgen. Der Einsatz neuer Medien bietet darüber hinaus aber weitere Möglichkeiten zur Überwachung. Eine Idee ist, Videoüberwachung statt einer Aufsicht vor Ort einzusetzen; diese ist Thema von Abschnitt 6.2.4.1. Abschnitt 6.2.4.2 hingegen betrachtet das Tracking von Eingaben am E-Klausursystem.

### 6.2.4.1 Aufsicht durch Videoüberwachung

Zur Verhinderung von Manipulationen und somit der Einhaltung der Chancengleichheit gehört auch die Einhaltung der Aufsichtsregeln. Neben der zuvor erörterten elektronischen Protokollierung der Eingaben des Prüflings stellt sich die Frage der Videoüberwachung des Prüfungsraumes. Personenaufnahmen der Prüflinge sind personenbezogene Daten, deren Erhebung und Verarbeitung einer gesetzlichen Erlaubnis oder einer vorherigen Einwilligung der Betroffenen bedarf. Eine solche Einwilligung muss freiwillig erteilt werden und fällt hier als Rechtfertigung aus, da die Teilnahme an einer Prüfung nicht zwingend von einer solchen Einwilligung abhängig gemacht werden kann.

Regelungen in den Landesdatenschutzgesetzen, wie § 25a NDSG, erlauben unter bestimmten Voraussetzungen eine Videoüberwachung öffentlich zugänglicher Räume. Prüfungsräume sind aber keine öffentlich zugänglichen Räume in der Hochschule. Vielmehr ist zum Zeitpunkt der Prüfung der Zugang auf bestimmte authentifizierte Teilnehmer/innen begrenzt. Eine Prüfung ist im Gegensatz zu einer Lehrveranstaltung, die als teilöffentlich bezeichnet werden kann, keine öffentliche Veranstaltung.

Eine Erlaubnis zur Videoüberwachung könnte sich aber aus den datenschutzrechtlichen Vorschriften des Landeshochschulgesetzes, wie z. B. § 17 NHG ergeben. Nach dieser Norm dürfen Daten zum Ablauf von Prüfungen erhoben werden,

---

18  Niehues/Fischer, Rn 462.

dafür ist aber eine Detailregelung in einer Ordnung (Prüfungsordnung oder Datenverarbeitungsverordnung) erforderlich.

Die einzelne Datenverarbeitung richtet sich nach dem Landesdatenschutzgesetz, wie dem Niedersächsischen Datenschutzgesetz (NDSG). Nach § 9 NDSG wäre die Erhebung in Kenntnis der Prüflinge zulässig, sofern dies zur Aufgabenerfüllung der Hochschule erforderlich ist. Die Videobeobachtung muss dabei zur Durchführung einer hinreichenden Aufsicht verhältnismäßig in Bezug auf den Eingriff in das informationelle Selbstbestimmungsrecht des Prüflings aus Art. 2 Abs. 1 GG i. V. m. Art. 1 Abs. 1 GG sein.

Eine Beobachtung mit Kameras erhöht jedoch den Stressfaktor in einer Prüfung. Im Gegensatz zur Aufsicht durch Personal und zum unmittelbaren Eingreifen bei Verdacht, sind Aufzeichnungen auch nach Ablauf der Prüfungen einsehbar und neu interpretierbar. Damit stellt sich die Frage nach den Verfallsdaten. Das Verwaltungsgericht Münster hat sich damit befasst in Bezug auf eine Videoüberwachung von öffentlich zugänglichen Räumen der Hochschulbibliothek zum Zweck der Verhinderung von Diebstahl.[19] Nach dem Gericht geht lediglich eine Videoüberwachung ohne Speicherung nicht über die Beobachtung durch eine natürliche Person hinaus und ist somit verhältnismäßig und zulässig.

> „Die Beklagte wird verurteilt, die nicht anlassbezogene Speicherung der durch die Überwachung [...] mit einer Videoanlage erhobenen Daten zu unterlassen."
>
> (VG Münster, 19.10.2007 - 1 K 367/06)

[Kna06] verweist darauf, dass eine Personalaufsicht in der Regel das weniger belastende und geeignete Mittel sein wird, die Chancengleichheit zu bewahren. Ebenso sehen es auch [Wet06] und [Wim97].

### 6.2.4.2 Protokollierung (Tracking)

Um Täuschungsversuche und Missbrauch aufzudecken, bietet sich die elektronische Protokollierung (Tracking) der gesamten Eingaben in den Computer an. Neben Beweiszwecken kommen auch der Zweck der Evaluierung von E-Klausuren oder die Erstellung von Lernprofilen zur Studienberatung in Betracht. Fraglich ist allerdings, inwieweit dies zulässig ist. Die elektronische Protokollierung muss datenschutzkonform erfolgen.

---

19  VG Münster, Urt. v. 19.10.2007, 1 K 367/06: http://goo.gl/Ym4SmI

Teilweise werden E-Klausuren über Prüfungsinfrastrukturen der Lernmanagementsysteme abgenommen. Die Prüfung erfolgt demnach über ein passwortgeschütztes Portal im WWW. Das Dienstangebot stellt einen Telemediendienst nach dem Telemediendienstgesetz dar (TMG), für das die besonderen bereichsspezifischen Datenschutzvorschriften in den §§ 11 ff TMG zu beachten sind.

Werden E-Klausuren als Präsenzprüfungen mittels Computern durchgeführt, sind diese i. d. R. zur Erfassung der Eingaben an E-Klausur-Server angebunden. Auf diese Weise baut die Hochschule ein Prüfungsnetzwerk auf, was sie zum Anbieter von Telekommunikationsdiensten macht, was wiederum zur Anwendung des Telekommunikationsgesetzes (TKG) mit seinen weiteren bereichsspezifischen Datenschutzvorschriften in den §§ 91 ff TKG führt. Zum Anderen wird eine technische Infrastruktur geschaffen. Der weite Begriff des Anwendungsbereiches des TKG erfasst nicht nur herkömmliche Telekommunikationsstrukturen, sondern auch verbundene Rechnersysteme, die gegebenenfalls auf Infrastrukturen Dritter aufsetzen und bei denen die Signalübertragung durch Dritte erbracht wird.

Demnach kann es sich bei einer Prüfungsinfrastruktur im Lernmanagementsystem oder einem eigens eingerichteten E-Klausursystem für Präsenzprüfungen um einen nach dem TMG zu beurteilenden Telemediendienst hinsichtlich des inhaltlichen elektronischen Angebots (Prüfungsaufgaben) und um einen Telekommunikationsdienst hinsichtlich der geschaffenen Netzwerkstruktur handeln. Deswegen ist auf die Datenschutzbestimmungen sowohl des TMG als auch des TKG gleichermaßen einzugehen.

Das TKG findet Anwendung auf geschäftsmäßig erbrachte Angebote von Telekommunikation, d. h. für Dritte mit oder ohne Gewinnerziehungsabsicht nachhaltig erbrachte Dienste (§ 3 Nr. 10 TKG). Erfasst werden somit auch auf eine gewisse Dauer angelegte nichtkommerzielle Leistungen von Hochschulen, soweit diese Telekommunikationsdienste auch für private Zwecke, z. B. den E-Mail-Account oder das Internet, mit genutzt werden können. Das TMG findet Anwendung auf Angebote zur Nutzung des Internets oder anderen Netzen für Dritte (einschließlich solcher von öffentlichen Stellen), und zwar unabhängig davon, ob für die Nutzung ein Entgelt erhoben wird (§ 1 Abs. 1 S. 2 TMG). Das TMG erfasst demnach auch Hochschulen als nichtkommerzielle öffentliche Anbieter von Lerninhalten und Prüfungen.

Die Anwendung der Datenschutzvorschriften des TKG und des TMG setzen aber ein Anbieter/innen-Nutzer/innen-Verhältnis (Dienste für Dritte) voraus. Fraglich ist, ob zwischen der Hochschule und ihren Mitgliedern ein solches vorliegt, da die Studierenden und Hochschulbeschäftigten die hochschuleigenen Informationsdienste im Rahmen der internen Aufgabenwahrnehmung nutzen. Dem Anwendungsbereich der Datenschutzvorschriften des TKG unterfallen auch Leistungen, die für Teilnehmer/innen geschlossener Nutzer/innengruppen, wie den Mitgliedern und Angehörigen der Hochschulen als öffentliche Stellen des Landes, erbracht werden. Denn § 91 Abs. 2 TKG stellt lediglich klar, dass für geschlossene Nutzer/innengruppen öffentlicher Stellen der Länder anstelle des Bundesdatenschutzgesetzes das Landesdatenschutzgesetz, wie z. B. das NDSG, vorrangig gilt und schließt diese nicht vom Anwendungsbereich des TKG aus. Somit ist das TKG auch auf Prüfungsinfrastrukturen der Hochschulen anzuwenden.

Problematischer ist, ob die Datenschutzvorschriften des TMG anwendbar sind, da die Bereitstellung von Inhalten ausschließlich für Mitglieder und Angehörige der Hochschule erfolgt. Die Datenschutzvorschriften des TMG finden keine Anwendung, sofern die Bereitstellung solcher Dienste ausschließlich im Arbeits- oder Dienstverhältnis oder ausschließlich zur Steuerung von Arbeits- oder Geschäftsprozessen innerhalb oder zwischen öffentlichen Stellen erfolgt (§ 11 Abs. 1 TMG). Studierende und Doktorand/inn/en stehen zum größten Teil nicht im Arbeits- oder Dienstverhältnis zur Hochschule, so dass diese Ausschlussalternative für diese Gruppe nicht greift. Die Prüfungsinfrastruktur dient aber ausschließlich zur Steuerung von Arbeitsprozessen, nämlich der Abnahme von Prüfungen. Den Mitgliedern der Hochschule (Prüflingen, Prüfende, Mitarbeitende des Prüfungsamtes) steht der Abruf der Prüfungsinhalte nur zur dienstlichen oder hochschulrechtlichen Aufgabenerfüllung zur Verfügung und die private Nutzung ist ausdrücklich ausgeschlossen. Die Nutzung erfolgt gerade nicht durch von der Hochschule verschiedene Personen, sondern allein durch Mitglieder dieser Institution im Rahmen ihrer gesetzlich festgelegten Aufgaben. Ein Anbieter/innen-Nutzer/innen-Verhältnis wird demnach i. d. R. nicht vorliegen und das TMG nicht anwendbar sein.

Nach § 15 Abs. 1 TMG wäre es dann auch nur zulässig, die zur Inanspruchnahme des Prüfungssystems erforderliche Bestands- und Nutzungsdaten zu verarbeiten. Nach Ende der Prüfung wären diese zu löschen. Nutzer/innenprofile wären zur bedarfsgerechten Gestaltung des Prüfungssystems § 15 Abs. 3 TMG nur dann zulässig, sofern es sich um pseudonymisierte Profile handelt und die Prüflinge nicht widersprechen. Eine Zuordnung zu einzelnen Prüflingen wäre nur mit Einwilligung zulässig; aber selbst dann wäre fraglich, ob diese freiwillig und ohne Zwang erteilt würde.

Eindeutig anwendbar sind hingegen die Vorschriften des TKG. Für die Verarbeitung nutzungsbezogener Verkehrsdaten kommt als gesetzliche Erlaubnis § 96 TKG in Betracht. Diese dürfen vom Dienstanbieter nur erhoben und verwendet werden, soweit das zu den im Gesetz genannten Zwecken erforderlich ist. Diese

Daten gehören zu den datenschutzrechtlich sensibelsten Daten, denn sie lassen erkennen, von welchem Anschluss wann mit wem wie lange kommuniziert wurde. Verkehrsdaten fallen unter den Schutz des Fernmeldegeheimnisses des Art. 10 Abs. 1 GG.

Die erforderlichen Verkehrsdaten werden in § 96 Abs. 1 TKG in Nr. 1 bis Nr. 5 aufgezählt. Das sind die Nummer oder Kennung der beteiligten Anschlüsse (z. B. deren IP-Adresse) sowie personenbezogene Kennungen (z. B. ID, Login und Passwort). Des Weiteren gehören dazu der Beginn und das Ende einer jeweiligen Verbindung sowie die dabei übermittelte Datenmenge, insofern diese relevant für die Entgeltabrechnung sind; zudem die Art der Datenübertragung, welche der Nutzer in Anspruch genommen hat. Nr. 5 stellt einen Auffangtatbestand dar und ermöglicht die Verwendung aller sonstigen zum Aufbau und zur Aufrechterhaltung der Telekommunikation sowie Entgeltabrechnung notwendigen Verkehrsdaten.

Verarbeitet werden dürfen demnach die zur Aufrechterhaltung der Telekommunikation und zur Entgeltabrechnung erforderlichen Verkehrsdaten (§ 97 TKG). Bei der unentgeltlichen Abnahme von Prüfungen kommt ausschließlich der Zweck der Aufrechterhaltung der Telekommunikation in Betracht. Grundsätzlich sind diese Verkehrsdaten nach Beendigung der Verbindung unverzüglich zu löschen. Ausgenommen sind die gespeicherten Verkehrsdaten, die für einen in § 96 Abs. 2 genannten Zweck erforderlich sind. Solche Zwecke sind die Erbringung der Telekommunikationsdienste und die Erkennung und Beseitigung von Störungen bzw. Missbrauch sowie durch andere gesetzliche Vorschriften begründete Auskunftsansprüche, z. B. Auskünfte an Strafverfolgungs- und Sicherheitsbehörden.

Auch § 100 TKG enthält zwei gesetzliche Erlaubnisse. Zum Erkennen, Eingrenzen und Beseitigen von Störungen oder Fehlern der Telekommunikationsanlagen, bzw. auch bei entsprechendem Verdacht, ist es nach § 100 Abs. 1 TKG zulässig, Bestands- und Verkehrsdaten der Nutzer/innen zu erheben und zu verwenden, soweit dies erforderlich ist. Sobald die Ursache bekannt ist, sind die Daten unverzüglich zu löschen. Des Weiteren ist es nach § 100 Abs. 3 TKG zulässig, bei Vorliegen zu dokumentierender tatsächlicher Anhaltspunkte, Bestandsdaten und Verkehrsdaten zu erheben und zu verwenden, die zum Aufdecken sowie Unterbinden rechtswidriger Inanspruchnahmen der Telekommunikationsnetze und -dienste erforderlich sind. Eine rechtswidrige Inanspruchnahme liegt z. B. bei Bedrohung oder Belästigung Dritter oder bei einem Verstoß gegen die Prüfungsordnung vor.

Die Hochschule ist berechtigt, den Gesamtdatenbestand der Verkehrsdaten der letzten sechs Monate zu erheben, die konkrete Indizien für eine missbräuchliche Inanspruchnahme des Dienstes enthalten. Aus diesen kann ein pseudonymisierter Gesamtdatenbestand gebildet und ausgewertet werden (§ 100 Abs. 3 TKG).

Zusammenfassend dürfen Verkehrsdaten über das Ende der jeweiligen Verbindung hinaus nur verwendet werden, soweit sie zur Erkennung und Beseitigung von Störungen und Missbrauch des Prüfungssystems sowie für die durch andere gesetzliche Vorschriften begründeten Zwecke erforderlich sind. Andernfalls sind Verkehrsdaten nach Beendigung der Verbindung unverzüglich zu löschen. Die Prüflinge sind durch allgemein zugängliche Informationen über die Erhebung und Verwendung personenbezogener Daten zu unterrichten.

Auch nach datenschutzrechtlichen Vorschriften des Niedersächsischen Hochschulgesetzes ist es nicht möglich, personifizierte Nutzungsdaten von den Prüflingen zu erheben. Nach § 17 Abs. 3 NHG bedarf die Datenverarbeitung zur Beurteilung des Ablaufs von Prüfungen der Einwilligung oder einer Ordnung. Zudem sind auch hier nur anonyme Statistiken zum Prüfungsverhalten zulässig. Im Ergebnis können lediglich anonyme Nutzer/innenprofile erstellt werden.

## 6.2.5 Beauftragung eines Datenverarbeitungsunternehmens

Die Durchführung von E-Klausuren ist mit großem organisatorischen Aufwand verbunden. Deswegen kann eine Hochschule erwägen, externe Dienstleister einzuschalten. Dabei ist nach den Landesdatenschutzgesetzen zwischen einer Aufgabenverlagerung (§ 13 NDSG) und einer Auftragsdatenverarbeitung (§ 6 NDSG) zu unterscheiden. Eine Aufgabenverlagerung liegt bei einer funktionalen Tätigkeit des Datenverarbeitungsunternehmens vor. Dieses übernimmt im Gegensatz zur Auftragsdatenverarbeitung nicht nur die rein technische Abwicklung in Form der Bereitstellung der Hardware und des Betriebs der Server, sondern wickelt die gesamte Prüfungsabnahme bis zur Prüfungsentscheidung und Archivierung ab.

Die Übermittlung von personenbezogenen Daten der Prüflinge muss zur Aufgabenerfüllung der Hochschule erforderlich sein. Die Hochschule überträgt hier die Aufgabe der Abnahme von Prüfungen, für welche die Datenübermittlung erforderlich ist. Die Hochschule hat das Datenverarbeitungsunternehmen zu verpflichten, personenbezogene Daten ausschließlich für diesen Zweck zu verwenden. Eine unbefugte Nutzung ist nach den Landesdatenschutzgesetzen (§ 28 NDSG) strafbar. Zudem ist für die Aufgabenverlagerung eine Rechtsgrundlage in Form einer Hochschulordnung zu schaffen.

Bei der Auftragsdatenverarbeitung wird hingegen rein technischer Support geleistet. Die Hochschule bleibt für die Einhaltung des Datenschutzes voll verantwortlich. Ihr obliegt die sorgfältige Auswahl des Anbieters und es bedarf einer schriftlichen Weisung in Form eines Vertrages über die Auftragsdatenverarbeitung. Die Hochschule hat zudem die Ausführung zu kontrollieren.[20]

## 6.2.6 Störungen

Im Zuge der Durchführung einer E-Klausur können verschiedenartige Störungen auftreten. Dazu gehören z. B. Manipulationen, die Thema von Abschnitt 6.2.6.1 sind. Auf personenbedingte Beeinträchtigungen geht danach Abschnitt 6.2.6.2 ein. Abschnitt 6.2.6.3 betrachtet Möglichkeiten, die Klausurzeit zu verlängern. Schließlich beleuchtet Abschnitt 6.2.6.4 den Verlust der Prüfungsleistung.

### 6.2.6.1 Manipulationen

E-Klausuren bergen aufgrund des Einsatzes technischer Hilfsmittel eine Gefahr für Manipulationen, während auf der anderen Seite Täuschungen erschwert bzw. diese durch automatische Protokollierung nachweisbar werden. Automatisch generierte Klausuren ermöglichen das zufällige Zusammenstellen von Aufgaben und deren Antworten, so dass Prüflinge individuelle Klausuren erhalten; ein Abschreiben wird damit erschwert.

Die Systemkonfiguration ist anzupassen und auf die Steuerung zugelassener Programme zu begrenzen. Es sollte eine Software genutzt werden, welche den Computer in einen sicheren Prüfungsmodus versetzt, was bedeutet, dass die Prüflinge keine ungewünschten Webseiten öffnen können (z. B. Safe Exam Browser). Zudem kann die Bearbeitungszeit so bemessen werden, dass ungewünschte Kooperationen nicht zustande kommen können. Siehe dazu auch die Überlegungen zur Sicherheit, die in Abschnitt 4.2.4 ab S. 98 beschrieben sind.

### 6.2.6.2 Personenbedingte Beeinträchtigung

Von einer Störung der Prüfung durch äußere Einwirkungen sind personenbedingten Behinderungen wie persönliche Behinderungen und krankheitsbedingte Beeinträchtigungen zu unterscheiden. Diese können den Nachweis einer vorhandenen Befähigung erschweren, z. B. bei Seh- und Hörstörungen oder Schreibbehinderungen. Diese Behinderungen stellen eine rechtserhebliche Ungleichheit der Chancen dar und sind durch Einräumung besonderer Prüfungsbedingungen, wie Schreibzeitverlängerung auszugleichen (§ 16 S. 4 HRG, § 7 Abs. 3 S. 5 NHG).

---

20 Siehe zur Auftragsdatenverarbeitung http://www.lfd.niedersachsen.de

Auch eine besondere Konfiguration des Computers ist denkbar, z. B. mit größerer Schrift als Lesehilfe oder durch Zufügen bestimmter Eingabehilfen. [NF10] betonen aber, dass eine Überkompensation nicht der Chancengleichheit diene, sondern diese verletze.[21] Prüfungsvergünstigungen aufgrund personenbedingten Behinderungen sind vom Prüfling beim Prüfungsamt im Voraus, meist bei der Zulassung, zu beantragen. Die Versagung stellt einen Verwaltungsakt mit entsprechenden Rechtsschutzmöglichkeiten dar.

### 6.2.6.3 Zeitverlängerung

Bei äußeren Einwirkungen wie z. B. der Verzögerung einer Prüfung zu Beginn, einer Klärung des Umgangs mit offensichtlich fehlerhaften Aufgaben oder bei Systemstörungen ist eine angemessene Schreibverlängerung zu gewähren. [NF10] halten dabei eine der Dauer der Störung entsprechende Zeitverlängerung für angemessen.[22]

### 6.2.6.4 Verlust der Prüfungsleistung

Sofern die Prüfungsarbeit verloren geht, ist fraglich, ob entweder die Hochschule oder der jeweilige Prüfling dafür verantwortlich ist. Dabei kommt es darauf an, ob die Prüfungsarbeit zur Zeit des Verlustes im Gewahrsam des Prüflings oder der Hochschule war. Der Verlust einer Prüfungsleistung erfolgt bei computergestützten Prüfungen zwangsläufig im Gewahrsam der Hochschule. Denn kein Mausklick bzw. keine Eingabe über die Tastatur geht verloren. Ab der ersten Antwort wird die Prüfungsleistung sukzessive gespeichert und protokolliert. Für Verluste der Prüfungsleistung im Gewahrsam der Hochschule ist diese allein verantwortlich. Verluste nach der Bewertung sind unbeachtlich; Verluste vor der Bewertung begründen eine Wiederholung der Prüfung (Ersatzklausur).

### 6.2.7 Bewertung

Auch bei der Bewertung einer E-Klausur sind rechtliche Aspekte zu beachten. Probleme bei der automatisierten Korrektur sind Thema von Abschnitt 6.2.7.1. Mit der Bestehensgrenze beschäftigt sich Abschnitt 6.2.7.2. Es kann vorkommen, dass eine Aufgabe fehlerhaft gestellt wurde; das ist Thema von Abschnitt 6.2.7.3. Abschnitt 6.2.7.4 geht auf den Punktabzug bei MC-Aufgaben ein. Formate wie

---

21 Niehues/Fischer, Rn 259.
22 Niehues/Fischer, Rn 404.

Mischklausuren sind Gegenstand von Abschnitt 6.2.7.5. Schließlich beleuchtet Abschnitt 6.2.7.6 die mögliche Umsetzung des Zweiprüferprinzips.

### 6.2.7.1 Automatisierte Korrektur

Fraglich ist, ob eine computergestützte Bewertung und Notenbildung datenschutzrechtlich zulässig ist. Bei elektronischen Prüfungssystemen werden die Korrekturen der Klausuren häufig automatisiert ohne weiteres menschliches Zutun durch einen Vergleich mit der Musterlösung durchgeführt. Dies könnte gegen das in den Landesdatenschutzgesetzen geregelte Verbot der automatisierten Einzelfallentscheidung (§ 10a Abs. 1 und Abs. 2 Nr. 3 NDSG) verstoßen. Voraussetzung ist, dass die Durchführung der E-Klausuren entweder eine rechtliche Folge für die Betroffenen hat oder diese zumindest erheblich beeinträchtigt. Im öffentlichen Bereich hat insbesondere ein Verwaltungsakt eine rechtliche Folge. Ein solcher liegt bei einer Prüfungsentscheidung vor, die über den weiteren Studienverlauf bzw. den Abschluss eines Studiums entscheidet.

Eine erhebliche Beeinträchtigung verlangt dagegen eine nicht unbeträchtliche Mehrbelastung. Selbst wenn es sich nicht um eine Klausur mit Qualität eines Verwaltungsakts handelt, folgt aus einer nicht bestandenen Klausur der Arbeitsaufwand der Teilnahme an einer Wiederholungsklausur. Nach [Kal09] ist hier von einer hinreichenden Beeinträchtigung auszugehen. Zudem müsste die Auswertung der Klausur der Bewertung von Persönlichkeitsmerkmalen dienen. Dies liegt auch bei einer Auswertung der beruflichen Leistungsfähigkeit durch berufsbezogene Prüfungen vor.

Dem Verbot der automatisierten Einzelfallentscheidung unterliegen aber nur solche Entscheidungen, die ausschließlich auf einer automatisierten Verarbeitung personenbezogener Daten beruhen. Sofern eine Nachkorrektur durch Prüfungsberechtigte erfolgt, liegt schon kein Verstoß gegen das Verbot der automatisierten Einzelfallentscheidung mehr vor.

Zudem ist ausnahmsweise eine Einzelfallentscheidung im automatisierten Verfahren ohne menschliches Zutun dann zulässig, wenn den Betroffenen die Möglichkeit eingeräumt wird, ihre Interessen geltend zu machen (§ 10a Abs. 2 S. 1 Nr. 3 und S. 2 NDSG). Die Prüfungsordnung sieht regelmäßig das Recht der Remonstration gegen die Prüfungsentscheidung vor. Zudem ist ein internes Kontrollverfahren (Überdenken der Prüfungsentscheidung) bei jeder Hochschulprüfung gegeben. Damit dürfte das Verbot der automatisierten Einzelfallentscheidung bei E-Klausuren in der Regel nicht tangiert werden.

## 6.2.7.2 Bewertung und Bestehensgrenze

Grundsätzlich ist jede Prüfungsleistung nach einem absoluten Maßstab zu bewerten, und zwar ohne Rücksicht darauf, welche Ergebnisse andere Prüflinge in derselben Prüfung erlangt haben. Diese absolute Bestehensgrenze liegt bei 50% (bei hohem Schwierigkeitsgrad: 60 %) richtiger Antworten.

Beim Antwortwahlverfahren verlangt die Rechtsprechung bei berufsbezogenen Prüfungen (neben Bachelor- und Master-Prüfungen gilt dies auch für alle studienbegleitenden Prüfungen, die über die Fortsetzung des Studiums entscheiden), dass sich die Bestehensgrenze nicht allein aus einem Vomhundertsatz der Antworten ergeben darf (absolute Bestehensgrenze bspw. bei 50% richtig beantworteten Fragen) sondern in einem Verhältnis zu einer möglichen Höchstleistung oder zu einer Normalleistung stehen muss. Entsprechendes gilt für die Abgrenzung der Notenstufen.

> „In Anwendung der durch das Bundesverfassungsgericht [...] aufgestellten Grundsätze ist auch bei der Bewertung studienbegleitender Erfolgskontrollen, die im Antwort-Wahl-Verfahren durchgeführt werden und deren Nichtbestehen zum Ausschluss von dem angestrebten Beruf führen würde, neben einer absoluten eine relative Bestehensgrenze vorzusehen."
>
> (VG Göttingen, 04.07.2006 – 4 B 52/06)

Die Prüfungsordnung muss also sicherstellen, dass der Schwierigkeitsgrad einer Klausur bei der Bewertung und Notengebung berücksichtigt wird. Bei normalen Klausuren ist aus der Gesamtleistung aller Prüflinge dieser Schwierigkeitsgrad ersichtlich; die Bewertung jeder einzelnen Klausur kann sich daran orientieren.

> „...nach dem [..] Stand der Erfahrung und der Testtheorie [ist es] nicht möglich [..], den Schwierigkeitsgrad von Prüfungen im Antwort-Wahl-Verfahren zuverlässig vorauszusagen oder gar zu steuern. [...] Da es keine nachfolgenden Prüferbewertungen gibt, in denen zu Tage tretenden ungewollten Schwankungen im Schwierigkeitsgrad der Prüfungen verschiedener Termine Rechnung getragen oder in der auf Fehler oder Missverständlichkeiten in der Aufgabenstellung eingegangen werden kann, müssen insoweit Regeln und Mechanismen vorher festgelegt werden."
>
> (OVG NRW, 04.10.2006 – 14 B 1035/06)

Bei Klausuren im Antwortwahlverfahren ist dies u. a. über eine relative Bestehensgrenze (bspw. die Zahl richtig beantworteter Aufgaben unterschreitet die durchschnittliche Prüfungsleistung aller Prüflinge um nicht mehr als 20%) erreichbar. Eine relative Bestehensgrenze führt wiederum nur dann zu gerechten Ergebnissen, wenn eine statistisch hinreichend große Referenzgruppe in Bezug auf das Fach besteht. Die Referenzgruppe ist die Anzahl von Prüflingen, die erstmalig an der Prüfung nach einer Mindeststudienzeit teilnehmen. Nehmen Wiederholer/innen teil, sind diese bei der Bestimmung der relativen Bestehensgrenze nicht zu berücksichtigen. Insbesondere dürfen reine Wiederholungsklausuren nicht im Antwortwahlverfahren angeboten und dann auf Basis einer relativen Bestehensgrenze bewertet werden. Die Gleitklausel wird immer zu Gunsten des Prüflings angewandt. Einen Anteil von 50% richtig beantworteter Fragen sieht die Rechtsprechung jedoch als Mindestanforderung für das Bestehen einer Prüfung an.

> „Einen Anteil von 50 % richtig beantworteter Fragen sieht die Kammer jedoch als Mindestanforderung für das Bestehen einer Prüfung an. [...] Tritt die Gleitklausel in Kraft, so müssen für das Bestehen der Prüfung mindestens 50 % der gestellten Prüfungsfragen zutreffend beantwortet sein."

(VG Mainz, 21.02.2008 - 7 L 80/08)

Zur Frage, ob bei kleinen Seminar- oder Praktikumsgruppen – anders als bei großen Staatsprüfungen – ein hinreichend repräsentativer Durchschnitt gebildet werden kann, liegen derzeit keine Erfahrungen oder Testtheorien vor. Zumindest wird die Anwendung der relativen Bestehensgrenze hier bislang von der Rechtsprechung nicht verneint.

> „Dass bei einer „kleinen Seminar- oder Praktikumsgruppe" – anders als im Rahmen der Ärztlichen Staatsprüfungen – im Hinblick auf die Bewertung der Klausur ein hinreichend repräsentativer Durchschnitt nicht gebildet werden könne, ist weder dargelegt worden noch ersichtlich."

(OVG Sachsen, 26.08.2003 – 4 BS 248/03)

In der Praxis verneinen allerdings einige Prüfungsordnungen die Anwendung der relativen Bestehensgrenze, falls keine statistisch relevante Anzahl von Prüflingen zur Ermittlung vorhanden ist. Auch können andere Mechanismen zur Berücksichtigung der Schwankungen im Schwierigkeitsgrad geeignet sein. So hat die Rechtsprechung eine absolute Bestehensgrenze bei Antwortwahlverfahren bei Leistungskontrollen gebilligt, sofern die Studierenden auf sonstige Art und Weise die Möglichkeit haben, den Schein zu erwerben (Kombination aus Klausur und Testat oder verschiedenen Klausurentypen). Hier erfolgt das Bestehen nämlich nicht allein aus einem Vomhundertsatz der geforderten Antworten einer Klausur.

„. . . eine Relativierung der vorliegenden [absoluten] Bestehensregelung auch darin zu sehen, dass nicht jede Klausur als Einzelleistung im Hinblick auf ihren Erfolg oder Misserfolg zählt, sondern dass der Ausgleich einer schlechten durch eine gute Leistung durch Berücksichtigung allein des Gesamtergebnisses aller drei Klausuren möglich ist, ohne dass ein Mindestanteil richtiger Antworten für die Einbringung einer Klausur gefordert würde. . . "

(VG Mainz, 21.02.2008 - 7 L 80/08)

### 6.2.7.3 Fehlerhafte Aufgaben

Fehlerhafte Aufgaben müssen im Nachhinein aus der Bewertung herausgenommen werden (Eliminierungsgebot), ohne dass sich durch die Verminderung der Zahl der Prüfungsaufgaben ein Nachteil für den Prüfling ergibt. Weiterhin gilt ein individuelles Eliminierungsverbot beim Ankreuzen von sachlich vertretbaren Antworten bei mehrdeutigen Aufgaben und Antworten, die entgegen der Musterlösung die wahrhaftig Richtigen sind, sowie bei folgerichtigen Antworten im Falle erkennbarer Druckfehler. Nachträgliche Änderungen der Anzahl und Bewertung von Prüfungsaufgaben sind zu dokumentieren, z. B. im Rahmen eines berechtigten Einspruchs nach Klausureinsicht. Nach Eliminierung der fehlerhaften Aufgaben erfolgt die Bewertung anhand der verminderten Zahl der Aufgaben. Dadurch ändert sich die vorher vom Prüfungsamt festgelegte relative Bestehensgrenze.

Offensichtlich fehlerhaft sind unlösbare Aufgaben wie beispielsweise eine Division durch 0 oder systemwidrige Mehrfachlösungen. Solche fachlich vertretbaren (Mehrfach-)Antworten müssen zu Gunsten des Prüflings berücksichtigt werden. Nach dem Bundesverfassungsgericht gibt es keine „Bestantwort", es genügt die Auswahl von fachlich vertretbaren Lösungen (Antwortspielraum des Prüflings). Hier ist dann eine individuelle Bestehensgrenze zu ermitteln. Eine vorbeugende Fehlerkontrolle sollte durch eine Item-Analyse durchgeführt werden.

„. . . ergibt sich für berufsbezogene Prüfungen der allgemeine Bewertungsgrundsatz, daß eine vertretbare und mit gewichtigen Argumenten folgerichtig begründete Lösung nicht als falsch bewertet werden darf."

(BVerfG, 17.04.1991 - 1 BvR 213/83)

„Entspricht eine Antwort gesicherten medizinischen Erkenntnissen, die im Fachschrifttum bereits veröffentlicht und Kandidaten des entsprechenden Prüfungsabschnitts im Regelfall ohne besondere Schwierigkeit zugänglich waren, so darf sie nicht als falsch gewertet werden."

(BVerfG, 17.04.1991 - 1 BvR 138/87)

Sofern eine systemwidrige Aufgabe nicht eliminiert bzw. eine vertretbare Antwort als falsch gewertet wird und deswegen eine Prüfung nicht bestanden wird, kann eine Amtspflichtverletzung vorliegen (§ 839 BGB i. V. m. Art. 34 GG).

> „Darüber hinaus beansprucht das Grundrecht der Berufsfreiheit auch Geltung für die Durchführung des Prüfungsverfahrens. [...] In Anbetracht dieser grundrechtlichen (Verfahrens-)Garantien im Bereich des Prüfungswesen kann es nicht zweifelhaft sein, daß die den mit der Erstellung von Prüfungsaufgaben und der Durchführung von Prüfungen betrauten Ämtern und Stellen obliegenden Amtspflichten grundsätzlich auch gegenüber den Prüflingen als den geschützten Dritten bestehen."

(BGH, 09.07.1998 - III ZR 87/97)

Nach dem zur Amtshaftung vorausgesetzten objektiven Sorgfaltsmaßstab kommt es für die Beurteilung des Verschuldens auf die Kenntnisse und Fähigkeiten an, die für die Führung des übernommen Amtes im Durchschnitt erforderlich sind. Alle Amtsträger/innen müssen die zur Führung ihres Amtes notwendigen Rechts- und Verwaltungskenntnisse besitzen oder sich verschaffen.

Eine objektive Fehleinschätzung der Rechtslage begründet jedoch dann keinen Schuldvorwurf, wenn die nach sorgfältiger Prüfung gewonnene Rechtsansicht der Amtsträger/innen als rechtlich vertretbar angesehen werden kann und sie daran bis zur gerichtlichen Klärung der Rechtslage festhalten. Die Bediensteten der Hochschule bzw. des Landesprüfungsamtes trifft nach dem Bundesgerichtshof schon dann der Vorwurf der Fahrlässigkeit, wenn sie bei der Erarbeitung einer Prüfungsaufgabe die Mehrdeutigkeit der Fragestellung hätten erkennen und diesen „Prüfungsfehler" durch eine andere Formulierung hätten vermeiden können.

### 6.2.7.4 Maluspunkte

Ein Bonus-Malus-System, welches falsche Antworten mit Punktabzug bewertet, soll das dem Antwortwahlverfahren immanente Richtig-Falsch-Raterisiko verringern. Solche Bewertungsverfahren werden für Lernerfolgskontrollen oder Prüfungsarbeiten mit Wiederholungsmöglichkeit zulässig sein und ihre ausbildungsbezogene Berechtigung haben; nicht jedoch bei Abschlussarbeiten oder letztmaligen Wiederholungsprüfungen.

„Ein Prüfungsverfahren, dessen Ergebnisse Auswirkungen auf die
Freiheit der Berufswahl hat, muss jedoch so gestaltet sein, dass es
geeignet ist, Aussagen darüber zu gewinnen, welche berufsbezogenen Kenntnisse der Prüfling hat. Einem Bewertungsverfahren, bei
dem fehlerfrei erbrachte Prüfungsleistungen als nicht oder schlecht
erbracht gewertet werden, weil andere Prüfungsfragen nicht richtig
beantwortet worden sind, fehlt diese Eignung.“

(OVG NRW, 16.12.2008 – 14 A 2154/08)

Allenfalls innerhalb einer MC-Aufgabe sind Malus-Punkte zulässig, wobei das
Punkteendergebnis einer Aufgabe niemals weniger als 0 Punkte betragen darf,
d. h. die Mitnahme von Minuspunkten über die Aufgabe hinaus ist unzulässig.

### 6.2.7.5 Mischklausuren

Enthält eine Prüfung Antwortwahlaufgaben nur anteilig (Mischklausur), erscheinen detaillierte Festlegungen zur Bestimmung der Bestehensgrenze umso weniger
erforderlich, je weniger Antwortwahlaufgaben enthalten sind.

„Trotz der strukturellen Besonderheiten von Antwort-Wahl-Verfahren
als Bestandteil von Prüfungen [...] erscheint eine detaillierte Regelung etwa von absoluten und relativen Bestehensgrenzen jedenfalls
um so weniger erforderlich, je kleiner der in einem Antwort-Wahl-
Verfahren gestellte Klausuranteil ist. Denn dann können Anforderungen, Antwortverhalten der Studierenden und Ergebnisse in einer
Weise überschaubar und differenzierbar sein, wie dies auch bei her-
kömmlicher Aufgabenstellung der Fall ist.“

(OVG NRW, 16.12.2008 – 14 A 2154/08)

Eine Gleichbehandlung mit reinen Antwortwahlprüfungen erscheint insbesondere
dann nicht erforderlich, wenn mit anderen Aufgabetypen in einer Prüfung mehr
Punkte zu erreichen sind als zum Bestehen einer Prüfung nötig sind bzw. auch ein
Totalausfall im Antwortwahlteil nicht zwingend zum Nichtbestehen der Prüfung
führen muss. Um diese Frage in der Prüfungsordnung zu adressieren, kann z. B.
ein gestuftes Verfahren gewählt werden – abhängig vom Anteil der Antwortwahlaufgaben.

### 6.2.7.6 Zweiprüfer/innenprinzip

Das Zweiprüfer/innenprinzip ist nicht für alle Prüfungen zwingend, sofern nicht durch (Hochschul-)Gesetz oder Prüfungsordnung vorgesehen. Dies ist in den Landeshochschulgesetzen unterschiedlich geregelt. Das Niedersächsische Hochschulgesetz schreibt das Zweiprüfer/innenprinzip nicht zwingend vor. Zwingend ist dies nur bei Abschlussprüfungen und letztmaligen Wiederholungsprüfungen.

Das Zweiprüfer/innenprinzip bzw. Kollegialprinzip wird aus dem Rechtsstaatsprinzip und der nur beschränkten verwaltungsgerichtlichen Kontrolle von Prüfungsentscheidungen abgeleitet. Zwei Prüfende dienen der Objektivierung des Prüfungsergebnisses. Ein Abweichen von diesem Prinzip ist grundsätzlich nicht möglich bei einer letztmöglichen Wiederholungsprüfung, deren Nichtbestehen zur Einschränkung der Freiheit der Berufswahl führt. Ausnahmen sind nur zulässig, wenn kein hinreichend qualifizierter Prüfender zur Verfügung steht bzw. der Prüfungsstoff stark vom Lehrstoff des Lehrenden abhängt.

Im Ergebnis darf in der Prüfungsordnung nicht das Zweiprüfer/innenprinzip generell für alle (studienbegleitenden) Prüfungen ausgeschlossen werden. Es muss stattdessen zumindest für letztmalige Wiederholungsprüfungen und Abschlussprüfungen vorgesehen sein. Das Zweiprüfer/innenprinzip ist bei MC-Klausuren dadurch umzusetzen, dass bereits bei der Erstellung einer Klausur und der Festlegung der Antwortmöglichkeiten zwei Prüfende zusammenwirken. Verletzungen des Zweiprüfer/innenprinzips sind hier nicht heilbar.

> „Die Einschaltung eines zweiten Prüfers nur für die Klausur der Klägers wäre nicht rechtmäßig. Denn nur wenn alle Prüfungsarbeiten eines Termins von allen dazu berufenen Prüfern bewertet werden, ist gewährleistet, dass der individuelle Prüfungsmaßstab eines jeden Prüfers gleichermaßen auf jede der Bearbeitungen angewandt wird."
>
> (OVG NRW, 16.12.2008 – 14 A 2154/08)

## 6.3 Abschluss

Auch nach einer E-Klausur sind verschiedene Aspekte zu berücksichtigen. So behandelt Abschnitt 6.3.1 die Bekanntgabe der von den Prüflingen erzielten Ergebnisse. Abschnitt 6.3.2 geht auf ihr Recht ein, Einsicht in die E-Klausuren zu nehmen. Fragen der Archivierung sind dann Thema von Abschnitt 6.3.3. Mit der Speicherung von Aufgaben beschäftigt sich danach Abschnitt 6.3.4.

### 6.3.1 Bekanntgabe der Bewertung

Bei Bekanntgabe der Prüfungsentscheidung ist nach Art der Prüfungsleistung zu unterscheiden, ob es sich um einen Verwaltungsakt handelt oder nicht. Eine Bewertung, die keine unmittelbare Rechtswirkung auf den Studienverlauf entfaltet, unterliegt nicht den Anforderungen der Bekanntgabe eines Verwaltungsaktes und ist formlos elektronisch möglich, etwa per E-Mail (§ 3a VwVfG). Ist die Prüfung aber insgesamt nicht bestanden oder das Studium nicht fortsetzbar, hat ein entsprechender Bescheid zu ergehen (§ 41 Abs. 1 VwVfG). Dieser kann nach § 37 Abs. 2 und 3 VwVfG auch elektronisch ergehen, sofern die Prüfungsordnung nicht die Schriftform ausdrücklich anordnet. Andernfalls ist eine qualifizierte elektronische Signatur erforderlich (§ 37 Abs. 3 S. 2 VwVfG). Bei einer elektronischen Übermittlung gilt die Mitteilung am dritten Tag nach der Absendung als zugegangen. Im Zweifel hat das Prüfungsamt den Zugang und den Zeitpunkt des Zugangs nachzuweisen (§ 41 Abs. 2 VwVfG).

Informationen über erbrachte Leistungen und deren Bewertung sind grundsätzlich nur gegenüber dem Prüfling abzugeben. Sonst wird der Prüfling in seinem Recht auf informationelle Selbstbestimmung aus Art. 2 Abs. 1 und Art. 1 Abs. 1 GG verletzt. Die sonstige Bekanntgabe von Prüfungsergebnissen im Internet ist nur in anonymisierter Ausgestaltung möglich. In datenschutzrechtlicher Hinsicht liegt beim Abruf von Noten per Internet ein automatisiertes Abrufverfahren vor. Ein solches, das die Übermittlung personenbezogener Daten durch Abruf Dritter ermöglicht, darf nach den landesdatenschutzrechtlichen Vorschriften nur eingerichtet werden, wenn eine Rechtsvorschrift dies zulässt (§ 12 Abs. 1 NDSG).

Die Einrichtung des Abrufs personenbezogener Daten durch Personen oder Stellen außerhalb des öffentlichen Bereichs, also vom PC zu Hause, ist grundsätzlich nicht zulässig (§ 12 Abs. 4 S. 1 NDSG). Dies gilt allerdings nicht für den Abruf durch die Betroffenen, also durch die Prüflinge selbst (§ 12 Abs. 4 S. 2 NDSG). Die Noteneinsicht durch Prüflinge kann folglich mit einem Login und einem TAN-Verfahren ausgestaltet werden. Bei einer elektronischen Bekanntgabe per E-Mail oder Login mit Passwort und TAN-Verfahren kann der Datenschutz darüber hinaus effektiver gewahrt werden als bei einem öffentlichen Aushang mit geheimem Kennziffernsystem, da die Prüflinge hierbei nur Zugriff auf ihr eigenes Leistungsergebnis erhalten.

## 6.3.2 Einsichtsrecht

Fraglich ist, wann ein Prüfling das Recht auf Akteneinsicht hat und ob Fotokopien bzw. Ausdrucke ermöglicht werden müssen. Informationspflichten des Prüfungsamtes und Auskunftsansprüche der Prüflinge sind allgemein in der Prüfungsordnung geregelt. Ergänzend gilt das Verwaltungsverfahrensgesetz (§ 29 VwVfG). Alle Studierenden haben grundsätzlich nach abgeschlossener Prüfung oder Teilprüfung ein Recht, ihre Prüfungsakten einzusehen. Die Akteneinsicht bezieht sich auf die gesamte Prüfungsakte, insbesondere Bewertung und Notenskala. Ein Anspruch auf Einsicht in Musterlösungen besteht grundsätzlich nicht – außer wenn sich ein Prüfender bei seiner Bewertung ausdrücklich darauf bezieht. Die Einsicht in Prüfungsakten anderer Prüfungsteilnehmer/innen ist ausgeschlossen.

Das Einsichtsrecht umfasst die Möglichkeit, Notizen zu machen. Dabei steht im pflichtgemäßen Ermessen des Prüfungsamts, ob unter Aufsicht Kopien gefertigt werden dürfen. Dieser Anspruch ist allgemein anerkannt, soweit sachliche Gründe dem nicht entgegenstehen. Dies kann den Aufbau von Aufgaben-Pools mit wiederverwendbaren Aufgaben aber beeinträchtigen, da dafür ein Austausch von Aufgaben zwischen Prüflingen vermieden werden sollte. Ein sachlicher Grund gegen die Einsichtsgewährung kann nach Rechtsprechung u. U. in der begrenzten Anzahl zur Verfügung stehender und möglicher Prüfungsaufgaben liegen.

> Prüfungsunterlagen, zu denen auch die Testaufgaben gehören, zählen grundsätzlich nicht zu den geheim zu haltenden Vorgängen. Das Gebot der Gleichbehandlung bedingt aber, dass Testaufgaben sowohl vor als auch nach ihrer Verwendung streng geheim gehalten werden müssen. Erhielte ein Prüfling infolge des Bekanntwerdens von Testfragen Gelegenheit, sich gezielt zu schulen, so würde dadurch das Ergebnis des Tests verfälscht. Bereits gestellte, für eine Wiederverwendung in Betracht kommende Fragen müssen daher grundsätzlich als geheimhaltungsbedürftig gelten; dies kann auch für die Art und Methodik der Aufgabenstellung an sich gelten.

> (frei nach VGH München, 13.05.1985 - 7 C 85 A.634)

Es ist darauf hinzuweisen, dass Urheberrechte der Aufgabenersteller/innen zu beachten sind, siehe dazu auch Abschnitt 6.1.3.2 ab S. 162. Jedenfalls sind bei einer Fertigung von Kopien die Weitergabe an Dritte und die elektronische Verbreitung durch den Prüfling unzulässig.

Prüflinge haben also bei studienbegleitenden Modulprüfungen, die alle bestanden werden müssen, nach jeder einzelnen Prüfungsleistung ein Recht auf Akteneinsicht. Dies gilt auch bei elektronischer Aktenführung. Die Möglichkeit des

Ausdrucks bzw. Online-Abrufs nach vorheriger Authentifizierung und Autorisierung bieten Möglichkeiten, diese Einsicht wesentlich zu erleichtern.

### 6.3.3 Archivierung

Nach Ende der Abnahme der Prüfung stellt sich die Frage, ob überhaupt, in welcher Form und wie lange eine Prüfungsleistung in Form von Prüfungsunterlagen gespeichert werden darf.

Eine allgemeine Pflicht zur Archivierung ergibt sich aus der allgemeinen Dokumentationspflicht von Behörden. Diese Pflicht ist zwar nicht ausdrücklich gesetzlich geregelt, folgt aber aus dem grundgesetzlich in Art. 19 Abs. 4 GG verbürgtem Rechtsstaatsprinzip. Es soll eine Kontrolle der ordnungsgemäßen Verwaltung durch übergeordnete Stellen ermöglicht werden und Verfahrensbeteiligte sollen die Möglichkeit erhalten, die Rechtmäßigkeit des Verwaltungshandelns nachprüfen zu können. Die inhaltliche Ausgestaltung der Dokumentation hat sich an Vollständigkeit, Einheitlichkeit und wahrheitsgemäßer Führung zu orientieren.

Daraus folgt, dass Dokumente nicht aus der Prüfungs-Datei gelöscht oder entfernt werden dürfen und Prüfungs-Dateien rechtzeitig und ohne inhaltliche Änderung auf Formate und Datenträger übertragen werden müssen, die dem aktuellen Stand der Technik entsprechen (Spiegeln).

Die Frage der Verfallsdaten bestimmt sich anhand verwaltungsrechtlicher und hochschulrechtlicher Vorschriften. Für Prüfungen mit Verwaltungsaktqualität ergeben sich aus den verwaltungsrechtlichen Vorschriften Mindestspeicherfristen. Die Prüfungsunterlagen sind bis zur Bestandskraft – der Unanfechtbarkeit – der Prüfungsentscheidung zu speichern bzw. aufzubewahren. Eine vorherige Vernichtung ist nicht zulässig; auch nicht aufgrund einer Regelung in der Prüfungsordnung, da das im Verwaltungsverfahrensgesetz geregelte Einsichtsrecht die höherrangigere Regelung auf formell-gesetzlicher Grundlage ist.

Sofern die Prüfungsentscheidung nicht mit einer Rechtsmittelbelehrung versehen wurde, müssen die Prüfungsunterlagen bis zu einem Jahr nach Abschluss des Prüfungsverfahrens gespeichert werden, da erst dann Bestandskraft eintritt (§ 70 Abs. 1 VwGO). Um die Aufbewahrungsfrist auf einen Monat nach Abschluss des Prüfungsverfahrens zu verkürzen, müssten die Modulprüfungszeugnisse mit einer Rechtsmittelbelehrung versehen werden. Dann können die Prüfungsarbeiten nach Ablauf der einmonatigen Rechtsmittelfrist vernichtet werden. Andernfalls muss bis auf die Bestandskraft des mit Rechtsmittelbelehrung ausgestalteten Gesamtzeugnisses gewartet werden. Dies gilt natürlich nur, sofern die Prüfungsordnung nicht längere Aufbewahrungsfristen vorschreibt.

Auch die Löschungspflichten der Landesdatenschutzgesetze stehen einer Archivierung nach hochschulrechtlichen Vorschriften nicht entgegen. Danach sind personenbezogene Daten zu löschen, sobald sie für den Zweck der Erhebung nicht mehr erforderlich sind (§ 17 Abs. 2 Nr. 2 NDSG). Demzufolge wären elektronisch gespeicherte Prüfungsarbeiten nach Abschluss der Prüfung zu löschen. Nach § 17 Abs. 2 S. 1 NDSG tritt an die Stelle der Löschung die Abgabe an das zuständige Archiv, soweit dies in den zugehörigen Prüfungsordnungen bzw. hochschulrechtlichen Vorschriften vorgesehen ist. Da Prüfungsunterlagen in der Regel in Akten gespeichert werden, ist die Löschung nach Satz 1 Nr. 2 erst durchzuführen, wenn die Speicherung der gesamten Akte nach Maßgabe der entsprechenden hochschulrechtlichen Vorschriften zur Aufgabenerfüllung nicht mehr erforderlich ist.

Problematischer ist die Speicherung der sensiblen Nutzungsdaten in einer Protokolldatei. Diese dürfen gemäß § 100 Abs. 3 TKG nach Ende der Prüfung bis zu sechs Monaten zur Ermittlung von Missbrauch und Störungen gespeichert werden. Ansonsten dürfen sie dies nur, sofern die Prüfungsordnung eine entsprechende Dokumentationspflicht statuiert oder eine solche ausnahmsweise aus verfassungsrechtlichen Gründen geboten ist.

Prüfungsunterlagen von E-Klausuren müssen demnach nach der allgemeinen Dokumentationspflicht und den Vorgaben des Verwaltungsverfahrensrechtes analog zu Papierdokumenten mindestens bis zur Bestandskraft der Prüfungsentscheidung von einem Monat/Jahr aufbewahrt werden. Dabei kann eine analoge Archivierung der (ausgedruckten) Prüfungsunterlagen gewählt werden oder eine elektronische Archivierung in gesicherten Systemen. Letztere erfordert ein umfassenderes Archivierungsmanagement, ist aber platzsparender und ermöglicht eine elektronische Einsicht in die Prüfungsunterlagen.

## 6.3.4 Speicherung von Aufgaben (Hosting)

Beim „Hosting" von Klausuraufgaben ist Folgendes zu beachten: Sind Klausuren vor der Prüfung von Rechnern z. B. in der Bibliothek abrufbar, liegt kein Täuschungsversuch vor, aber ein Verstoß gegen den Gleichbehandlungsgrundsatz seitens der Hochschule. Dies begründet einen Anspruch der Prüflinge auf Wiederholung der Klausur.[23] Folglich sind beim Hosting von Aufgaben-Pools dem Stand der Technik entsprechende technische Sicherungsmaßnahmen vorzunehmen.

---

23  OVG Saarlouis, Beschl. v. 20.03.1995, 8 W 11/95 (n. v.)

# 6.4 Checklisten

Es folgen einige Stichpunktlisten, die dabei helfen sollen, wesentliche Punkte rund um die rechtlichen Aspekte elektronischer Klausuren zu rekapitulieren.

## Anmeldung

- Persönliche bzw. schriftliche Anmeldung neben elektronischer Anmeldung vorsehen (Systemausfall)
- Einhaltung der Vorgaben der Prüfungsordnung zu Fristen und Schriftform
- Authentifizierung durch qualifizierte elektronische Signatur, sofern Schriftformerfordernis in der Prüfungsordnung vorgesehen
- Login oder PIN/TAN-Verfahren sofern (auch) elektronische Form in der Prüfungsordnung vorgesehen
- Sicherstellung der Prüfungsvoraussetzungen durch automatischen Abgleich im Prüfungsverwaltungssystem
- Quittung für die Anmeldung zum Speichern oder Ausdruck
- Elektronische Abmeldung ohne Angaben von Gründen nur bis Beginn der Ausschlussfrist vorsehen

## Durchführung

- Identität des Prüflings überprüfen
- Informationsvorsprung einzelner Prüflinge ausschließen
- Gleich konfigurierte Rechner stellen
- Prüfungsdauer einhalten
- Angemessene Schreibverlängerungen bei Systemstörungen gewähren
- Regelmäßiges Sicherheitsupdate während der Prüfung durchführen
- Vergleichbare Bewertungsmaßstäbe für vergleichbare Prüflinge anwenden
- Relative Bestehensgrenze bei Antwortwahlverfahren festlegen
- Individuelle Klausuren aus standardisiertem Aufgabenkatalog erstellen
- Notenbekanntgabe gegenüber Prüfling per E-Mail bzw. TAN-Verfahren

## Archivierung

- Als Ausdruck auf Papier

- Als Datei

- Prüfungsunterlagen sind vollständig und einheitlich zu speichern

- Integrität des Inhalts der Datei muss über gesamten Zeitraum gewährleistet werden

- Format und Datenträger ohne Datenverluste auf dem Stand der Technik halten

- Speicherfrist nach VwGO von vier Wochen bei erfolgter Rechtsmittelbelehrung und ein Jahr bei unterlassener Rechtsmittelbelehrung einhalten

- Ggf. längere Speicherfristen nach Satzung/Prüfungsordnung der Hochschule einhalten

# 7 Zusammenfassung

Das Ziel guter Hochschullehre ist ein möglichst großer Lernerfolg. Dieser wiederum ist das Ergebnis eines möglichst idealen Lernprozesses. Technologien können die Optimierung dieses Prozesses unterstützen: Eingesetzt als E-Assessments helfen sie, den Stand des Lernens zu bestimmen und so die Lehre besser zu planen, den Lernprozess in eine lernerfolgsteigernde Richtung zu lenken oder am Ende des Lernprozesses das Lernergebnis festzustellen. Zudem steigert ihr Einsatz den Komfort der Beteiligten, was sich z. B. an der leichten Verteilung von Aufgaben, mehr Praxisnähe bei der Durchführung, einer bequemen Bearbeitung oder schnellem Feedback sehen lässt. Je nach Leistungsstand sind unterschiedliche Typen von E-Assessments verwendbar: So erlauben z. B. Multiple-Choice-Aufgaben eine Überprüfung von Wissen, während z. B. Simulatoren die Ausprägung praktischer Fertigkeiten feststellen. Dies kann sowohl im Rahmen einer Veranstaltung geschehen als auch außerhalb davon als Ergänzung oder Zusatzangebot.

E-Assessments sind im gesamten studentischen Lebenszyklus zu finden: Sie unterstützen schon vor Studienbeginn die individuelle Studienorientierung und -beratung, helfen bei der Entscheidung für die Annahme von Bewerber/inne/n, stellen notwendige Voraussetzungen zur Teilnahme an Veranstaltungen sicher oder unterstützen das Finden passender Kurse. Sie geben Lehrenden Orientierung, welche Inhalte im Voraus bekannt sind, was von den Studierenden schon verstanden wurde und was davon am Ende hängengeblieben ist. E-Assessments können zur Mitarbeit in einer Veranstaltung motivieren oder Lernende außerhalb davon aktivieren, sich ein weiteres Mal mit den Inhalten auseinanderzusetzen. Als Vorher-Nachher-Messung helfen sie bei der Analyse des Lernprozesses, als Scan- oder E-Klausur bei der Leistungbewertung; Progresstests zeigen den Fortschritt im Studienverlauf an, E-Lehrevaluationen helfen bei der Qualitätssicherung.

Für den praktischen Einsatz von E-Assessments sind didaktische Entscheidungen zu treffen: Einsatzzweck und Lernziele müssen identifiziert, dazu passende Aufgabentypen festgelegt, Einsatzszenarien ausgewählt und der Assessment-Typ festgelegt werden; zudem sind zugehörige Aufgaben zu erstellen. Neben diesen Überlegungen ist eine funktionierende Technik weitere Voraussetzung: Verschiedene Systeme stehen zur Verfügung, die nach Funktionsumfang und Zuverlässigkeit auszuwählen und zu betreiben sind. Sicherheitsaspekte sind dabei genauso zu beachten wie Möglichkeiten zur Anbindung an weitere Hochschulsysteme, um damit z. B. Prozesse weiter zu vereinfachen. Steht eine technische Infrastruktur bereit, sind im nächsten Schritt die Abläufe zu organisieren. Dies trifft insbesondere auf E-Klausuren zu, die erhöhte Anforderungen an die Sicherheit haben, aber auch was z. B. die Anmeldung im Prüfungsamt oder die Übernahme von Ergebnissen in die Prüfungsverwaltung betrifft. Hochschulen wie die MH Hannover oder die Uni Bremen haben bereits viele Erfahrungen damit gesammelt; ihre organisatorischen Abläufe wurden im entsprechenden Kapitel geschildert.

Die Qualität eines E-Assessments basiert auf Gütekriterien wie Objektivität, Reliabilität und Validität. Mit der Item-Analyse wurde ein Verfahren beschrieben, das Aussagen zur Reliabilität erlaubt. Zudem steht eine ganze Reihe unterschiedlicher Typen von Aufgaben zur Verfügung: Geschlossene Aufgaben geben korrekte Antworten vor, weshalb sie automatisiert auswertbar sind. Offene Aufgaben verlangen von den Prüflingen hingegen Reproduktionsleistung, was im Gegenzug aber meist eine manuelle Auswertung erfordert. Zur Erstellung von Aufgaben haben verschiedene Autor/inn/en Vorschläge und Formulierungshinweise gegeben, sowohl für Aufgabenstamm als auch die Distraktoren. Diese wurden im zugehörigen Abschnitt zusammengefasst. Auf der anderen Seite gibt es ebenfalls Vorschläge, wie Prüflinge am besten einen MC-Test bearbeiten können, um ein möglichst gutes Ergebnis zu erzielen. Dies ist möglich, wenn Fehler bei der Formulierung von Aufgaben gemacht wurden: Dadurch können sie ggf. Lösungshinweise enthalten, die Rückschlüsse auf die korrekte Antwort zulassen.

Zur Einführung von E-Assessments bietet sich eine Zusammenarbeit von Hochschulen an, z. B. im Rahmen von Förderprojekten. Ein derart aufgebautes Netzwerk kann diejenigen Elemente verknüpfen, die bisher erfolgreiche Einführungen ausgemacht haben: Mitarbeiter/innen vor Ort, hochschulübergreifende Begleitung und externe Fachexpert/inn/en. Ein dazu passendes Einführungsvorgehen wurde im zugehörigen Abschnitt vorgestellt und Projekte beschrieben, die darauf basieren. Darüber hinaus machen Hochschulen eine typische Entwicklung durch, wenn sie sich mit dem Thema beschäftigen; diese wurde ebenfalls nachgezeichnet.

Weil sich Leistungsbeurteilungen wie z. B. benotete E-Klausuren auf den weiteren Studienverlauf auswirken können, sind vorab verschiedene rechtliche Fragen zu klären: Im Rahmen der Vorbereitung betrifft dies u. a. die Ausgestaltung der Prüfungsordnung, Aufgabenerstellung, elektronische Kommunikation, Prüfungszulassung sowie An- und Abmeldung. Wichtige Aspekte bei der Durchführung umfassen Chancengleichheit, Zuordnung der Prüflingsleistung, Informations- und Protokollierungspflicht, Aufsicht durch Videoüberwachung, Tracking, die Beauftragung externer Datenverarbeitungsunternehmen, das Auftreten von Störungen sowie die Bewertung. Im Anschluss daran gilt es der Archivierungspflicht zu genügen, Bewertungen bekannt zu machen, den Prüflingen Einsicht zu gewähren sowie gestellte Aufgaben sicher zu speichern.

Ein Einsatz elektronischer Leistungsmessung bringt also sowohl Vorteile als auch Probleme mit sich; der folgende Abschnitt 7.1 fasst diese noch einmal zusammen. Danach geht Abschnitt 7.2 kurz auf eine mögliche Entwicklung der Hochschullehre unter der Beteiligung von Technologien ein.

## 7.1 Mehrwerte und Herausforderungen

Durch die technischen Möglichkeiten sind multimediale Elemente wie z. B. Video, Audio oder Animationen in die Assessments integrierbar, was zu mehr Praxisnähe und damit zu valideren Messungen führt. Die elektronische Verwaltung von Aufgaben ermöglicht ihre leichte Wiederverwendung und einen einfachen Austausch. Das bedeutet, dass Aufgaben schneller und einfacher an Prüflinge verteilt oder im Rahmen eines Lehrverbunds von anderen Lehrenden weiterentwickelt werden können als ihre schriftlichen Alternativen. Eingaben, insbesondere bei offenen Aufgaben, sind im Vergleich zu handschriftlichen Ausarbeitungen besser lesbar. Prüflinge können Antworten und Eingaben beliebig oft und häufig auch spurlos ändern. Zudem erarbeiten Studierende längere Texte lieber auf elektronische als auf handschriftliche Weise, wobei ihnen E-Assessments entgegenkommen. Geschlossene Aufgaben können automatisiert ausgewertet werden, was ein schnelles Feedback ermöglicht. Weil subjektive Einflüsse bei dieser Art der Auswertung ausgeschlossen sind, ist eine hohe Auswertungsobjektivität gegeben. Ein zufälliges Mischen der Reihenfolge von Aufgaben oder deren Antwortalternativen erschwert darüber hinaus Täuschungsversuche.

Spezielle Abläufe, wie z. B. stufenförmige oder adaptive Prüfungsverläufe, sind mit technischen Mitteln leichter (bzw. überhaupt erst) realisierbar als im klassischen Fall. Zudem ist eine elektronische Unterstützung beim „Peer Reviewing" vorstellbar: Ein System kann die notwendige Organisation, dazu zählen z. B. die Aufgabenverteilung an Prüflinge und die Zuweisung der Antworten zur Auswertung an verschiedene Peers, automatisch übernehmen. Auf diese Weise sind neue didaktische Ansätze einfacher umsetzbar als bisher. Des Weiteren sind Gegenüberstellungen und Vergleiche von Leistungen leichter und übersichtlicher zu erstellen als bei der schriftlichen Form. Durch elektronische Erfassung ist eine statistische Auswertung und damit eine Analyse der Aufgabenqualität ebenfalls leicht möglich. E-Assessments und ihre Ergebnisse sind digital archivierbar, was dabei hilft, Papierstapel zu vermeiden. Die Übertragung von Ergebnissen – z. B. von einem E-Klausur-System in ein Prüfungsverwaltungssystem – ist weniger fehleranfällig, als wenn Einzelergebnisse zunächst in Listen eingetragen, diese dem Prüfungsamt übermittelt und schließlich manuell von Sachbearbeiter/inne/n in die Prüfungsverwaltung übernommen werden müssen.

Auf der anderen Seite sind umfangreiche Vorarbeiten notwendig, was einen schnellen Start erschwert: Der Einsatz muss geplant, eine technische Infrastruktur aufgebaut, Aufgaben erstellt werden uvm. Sollen bereits vorhandene Aufgaben verwendet werden, sind diese zunächst auszuwählen und in das E-Assessment-System zu übernehmen. Falls Im- oder Exportschnittstellen fehlen, ist dabei mit einem hohen manuellen Aufwand zu rechnen. Zwar gibt es mit IMS QTI ein Standardformat für Aufgaben, doch dieses wird von vielen Systemen nicht unterstützt. Zwecks einer automatisierter Auswertung sind die korrekten Antworten jeweils vorab zu identifizieren und zu markieren, was zu mehr Aufwand führt. Zudem ist eine automatisierte Auswertung nicht in jedem Fall sinnvoll. Ein weiteres Problem ist, dass Technologien anfällig für Pannen und Störungen sind. Eine 100%ige Zuverlässigkeit ist somit nicht gegeben, z. B. im Falle eines Stromausfalls. Ebenso gilt, dass wenn eine kritische Komponente des Gesamtsystems ausfällt, z. B. der Aufgabenserver, häufig der gesamte Ablauf gestört ist.

Der Aufbau neuer Rechnerräume oder Testcenter verlangt hohe Investitionen. Kosten fallen ebenfalls bei der Zusammenarbeit mit Full-Service-Anbietern an, z. B. zur Durchführung von E-Klausuren. Zudem begeben sich Hochschulen damit in Abhängigkeit von Datenverarbeitungsunternehmen. Des Weiteren ist zur Durchführung von E-Klausuren Rechtssicherheit herzustellen; entsprechend sind u. a. Prüfungsordnungen im Vorfeld anzupassen, was weiteren Aufwand bedeutet. Fraglich bleibt zudem, auf welchen Datenträgern langjährige Archivierung erfolgen kann. Die Beteiligten haben unterschiedliche Kenntnisstände im Umgang mit Technologien. Das bedeutet, dass Schulungen oder Probeklausuren notwendig sind. Unterschiedliche Tippgeschwindigkeiten können die Chancengleichheit beeinträchtigen und dazu führen, dass Vielschreiber bei offenen Aufgaben einen Vorteil haben. Um Täuschungen zu vermeiden, sind zusätzliche Sicherheitskonzepte zu erstellen, die eine Manipulation mittels neuer Medien berücksichtigen. So ist z. B. sicherzustellen, dass sich Prüflinge nicht mit Hilfe der Technologien austauschen – außer dies ist explizit erwünscht. Entsprechend sind Chats, Zugriffe auf externe Daten oder mitgebrachte USB-Medien auszuschließen.

Schließlich können Ergebnisse der eingesetzten E-Assessments falsch (positiv oder negativ) interpretiert werden bzw. Schwächen oder Verständnisprobleme zwar identifiziert werden, dies aber keine Konsequenzen nach sich ziehen.

## 7.2 Entwicklung der Hochschullehre

Technologien durchdringen zunehmend sowohl Alltag als auch Hochschullehre: Studierende machen Aufzeichnungen statt auf Papier oft mittels Notebook oder Tablet-PC, bilden Lerngruppen in sozialen Netzwerken oder zeigen ihre Leistungen in E-Portfolios. Auch Lehrende reichern ihre Veranstaltungen zunehmend mit digitalen Medien an: Die Palette reicht von Multimedia-Präsentationen über Lehrveranstaltungsaufzeichnungen bis hin zum Einsatz kollaborativer Plattformen für die Gruppenarbeit. Doch tragen all diese technischen Möglichkeiten überhaupt zur Verbesserung der Hochschullehre bei? Um diese Frage zu beantworten ist zunächst zu diskutieren, was die Qualität von Hochschullehre ausmacht und wie sich der Einsatz neuer Medien darauf auswirkt.

In Anlehnung an die Leitsätze zur Gebrauchstauglichkeit von Softwaresystemen, die sich in DIN/EN/ISO 9241 (Teil 11) finden, sind zur Bestimmung der Qualität für den Einsatz von Technologien (und damit auch in Lehrveranstaltungen) drei Faktoren zu untersuchen, nämlich die dadurch bewirkte Effektivität, Effizienz sowie die Zufriedenheit der Beteiligten. Diese mit Bezug zu Hochschullehre und zu E-Assessments sind nachfolgend kurz erläutert.

- *Effektivität*: Gibt die Übereinstimmung eines Ergebnisses mit den ursprünglichen Anforderungen bzw. Zielen an. Im Lernprozess wird entsprechend ein möglichst großer Lernerfolg angestrebt. Dieser bestimmt sich aus der Übereinstimmung vom Lernergebnis mit den Lernzielen, umfasst aber auch weitere Faktoren wie z. B. Nachhaltigkeit. Denn je größer das Lernergebnis nach einem gewissen Zeitraum noch ist, umso effektiver war der Lernprozess und damit umso hochwertiger. E-Assessments unterstützen Effektivität, da sie zu einem größeren Lernerfolg beitragen, z. B. durch eine Identifikation individueller Schwächen oder als Hilfe zur Steuerung des Lernprozesses. Sie können zudem das bereits erreichte Lernergebnis feststellen.

- *Effizienz*: Gibt den Zeitraum an, um einen bestimmten Grad an Effektivität zu erreichen. Bezogen auf das Lernen bedeutet dies, dass ein Lernprozess, der den gleichen Lernerfolg mit der gleichen Nachhaltigkeit usw. in kürzerer Zeit erzielt, effizienter und damit qualitativ besser ist als ein anderer. Hochschullehrveranstaltungen sind meist auf Semester ausgerichtet; E-Assessments haben entsprechend keinen Einfluss auf die Dauer, in der ein bestimmtes Lernergebnis erzielt wird. Dennoch können sie – im Vergleich zur manuellen Auswertung – die Zeit bis zum Feedback verkürzen, was schneller individuelle Schwächen identifiziert und den Studierenden oder Lehrenden damit zeitnah Gelegenheit zur Nachbesserung einräumt.

- *Zufriedenheit*: Gibt den Grad der Zufriedenheit aller Beteiligten an. Beim Lernen sind damit insbesondere die Lernenden gemeint, deren Zufriedenheit eine direkte Auswirkung auf ihr Lernergebnis hat. Aber auch die Zufriedenheit der Lehrenden kann sich förderlich auswirken. Haben verschiedene Lernprozesse also eine gleiche Effektivität und Dauer, dann ist derjenige besser, dessen Beteiligte zufriedener sind. E-Assessments tragen indirekt zu dieser Zufriedenheit bei, da sie für Komfortgewinn und schnelles Feedback sorgen. Als E-Lehrevaluation helfen sie zudem dabei, die Zufriedenheit der Studierenden sowie ihre Verbesserungsvorschläge zu ermitteln.

E-Assessments sind schon heute Teil der Hochschullehre und fungieren als Mittel zur Leistungsmessung, Lernstandskontrolle, Steuerung des Lernprozesses und Lernerfolgsüberprüfung. Ihr Einsatz kann dazu beitragen, Hochschullehre effektiver zu machen, schneller und mehr Feedback zu erhalten und den Komfort für die Beteiligten zu steigern. Auf diese Weise haben sie das Potential, sich positiv auf die Qualität der Hochschullehre auszuwirken.

Doch wie sehen ideale Assessments oder ideale Hochschullehre aus und in welche Richtung sollten sie sich entwickeln? Im vorliegenden Buch wurden Möglichkeiten vorgestellt, um Lehrveranstaltungen durch (Assessment-)Technologien anzureichern und so z. B. Szenarien umzusetzen, die auf klassische Weise nur schwer oder gar nicht umsetzbar wären. Dennoch sind auch weiterhin neue Einsatzbereiche zu entwickeln und didaktische Methoden zu etablieren, die z. B. ohne den Einsatz von Technologien undenkbar sind. Lehrende wünschen sich oftmals statt einer größer werdenden Zahl technischer Systeme lieber einen Austausch fachlicher Inhalte; im Fall von E-Assessments den Austausch guter Aufgaben. Viele Standorte haben bereits eigene Aufgaben entwickelt, doch stehen diese nur den lokalen Lehrenden zur Verfügung. Hier sind Lehrverbünde einzurichten und zu stärken, zentrale Sammelstellen zu etablieren, Austauschlizenzen und ein offener Zugang zu ermöglichen sowie eine Kultur des Austausches aufzubauen.

Andererseits ist aber auch eine übermäßige Technisierung der Lehre zu hinterfragen: Darf sich Hochschulausbildung zu einer Art Fließbandabfertigung entwickeln, an deren Ende die Studierenden zwar mit einem vorab definierten Lernergebnis herauskommen, für das sie aber zuvor nahezu ausschließlich mit technischen Systemen interagieren mussten? Mag sein, dass eine solche Vorstellung politisch-wirtschaftlichen Anforderungen eher entspräche als freie Lehre und Forschung. Die Frage bleibt, wie künftige Hochschullehre aussehen soll und welche Entwicklungsrichtung wünschenswert ist. Das vorliegende Werk wollte – zumindest für den Bereich E-Assessment – den aktuellen Stand schildern und einen möglichst breiten, thematischen Überblick geben.

# Abbildungen


2.1  Ausprägung Taxonomiemodell (http://goo.gl/229GmS) . . . . . . .  17
2.2  Messzeitpunkte bezogen auf den Lernprozess . . . . . . . . . . . .  17
2.3  Professionalisierungebenen i. A. a. Miller . . . . . . . . . . . . .  21
2.4  Charakteristika elektronischer Assessments . . . . . . . . . . . .  22
2.5  Eingruppierung von E-Klausuren . . . . . . . . . . . . . . . . . .  25

3.1  E-Assessments im „Student Lifecycle" . . . . . . . . . . . . . . .  28
3.2  Aufgabe im SelfGEOTest der Uni Hannover . . . . . . . . . . .  30
3.3  Visopoly-Spielfeld . . . . . . . . . . . . . . . . . . . . . . . . .  33
3.4  Beispiel aus „C-Test Deutsch" der Uni Münster . . . . . . . . . .  39
3.5  Beispiel einer Abstimmungseinheit . . . . . . . . . . . . . . . . .  43
3.6  Verschiedene Ausprägungen einer Aufgabe . . . . . . . . . . . .  52
3.7  Beispiel: Quiz zu philosophischen Denkrichtungen . . . . . . . .  57
3.8  Typische Aktivitäten im Klausurprozess . . . . . . . . . . . . . .  63
3.9  Beispiel eines OCR-Bogens der FU Hagen . . . . . . . . . . . . .  68
3.10 Lernfortschritt an der Charité Berlin . . . . . . . . . . . . . . . .  76
3.11 Identifikation fremder Passagen . . . . . . . . . . . . . . . . . .  78
3.12 Evaluationsbogen der HS Magdeburg . . . . . . . . . . . . . . .  83

4.1  Aufgabentypen für Lernzielkategorien nach CELG-Modell . . . .  89
4.2  Funktionen ausgewählter E-Assessment-Systeme . . . . . . . . .  95
4.3  Verschiedene Angriffspunkte und mögliche Maßnahmen . . . . .  99
4.4  Ausprägung einer Hochschulsystemlandschaft . . . . . . . . . . . 102
4.5  Regelkreis für E-Klausuren (MHH) . . . . . . . . . . . . . . . . . 112
4.6  Ablauf einer E-Klausur (Uni Bremen) . . . . . . . . . . . . . . . 113
4.7  Qualitätsmanagementprozess des ZMML . . . . . . . . . . . . . . 114
4.8  Beispiele einer Anordnungs- und Zuordnungsaufgabe . . . . . . . 119
4.9  Beispiele verschiedener Auswahlaufgaben . . . . . . . . . . . . . 120
4.10 Beispiel einer numerischen Aufgabe . . . . . . . . . . . . . . . . 125
4.11 Beispiel einer Textteilmengenaufgabe . . . . . . . . . . . . . . . 126

5.1  Drei Säulen zur Einführung von E-Assessments . . . . . . . . . . 142

5.2   Verschiedene Einführungsphasen . . . . . . . . . . . . . . . . . . 145
5.3   Szenarien nach Relevanz und Umgebung . . . . . . . . . . . . . . 154

# Tabellen


2.1   Lernzieltaxonomie i. A. a. Bloom . . . . . . . . . . . . . . . . . 16
2.2   Traditionelle und E-Prüfungsformen i. A. a. Rüdel . . . . . . . . . 20

3.1   Assessment-Typen in der Hochschullehre . . . . . . . . . . . . . 27

4.1   Verschiedene Typen von Auswahlaufgaben . . . . . . . . . . . 118

# Literatur

[ABH03]   ATTALI, Yigal; BAR-HILLEL, Maya: Guess where: The position of correct answers in multiple-choice test items as a psychometric variable. In: *Journal of Educational Measurement* Bd. 40. Blackwell Publishing, 2003, S. 109–128 4.5.4.2

[AKA⁺01]  ANDERSON, L.W.; KRATHWOHL, D.R.; AIRASIAN, P.W.; CRUIKS-HANK, K.A.; MAYER, R.E.; PINTRICH, P.R. u. a.: *A taxonomy for learning, teaching, and assessing: A revision of Bloom's Taxonomy of Educational Objectives*. New York: Longman, 2001 2.1, 4.1.2, 4.1.3

[ASA06]   AMELANG, Manfred; SCHMIDT-ATZERT, Lothar: *Psychologische Diagnostik und Intervention*. 4. Berlin: Springer, 2006 2, 4.4.1

[Ast08]   ASTLEITNER, Hermann: Die lernrelevante Ordnung von Aufgaben nach der Aufgabenschwierigkeit. In: THONHAUSER, Josef (Hrsg.): *Aufgaben als Katalysatoren von Lernprozessen. Eine zentrale Komponente organisierten Lehrens und Lernens aus der Sicht von Lernforschung, Allgemeiner Didaktik und Fachdidaktik*. Münster: Waxmann, 2008, S. 65–80 4.5.4.2

[Bau11]   BAUMGARTNER, Peter: *Taxonomie von Unterrichtsmethoden – Ein Plädoyer für didaktische Vielfalt*. Münster: Waxmann, 2011 2.1

[BD95]    BRUNO, James E.; DIRKZWAGER, Anja: Determining the optimal number of alternatives to a multiple-choice test item: An information theoretical perspective. In: *Educational and Psychological Measurement* Bd. 55. Sage, 1995, S. 959–966 4.5.4.2

[BD02]    BORTZ, Jürgen; DÖRING, Nicola: *Forschungsmethoden und Evaluation*. 3. Heidelberg: Springer, 2002 4.4.2

[Bej85]   BEJAR, Isaac I.: *Test speededness under number-right scoring: An analysis of the Test of English as a Foreign Language*. New Jersey: Princeton, 1985 http://goo.gl/dqDcwv. – Report No. ETS-RR-85-11 3.2.4

[BHA02]    BAR-HILLEL, Maya; ATTALI, Yigal:   Seek whence: Answer sequences and their consequences in key-balanced multiple-choice tests. In: *The American Statistician* Bd. 56. 2002, S. 299–303 4.5.4.2

[BHS$^+$10]  BIELLA, Daniel; HUTH, Dieter; STRIEWE, Michael; KOHNEN, Michael; DREIBHOLZ, Thomas; BECKE, Martin:   *Organisation und Implementierung PC-gestützter Prüfungen an der Universität Duisburg-Essen.* 2010 http://goo.gl/bbOBVi 3.4.2.4

[Blo76]    BLOOM, Benjamin S.: *Taxonomie von Lernzielen im kognitiven Bereich.* 5. Weinheim: Beltz, 1976 2.1

[Bog10]    BOGNER, Christian: Studentisches Feedback im Bachelor – Eine empirische Untersuchung zur Effektivität und Qualität eines angepassten Peer-Assessment-Verfahrens. In: BACK, A. (Hrsg.); BAUMGARTNER, P. (Hrsg.); REINMANN, G. (Hrsg.): *zeitschrift für e-learning – lernkultur und bildungstechnologie.* Innsbruck: Studienverlag, 2010, S. 36–49. – Themenheft E-Assessment 2.5, 4.3.1.5

[Bru09]    BRUFF, Derek: *Teaching with Classroom Response Systems: Creating Active Learning Environments.* San Francisco: Jossey Bass, 2009 3.3.2

[BS08]     BRAUNS, Katrin; SCHUBERT, Sebastian:   Qualitätssicherung von Multiple-Choice-Prüfungen. In: DANY, Sigrid (Hrsg.); SZCZYRBA, Birgit (Hrsg.); WILDT, Johannes (Hrsg.): *Prüfungen auf die Agenda! Hochschuldidaktische Perspektiven auf Reformen im Hochschulwesen.* Bielefeld: Bertelsmann, 2008, S. 92–102 4.5.4

[Cro51]    CRONBACH, Lee J.: Coefficient alpha and the internal structure of tests. Version: 1951. http://goo.gl/1Hj8S2. In: *Psychometrika* Bd. 16. Springer, 1951, 297-334 4.4.1

[CS02]     CASE, Susan M.; SWANSON, David B.: *Constructing Written Test Questions For the Basic and Clinical Sciences.* 3. National Board of Medical Examiners, 2002 http://goo.gl/YZmqD5 4.5.1, 4.5.4

[DGKS08]   DILGER, Bernadette; GERHOLZ, Karl-Heinz; KLIEBER, Sebastian; SLOANE, Peter F. E.: *Studentisches Self-Assessment. Instrumente zur Unterstützung der Studienwahl.* Paderborn: Eusl, 2008 3.1.1, 3.1.2

[DM98]     DEEK, Fadi P.; MCHUGH, James A.:   A Survey and Critical Analysis of Tools for Learning Programming.  Version: 1998. http://goo.gl/bRvqiV. In: *Computer Science Education* Bd. 8. London: Routledge, 1998, 130-178 3.3.5

[Dow02]   DOWNING, Steven M.: Assessment of knowledge with written test forms. In: NORMAN, G. R. (Hrsg.); VLEUTEN, C. P. M. d. (Hrsg.); NEWBLE, D. I. (Hrsg.): *International Handbook for Research in Medical Education* Bd. 7. Dordrecht: Springer, 2002, S. 647–672 4.5.3.3

[DSW11]   DESLAURIERS, Louis; SCHELEW, Ellen; WIEMAN, Carl: Improved Learning in a Large-Enrollment Physics Class. Version: 2011. http://goo.gl/bX7cTK. In: *Science* Bd. 332. 2011, 862-864 3.3.2

[ECW+09]  EHLERS, Jan P.; CARL, Torsten; WINDT, Karl-Heinz; MÖBS, Daniel; REHAGE, Jürgen; TIPOLD, Andrea: Blended Assessment: Mündliche und elektronische Prüfungen im klinischen Kontext. Version: November 2009. http://goo.gl/wh7yuH. In: CSANYI, Gottfried S. (Hrsg.): *Zeitschrift für Hochschulentwicklung* Bd. 4. Graz: Verein Forum Neue Medien in der Lehre Austria, November 2009 3.4.2

[EKTB07]  EHLERS, Jan P.; KASKE, M.; TIPOLD, A.; BOLLWEIN, H.: Einsatz von Feedbacksystemen in Präsenzveranstaltungen. In: NIEDERSACHSEN, Kompetenzzentrum eLearning (Hrsg.): *eLearning in Niedersachsen.* 2007, S. 82–83 3.3.2

[EME+10]  EHLERS, Jan P.; MÖBS, D.; ESCHE, J.v.d.; BLUME, K.; BOLLWEIN, H.; HALLE, M.: Einsatz von formativen, elektronischen Testsystemen in der Präsenzlehre. Version: 2010. http://goo.gl/ufqUE2. In: *GMS Zeitschrift für Medizinische Ausbildung* Bd. 27. 2010 3.3.2.4

[FH12]    FRANKE, Peter; HANDKE, Jürgen: E-Assessment. In: HANDKE, Jürgen (Hrsg.); SCHÄFER, Anna M. (Hrsg.): *E-Learning, E-Teaching und E-Assessment in der Hochschullehre: Eine Anleitung.* München: Oldenbourg, 2012, S. 147–207 4.1.1

[Fis04]   FISSENI, Hermann-Josef: *Lehrbuch der psychologischen Diagnostik.* 3. Göttingen: Hogrefe, 2004 4.4.2

[Gib64]   GIBB, Bernard G.: *Test-wiseness as secondary cue response.* Stanford: Stanford University, 1964. – Dissertation 4.5.4.3

[GK10]    GRUTTMANN, Susanne; KUCHEN, Herbert: Computerunterstützter Übungsbetrieb im Informatikstudium – Prozessoptimierung durch E-Assessment-Systeme. In: BACK, Andrea (Hrsg.); BAUMGARTNER, Peter (Hrsg.); REINMANN, Gabi (Hrsg.); SCHULMEISTER, Rolf (Hrsg.): *zeitschrift für e-learning – lernkultur und bildungstech-*

*nologie*. Innsbruck: Studienverlag, 2010, S. 23–35. – Themenheft E-Assessment 3.3.3.4

[GMG03]  GARDNER-MEDWIN, A.R.; GAHAN, M.: Formative and Summative Confidence-Based Assessment. Version: 2003. `http://goo.gl/O9hvly`. In: *Proceedings of the 7th CAA Conference*. Loughborough: Loughborough University, 2003, 147-155 3.3.8

[Gro05]  GRONLUND, Norman E.: *Assessment of Student Achievement*. 8. Boston: Allyn & Bacon, 2005 4.5.1.2

[Hal04]  HALADYNA, Thomas M.: *Developing and Validating Multiple-Choice Test Items*. 3. Mahwah: Routledge, 2004 4.5.4, 4.5.4.1

[HD93]  HALADYNA, Thomas M.; DOWNING, Steven M.: How many options is enough for a multiple-choice test item. In: *Educational and Psychological Measurement* Bd. 53. Sage, 1993, S. 999–1010 4.5.4.2

[HDR02]  HALADYNA, Thomas M.; DOWNING, Steven M.; RODRIGUEZ, Michael C.: A Review of Multiple-Choice Item-Writing Guidelines for Classroom Assessment. Version: 2002. `http://goo.gl/1NehdS`. In: *Applied Measurement in Education* Bd. 15. Mahwah: Routledge, 2002, 309–334 4.5.4

[Hee12]  HEER, Rex: *A Model of Learning Objectives*. Iowa State University, 2012 `http://goo.gl/229GmS` 2.1

[HK07]  HARTIG, Johannes; KLIEME, Eckhard: *Möglichkeiten und Voraussetzungen technologiebasierter Kompetenzdiagnostik*. Bonn/Berlin: BMBF, 2007 (Bildungsforschung Band 20). `http://goo.gl/VMcrGN`. – Expertise im Auftrag des BMBF 4.1.3

[Hof90]  HOFSTETTER, Stephan: *Technologietransfer als Instrument zur Förderung von Innovationen in technologieorientierten Klein- und Mittelunternehmungen*. Bamberg: DiFo-Druck, 1990. – Band 1168 von Dissertationen, Hochschule St. Gallen 5.3.1

[HQW08]  HOFFMANN, Andreas; QUAST, Alexander; WISMÜLLER, Roland: Online-Übungssystem für die Programmierausbildung zur Einführung in die Informatik. Version: 2008. `http://goo.gl/ZRgsRF`. In: SEEHUSEN, Silke (Hrsg.); LUCKE, Ulrike (Hrsg.); FISCHER, Stefan (Hrsg.): *DeLFI 2008* Bd. 132. GI, 2008, 173-184 3.3.5

[IF06]  IMPERA, James C.; FOSTER, David: Item and Test Development Strategies to Minimize Test Fraud. In: DOWNING, Steven M. (Hrsg.);

HALADYNA, Thomas M. (Hrsg.): *Handbook of Test Development.* Mahwah: Routledge, 2006, S. 91–114 4.5.4

[Kal09] KALBERG, Nadine: Rechtsfragen computergestützter Präsenzprüfungen im Antwort-Wahl-Verfahren. In: *Deutsches Verwaltungsblatt* Bd. 1. Köln: Carl Heymanns, 2009, S. 21–29 3.4.2.3, 6.2.1, 6.2.7.1

[KKS13] KLEINEFELD, Norbert; KNADEN, Andreas; SCHMEES, Markus: Kooperation in Hochschulnetzwerken: Zweck, Konstitution & Beispiele. In: KRÜGER, Marc (Hrsg.); SCHMEES, Markus (Hrsg.): *E-Assessments in der Hochschullehre: Einführung, Positionen & Einsatzbeispiele.* Frankfurt a. M.: Peter Lang, 2013, S. 109–119 5.1.3

[Kle10] KLEINEFELD, Norbert: E-Learning Academic Network (ELAN): Gelebte E-Kooperation und E-Praxis als strukturbildende Elemente der Hochschulförderung des Landes Niedersachsen. In: APOSTOLOPOULOS, Nicolas (Hrsg.); MUSSMANN, Ulrike (Hrsg.); REBENSBURG, Klaus (Hrsg.); SCHWILL, Andreas (Hrsg.); WULSCHKE, Franziska (Hrsg.): *Grundfragen Multimedialen Lehrens und Lernens: E-Kooperation und E-Praxis.* Münster: Waxmann, 2010, S. 37–47 5.1

[KMD10] KUPKA, Kristof; MÜLLER, Verena; DIERCKS, Joachim: Kombination von E-Assessment mit Web 2.0 Personalmarketing bei Media-Saturn. In: BACK, Andrea (Hrsg.); BAUMGARTNER, Peter (Hrsg.); REINMANN, Gabi (Hrsg.); SCHULMEISTER, Rolf (Hrsg.): *zeitschrift für e-learning – lernkultur und bildungstechnologie.* Innsbruck: Studienverlag, 2010, S. 62–75. – Themenheft E-Assessment 3.2.2

[KMF06] KOPP, Veronika; MÖLTNER, Andreas; FISCHER, Martin R.: Key-Feature-Probleme zum Prüfen von prozeduralem Wissen: Ein Praxisleitfaden. Version: 2006. http://goo.gl/16H01w. In: *GMS Zeitschrift für Medizinische Ausbildung* Bd. 23. 2006 4.5.1.3

[Kna06] KNAUFF, Matthias: Videoüberwachung von Klausuren in Hochschule- und Staatsprüfungen? In: SACHS, Michael (Hrsg.); BERTRAMS, Michael (Hrsg.); DEBUSMANN, Gero (Hrsg.); RIOTTE, Wolfgang (Hrsg.); TWENHÖVEN, Jörg (Hrsg.): *Nordrhein-Westfälische Verwaltungsblätter* Bd. 12. Stuttgart: Boorberg, 2006, S. 449–454 3.4.4.1, 6.2.4.1

[KR10] KORTEMEYER, Gerd; RIEGLER, Peter: Large-Scale E-Assessments, Prüfungsvor- und -nachbereitung: Erfahrungen aus den USA und aus Deutschland. In: BACK, Andrea (Hrsg.); BAUMGARTNER, Peter

(Hrsg.); REINMANN, Gabi (Hrsg.); SCHULMEISTER, Rolf (Hrsg.): *zeitschrift für e-learning – lernkultur und bildungstechnologie*. Innsbruck: Studienverlag, 2010, S. 8–22. – Themenheft E-Assessment 3.3.2, 3.3.3

[Kre02] KREBS, René: *Anleitung zur Herstellung von MC-Fragen und MC-Prüfungen für die ärztliche Ausbildung*. Bern: Institut für Medizinische Lehre, 2002 `http://goo.gl/zOD25W` 4.5.4

[Kre08] KREBS, René: *Multiple Choice Fragen? Ja, aber richtig*. Bern: Institut für Medizinische Lehre, 2008 `http://goo.gl/AFWJZc` 4.5.4

[KS13] KRÜGER, Marc; SCHMEES, Markus: *E-Assessments in der Hochschullehre: Einführung, Positionen & Einsatzbeispiele*. Frankfurt a. M.: Peter Lang, 2013 5.3.2.1

[Kun82] KUNTZ, Patricia: Test-Wiseness Cues in the Options of Mathematics Items. In: *Proceedings of the 66th Annual Meeting*. New York: American Educational Research Association, 1982 4.5.4.3

[LGP09] LAZARINIS, Fotis; GREEN, Steve; PEARSON, Elaine: Focusing on content reusability and interoperability in a personalized hypermedia assessment tool. Version: 2009. `http://goo.gl/kTy7Ds`. In: *Multimedia Tools and Applications* Bd. 47. Springer, 2009, 257-278 4.2

[Lor77] LORD, Frederic M.: Optimal number of choices per item – A comparison of four approaches. In: *Journal of Educational Measurement* Bd. 14. Blackwell Publishing, 1977, S. 33–38 4.5.4.2

[LR98] LIENERT, Gustav A.; RAATZ, Ulrich: *Testaufbau und Testanalyse*. 6. Weinheim: Beltz PVU, 1998 4.4.1, 4.4.2

[LRP05] LALOS, Petros; RETALIS, Symeon; PSAROMILIGKOS, Yiannis: Creating personalised quizzes both to the learner and to the access device characteristics: the Case of CosyQTI. Version: 2005. `http://goo.gl/NXBemY`. In: *Workshop on Authoring of Adaptive and Adaptable Educational Hypermedia*. 2005 4.2

[Maz97] MAZUR, Eric: *Peer Instruction: A User's Manual*. Upper Saddle River: Prentice Hall, 1997 3.3.2.2

[MGA06]  MAHAMED, Anisah; GREGORY, Paul A. M.; AUSTIN, Zubin: Test-wiseness Among International Pharmacy Graduates and Canadian Senior Pharmacy Students. Version: 2006. `http://goo.gl/ykyY9n`. In: *American Journal of Pharmaceutical Education* Bd. 70. 2006 4.5.4.3

[MHW09]  MAYER, Horst O.; HERTNAGEL, Johannes; WEBER, Heidi: *Lernzielüberprüfung im eLearning.* München/Wien: Oldenbourg, 2009 4.1.3

[Mil90]  MILLER, George E.: The Assessment of Clinical Skills/Competence/Performance. Version: 1990. `http://goo.gl/5w0eYP`. In: *Academic Medicine* Bd. 65. 1990, 63-67 2.4, 4.5.1.3

[MW12]  MINOGUE, Angela; WINKELMANN, Yvonne: Online-Einstufungstests für Sprachkurse an der TU Chemnitz. Version: 2012. `http://goo.gl/fWWAEA`. In: UNIVERSITÄT HAMBURG, Zentrales eLearning-Büro d. (Hrsg.): *Hamburger eLMAGAZIN: Mobile Learning* Bd. 9. 2012, 75-76 3.2.4.3

[Neu01]  NEUWEG, Georg H.: Das Können prüfen – Plädoyer für eine andere Prüfungsdidaktik. In: *GdWZ – Grundlagen der Weiterbildung* Bd. 12. 2001, S. 202–205 2.4

[NF10]  NIEHUES, Norbert; FISCHER, Edgar: *Prüfungsrecht.* 5. München: Beck, 2010 (Schul- und Prüfungsrecht, Band 2) 3.4.2.3, 6.1.1, 6.1.2, 6.1.5, 6.2.3, 6.2.6.2, 6.2.6.3

[NSM94]  NEELY, Darlene L.; SPRINGSTON, Frederick J.; MCCANN, Stephen J. H.: Does item order affect performance on multiple-choice exams? In: *Teaching of Psychology* Bd. 21. Highwire, 1994, S. 44–45 4.5.4.2

[Oec06]  OECHSLER, Jürgen: Das Vervielfältigungsrecht für Prüfungszwecke nach § 53 Absatz III Nr. 2 UrhG. In: *Gewerblicher Rechtsschutz und Urheberrecht.* München: Beck, 2006, S. 205–210 6.1.3.3

[OSWL12]  OLLERMANN, Frank; SCHNEIDER-WIEJOWSKI, Carina; LOER, Kathrin: Handgeschriebene vs. elektronisch erfasste Studierenden-Essays – ein Bericht aus der Praxis. Version: 2012. `http://goo.gl/Ie2sY8`. In: CSANYI, Gottfried (Hrsg.); REICHL, Franz (Hrsg.); STEINER, Andreas (Hrsg.): *Digitale Medien – Werkzeuge für exzellente Forschung und Lehre.* Münster: Waxmann, 2012, 223-231 2.3, 4.5.2.1

[PLZ98]    PERLINI, Arthur H.; LIND, David L.; ZUMBO, Bruno D.: Context effects on examinations: The effects of time, item order and item difficulty. In: DRAPEAU, Martin (Hrsg.): *Canadian Psychology* Bd. 39. Canadian Psychological Association, 1998, S. 299–307 4.5.4.2

[POSP12]   PÖRZGEN, Simone; OLIVIER, Hannes; SACKBROOK, Jürgen L.; PINKWART, Niels: Papier oder elektronisch? Eine Prozesskostenanalyse von Klausuren im universitären Umfeld. In: *GI-Tagung.* 2012 3.4.3.5, 6

[RBB04]    RIDDER, Hans-Gerd; BRUNS, Hans-Jürgen; BRÜNN, Stefan: Online- und Multimediainstrumente zur Kompetenzerfassung. Version: 2004. `http://goo.gl/1EYyuC`. In: V./PROJEKT QUALIFIKATIONS-ENTWICKLUNGS-MANAGEMENT, Arbeitsgemeinschaft Betriebliche W. e. (Hrsg.): *QUEM-report: Schriften zur beruflichen Weiterbildung* Bd. 86. Berlin: ESM Satz und Grafik GmbH, 2004 3.2.2

[Rie13]    RIEGLER, Peter: Peer Instruction. In: KRÜGER, Marc (Hrsg.); SCHMEES, Markus (Hrsg.): *E-Assessments in der Hochschullehre: Einführung, Positionen & Einsatzbeispiele.* Frankfurt a. M.: Peter Lang, 2013, S. 33–46 3.3.2.2

[Rin09]    RINDERMANN, Heiner: *Lehrevaluation.* 2. Landau: Verlag empirische Pädagogik, 2009 3.5.4

[Rod02]    RODRIGUEZ, Michael C.: Choosing an item format. In: TINDAL, Gerald (Hrsg.); HALADYNA, Thomas M. (Hrsg.): *Large-scale assessment programs for all students: Validity, Technical Adequacy, and Implementation.* Mahwah: Routledge, 2002, S. 213–231 4.5.3.3

[Rod05]    RODRIGUEZ, Michael C.: Three Options Are Optimal for Multiple-Choice Items: A Meta-Analysis of 80 Years of Research. In: *Educational Measurement: Issues and Practice* Bd. 24. Blackwell, 2005, S. 3–13 4.5.4.2

[Rü09]     RÜDEL, Cornelia: Was ist eAssessment? Version: 2009. `http://goo.gl/1L7mTC`. In: *Hamburger eLMAGAZIN: eAssessment, ePrüfungen, ePortfolios* Bd. 2. 2009, 22-24 2.3

[Rü10]     RÜDEL, Cornelia: Was ist E-Assessment? In: RÜDEL, Cornelia (Hrsg.); MANDEL, Schewa (Hrsg.): *E-Assessment: Einsatzszenarien und Erfahrungen an Hochschulen* Bd. 56. Münster: Waxmann, 2010, S. 11–22 2.3

[Sch07]  SCHULMEISTER, Rolf: Der Student Lifecycle als Organisationsprinzip für E-Learning. Version: 2007. `http://goo.gl/CFShz8`. In: KEIL, Reinhard (Hrsg.); KERRES, Michael (Hrsg.); SCHULMEISTER, Rolf (Hrsg.): *eUniversity – Update Bologna*. Münster: Waxmann, 2007, 45-77 3

[Sch11]  SCHRAMM, Joachim: *Unterstützung von Planung und Design in der Programmierausbildung an Universitäten*. TU Clausthal: Masterarbeit, 2011 `http://goo.gl/jJbHUu` 3.3.5

[SFTE11]  SCHAPER, Elisabeth; FISCHER, Martin R.; TIPOLD, Andrea; EHLERS, Jan P.: Fallbasiertes, elektronisches Lernen und Prüfen in der Tiermedizin – auf der Suche nach einer realisierbaren Alternative zu Multiple-Choice-Prüfungen. In: HEIZMANN, Eberhard (Hrsg.): *Tierärztliche Umschau* Bd. 66. Konstanz: Terra, 2011, S. 261–268 3.3.3.4, 3.4.2.4, 4.5.1.3

[SKS13]  SCHMEES, Markus; KRÜGER, Marc; SCHAPER, Elisabeth: E-Assessments an Hochschulen: Ein vielschichtiges Thema. In: KRÜGER, Marc (Hrsg.); SCHMEES, Markus (Hrsg.): *E-Assessments in der Hochschullehre: Einführung, Positionen & Einsatzbeispiele*. Frankfurt: Peter Lang, 2013, S. 19–32 2.3, 3

[STE13]  SCHAPER, Elisabeth; TIPOLD, Andrea; EHLERS, Jan P.: Use of key feature questions in summative assessment of veterinary medicine students. Version: 2013. `http://goo.gl/ZW0BAB`. In: *Irish Veterinary Journal* Bd. 66. 2013 4.5.1.3

[Sti11]  STIELER, Jona F.: *Validität summativer Prüfungen – Überlegungen zur Gestaltung von Klausuren*. Bielefeld: Janus Presse, 2011 `http://goo.gl/v9GKC6` 4.4.1, 4.5, 4.5.4.1

[SWO13]  SCHNEIDER-WIEJOWSKI, Karina; OLLERMANN, Frank: Weiterentwicklung von Vips um die Funktion der phonetischen Transkription für die Sprachwissenschaften an der Universität Osnabrück. In: KRÜGER, Marc (Hrsg.); SCHMEES, Markus (Hrsg.): *E-Assessments in der Hochschullehre: Einführung, Positionen & Einsatzbeispiele*. Frankfurt a. M.: Peter Lang, 2013, S. 143–150 5.2.3

[SZ06]  SIRECI, Stephen G.; ZENISKY, April L.: Innovative Item Formats in Computer-Based Training: In Pursuit of Improved Construct Representation. In: DOWNING, Steven M. (Hrsg.); HALADYNA, Thomas M. (Hrsg.): *Handbook of Test Development*. Mahwah: Routledge, 2006, S. 329–348 4.5.3.3

[TSM91]   TREVISAN, Michael S.; SAX, Gilbert; MICHAEL, William B.: The effects of the number of options per item and student ability on test validity and reliability. In: *Educational and Psychological Measurement* Bd. 51. Sage, 1991, S. 829–837 4.5.4.2

[VS09]   VOGT, Michael; SCHNEIDER, Stefan: *E-Klausuren an Hochschulen: Didaktik – Technik – Systeme – Recht – Praxis.* Gießen: Koordinationsstelle Multimedia, JLU Gießen, 2009 `http://goo.gl/WomI4C` 3.4.2, 4, 4.1.3

[Wet06]   WETTERN, Michael: Schutz von Studierenden-Daten. In: *Recht der Datenverarbeitung.* Bonn: Gesellschaft für Datenschutz und Datensicherheit, 2006, S. 14–18 6.2.4.1

[WGB03]   WAGNER, Christian; GOHRKE, Thomas; BREHSAN, Godo: *Prüfungsrecht.* Münster: Alpmann und Schmidt, 2003 3.4.2.3

[Wim97]   WIMMER, Raimund: Prüfungsprotokollierung durch Videoaufnahmen. In: HUBER, Michael (Hrsg.); LORENZ, Stephan (Hrsg.); RÖNNAU, Thomas (Hrsg.); VOSSKUHLE, Andreas (Hrsg.): *Juristische Schulung.* München: C.H. Beck, 1997, S. 1146 3.4.4.1, 6.2.4.1

[Wis08]   WISSENSCHAFTSRAT: *Empfehlungen zur Qualitätsverbesserung von Lehre und Studium.* 2008 `http://goo.gl/dm9FX5` 3.2.1

[WW11]   WEBER-WULFF, Debora: Mogelpackung – Plagiatserkennungssysteme auf dem Prüfstand. Version: 2011. `http://goo.gl/QK9aOI`. In: *Forschung & Lehre – Alles was die Wissenschaft bewegt* Bd. 3. Deutscher Hochschulverband, 2011 3.5.2, 3.5.2.3

[ZB07]   ZIMMERLING, Wolfgang; BREHM, Robert G.: *Prüfungsrecht – Verfahren, Vermeidbare Fehler, Rechtsschutz.* Bd. 2. Köln: Heymanns, 2007 3.4.2.3, 6.1.5, 6.1.6

# Index


**A**

Abgleich . . . . . . . . . . . . . . . . . . . . . 52
Ablauf . . . . . . . . . . . . . . . . . . . . . . 105
Abschlussarbeit . . . . . . . . . . . . . . . 18
Abschlussbericht . . . . . . . . . . . . . . 78
Abstimmungseinheit . . . . . . . . 43, 47
Adaptivität . . . . . . . . . . . 23, 92, 107
Aktivität . . . . . . . . . . . . . . . . . . . . 106
Akzeptanz . . . . . . . . . . . . . . . . . . . 115
An- und Abmeldung . . . . . . . . . . . 170
Anfänger . . . . . . . . . . . . . . . . . . . . . 20
Angriffspunkte . . . . . . . . . . . . . . . 100
Anmeldung . . . . . . . . . . . . . . . . . . 107
Anonymität . . . . . . . . . . . . . . . 45, 56
Anordnungsaufgabe . . . . . . . . . . . 118
Anpassung . . . . . . . . . . . . . . . . . . . 41
Ansprechpartner . . . . . . . . . . . . . . 142
Antwortlänge . . . . . . . . . . . . . . . . 136
Arbeitsinstrument . . . . . . . . . . . . . 73
Arbeitsplatz . . . . . . . . . . . . . . . . . . 23
Archivierung . . . . . . . . . . . . 111, 195
Artefakt . . . . . . . . . . . . . . . . . . . . . 67
Assessment . . . . . . . . . . . . 15, 18, 23
Assessment-Typ . . . . . . . . . . . . 27, 90
Außenseiter . . . . . . . . . . . . . . . . . 136
Audience Response . . . . . . . . . 43, 91
Aufgabe . . . . . . . . . . . 16, 19, 91, 117
Aufgaben-Pool . . . . . . . . . . . . 91, 103
Aufgabenerstellung . . . . . . . . . . . 128
Aufgabenfehler . . . . . . . . . . . . . . . 189
Aufgabenspeicherung . . . . . . . . . 196

Aufgabenstamm . . . . . . . . . . 117, 128
Aufgabenstellung . . . . . . . . . . . . . . 19
Aufgabentyp . . . . . . . . . . . 19, 89, 117
Aufmerksamkeit . . . . . . . . . . . . . . . 57
Aufnahmekanal . . . . . . . . . . . . . . . . 57
Aufnahmevoraussetzung . . . . . . . . 35
Aufsicht . . . . . . . . . . . . 101, 108, 178
Aufzeichnung . . . . . . . . . . . . . . . . 127
Ausfüllhilfe . . . . . . . . . . . . . . . . . . 108
Ausgangslage . . . . . . . . . . . . . . . . 152
Auslagerung . . . . . . . . . . . . . . . . . . 58
Ausschluss . . . . . . . . . . . . . . . . . . 133
Auswahlaufgabe . . . . . . . . . . . . . . 119
Auswahltest . . . . . . . . . . . . . . . . . . 35
Auswertung . . . . . . . . . . 19, 24, 109
Auswertungsobjektivität . . . . . . . . 19
Authentifizierung . . . . . . . . . . . . . 104
Automatisierung . . . . . . . . . . . . . . . 19

**B**

Bearbeitung . . . . . . . . . . . . . . . . . 131
Beeinträchtigung . . . . . . . . . . . . . 184
Begleitung . . . . . . . . . . . . . . . . . . 143
Bekanntgabe . . . . . . . . . . . . . . . . . 193
Belegung . . . . . . . . . . . . . . . . . . . . 107
Benotung . . . . . . . . . . . . . . . . . . . . 18
Beratungsstelle . . . . . . . . . . . . . . . 29
Berechnungsformel . . . . . . . . . . . 124
Berechnungsvorschrift . . . . . . . . . 52
Berufswahl . . . . . . . . . . . . . . . . . . . 29
Beruhigung . . . . . . . . . . . . . . . . . . 46

Beschränkung . . . . . . . . . . . . . . . . . . 35
Best Answer Form . . . . . . . . . . . 121
Bestandsaufnahme . . . . . . . . 18, 145
Bestehensgrenze . . . . . . . . . . . . . 187
Betreuung . . . . . . . . . . . . . . . . . . 29
Bewertung . . . . . . . . . . . . 24, 187
Bewertungsbogen . . . . . . . . . . . . 107
Beziehung . . . . . . . . . . . . . . . . . . 118
Black-Box . . . . . . . . . . . . . . . . . . 91
Blended Learning . . . . . . . . . . . 28, 58

## C

C-Test . . . . . . . . . . . . . . . . . . . . . 38
Chancengleichheit . . . . . . . . 160, 174
Changemanagement . . . . . . . . . . 149
Charakteristika . . . . . . . . . . . . . . . 22
Classroom Response . . . . . . . . . . . 43
Clicker . . . . . . . . . . . . . . . . . . . . . 43
Codeanalyse . . . . . . . . . . . . . . . . . 54
Confidence-based Marking . . . . . . 59
Cronbachs Alpha . . . . . . . . . . . . . 115
Cue . . . . . . . . . . . . . . . . . . . . 130, 135

## D

Datei-Upload . . . . . . . . . . . . . . . 126
Diagnostisch . . . . . . . . . . . . . . . . . 18
Didaktik . . . . . . . . . . . . . . . . . . . . 88
Dienstleister . . . . . . . . . . . . . . . . 183
Dimensionalität . . . . . . . . . . . . . 116
Dissens . . . . . . . . . . . . . . . . . . . . 45
Distanzklausur . . . . . . . . . . . . . . . 71
Distanzprüfung . . . . . . . . . . . . . . 71
Distraktor . . . . . . . . . . . . . 119, 129
Distribution . . . . . . . . . . . . . . . . . 19
Drop-Down-Box . . . . . . . . . . . . . 125
Durchführung . . . . . . . . . . . 19, 108
DV-Unternehmen . . . . . . . . . . . . 183

## E

E-Übung . . . . . . . . . . . . . . . . . . . 49
E-Assessment . . . . . . . . . . . . 15, 19
E-Klausur . . . . . . . . . . . . . . . . . . . 62
E-Klausurschrank . . . . . . . . . . . . 85
E-Kommunikation . . . . . . . . . . . 165
E-Learning . . . . . . . . . . . . . . . . . . 58
E-Lehrevaluation . . . . . . . . . . . . . 82
eCULT . . . . . . . . . . . . . . . . . . . . 151
Effektivität . . . . . . . . . . . . . . . . . 203
Effizienz . . . . . . . . . . . . . . . . . . . 203
Einführung . . . . . . . . . . . . . . . . . 141
Einfachauswahl . . . . . . . . . . . . . . 119
Einordnung . . . . . . . . . . . . . . 23, 25
Einsatz . . . . . . . . . . . . . . . . . . 22, 27
Einsicht . . . . . . . . . . . . . . . . . . . 110
Einsichtsrecht . . . . . . . . . . . . . . . 194
Einstufungstest . . . . . . . . . . . . . . 38
Elektronische Signatur . . . . . . . . 167
Element . . . . . . . . . . . . . . . . . . . . 22
Entscheidungshilfe . . . . . . . . . . . . 32
Ergebnis . . . . . . . . . . . . . . . . . . . 15
Ergebnisaustausch . . . . . . . . . . . . 52
Evaluationsordnung . . . . . . . . . . . 82
Exam Retake . . . . . . . . . . . . . . . . 80
Experte . . . . . . . . . . . . . . . . . . . . 20
Expertennetzwerk . . . . . . . . . . . . 144
Export . . . . . . . . . . . . . . . . . . . . 103

## F

Fachproblem . . . . . . . . . . . . . . . . 30
Fairness . . . . . . . . . . . . . . . . . . . 116
Fairuse . . . . . . . . . . . . . . . . . . . . . 77
Faktenwissen . . . . . . . . . . . . . . . . 21
Fallbeispiel . . . . . . . . . . . . . . . 21, 91
Feedback . . . . . . . . . . . . . . . . 19, 24
Fehlmeinung . . . . . . . . . . . . . . . 130
Fehlvorstellung . . . . . . . . . . . . . . 30
Fertigkeit . . . . . . . . . . . . . . . . 15, 21
Flash-Aufgabe . . . . . . . . . . . . . . 126
Forced-Choice . . . . . . . . . . . . . . 119
Form . . . . . . . . . . . . . . . . . . . . . . 23
Formativ . . . . . . . . . . . . . . . . . . . 18

Formulierungshinweis . . . . . . . . . 128
Fragebogen . . . . . . . . . . . . . . . . . . 91
Freitext . . . . . . . . . . . . . . . . . . . . 19
Freitextaufgabe . . . . . . . . . . . . . . 123
Fremdquelle . . . . . . . . . . . . . . . . . 78
Fremdtext . . . . . . . . . . . . . . . . . . 78
Funktionsumfang . . . . . . . . . . . . . 94

## G

Gütekriterien . . . . . . . . . . . . . . . . 114
Gebrauchstauglichkeit . . . . . . . . . 203
Gefährlichkeit . . . . . . . . . . . . . . . 153
Gemeinsames Lernen . . . . . . . . . . 52
Geschwindigskeitsregulation . . . . 44
Gewissheit . . . . . . . . . . . . . . . . . . 59
Ghostwriter . . . . . . . . . . . . . . . . . 79
Gleichwertigkeit . . . . . . . . . . . . . 160
Group Assessment . . . . . . . . . . . . 23
Grundwerte . . . . . . . . . . . . . . . . . 52
Grundwissen . . . . . . . . . . . . . . . . 75
Gruppenarbeit . . . . . . . . . . . . . . . 45
Gruppenmeinung . . . . . . . . . . . . . 45

## H

Handlungsempfehlung . . . . . . . . . 32
Handlungsweise . . . . . . . . . . . . . . 21
Hardware . . . . . . . . . . . . . . . . . . . 47
Hochschularchiv . . . . . . . . . . . . . 105
Hochschulentwicklung . . . . . . . . 152
Hochschulgremium . . . . . . . . . . . 47
Hochschulsystem . . . . . . . . . . . . . 102
Homogenität . . . . . . . . . . . . . . . . 116
Hot-Spot-Aufgabe . . . . . . . . . . . . 121

## I

Identity Management . . . . . . . . . . 104
Image-Map-Aufgabe . . . . . . . . . . 121
Import . . . . . . . . . . . . . . . . . . . . . 103
Informationspflicht . . . . . . . . . . . 177
Inquiry-based Learning . . . . . . . . 28
Integration . . . . . . . . . . . . . . . . . . 147

Interpretative Exercise . . . . . . . . . 121
Ist-Zustand . . . . . . . . . . . . . . . . . . 18
IT-Grundschutz . . . . . . . . . . . . . . 96
IT-Unterstützung . . . . . . . . . . . . . 152
Item . . . . . . . . . . . . . . . . . . . . . . . 16
Item-Analyse . . . . . . . . . . . . . . . . 116

## J

Java-Applet-Aufgabe . . . . . . . . . . 126

## K

Katalogrevision . . . . . . . . . . . . . . 113
Kategorie . . . . . . . . . . . . . . . . . . . 27
Key-Feature-Aufgabe . . . . . . . . . . 121
Kiosk-Modus . . . . . . . . . . . . . . . . 101
Klausur . . . . . . . . . . . . . . . . . . . . 18
Klausurschrank . . . . . . . . . . . . . . 85
Kohorte . . . . . . . . . . . . . . . . . . . . 66
Komfort . . . . . . . . . . . . . . . . . . . . 204
Kommentierung . . . . . . . . . . . . . . 98
Kompetenz . . . . . . . . . . . . . . . . . 15, 21
Kompetenzmatrix . . . . . . . . . . . . . 146
Konsens . . . . . . . . . . . . . . . . . . . . 45
Konsistenz . . . . . . . . . . . . . . . . . . 115
Kooperation . . . . . . . . . . . . . . . . . 147
Korrektur . . . . . . . . . . . . . . . . . . . 186
Kosten . . . . . . . . . . . . . . . . . . . . . 19
Kriterienkatalog . . . . . . . . . . . . . . 23

## L

Lösungshinweis . . . . . . . . . . 130, 135
Lösungsweg . . . . . . . . . . . . . . . 15, 52
Lückentextaufgabe . . . . . . . . . . . . 123
Learning-on-demand . . . . . . . . . . 59
Lehrevaluation . . . . . . . . . . . . . . . 82
Lehrmethode . . . . . . . . . . . . . . . . 28
Lehrplanung . . . . . . . . . . . . . . . . . 18
Lehrveranstaltung . . . . . . . . . . . . . 27
Lehrverbund . . . . . . . . . . . . . . . . . 91
Leihgerät . . . . . . . . . . . . . . . . . . . 65
Leistungsbeurteilung . . . . . . . . 15, 19

Leistungserbringung . . . . . . . . . . . 19
Leistungsmessung . . . . . . . . . . . . . 23
Leistungsniveau . . . . . . . . . . . 20, 22
Lernabschnitt . . . . . . . . . . . . . . . . 15
Lernberatung . . . . . . . . . . . . . . . . 24
Lerneinheit . . . . . . . . . . . . . . . . . 15
Lernerfolg . . . . . . . . . . . . . . 15, 18
Lernergebnis . . . . . . . . . . . . . . . . 15
Lernfortschritt . . . . . . . . . . . . . . . 75
Lerngruppe . . . . . . . . . . . . . . . . . 52
Lernprozess . . . . . . . . . . . . . . 17, 18
Lernreihenfolge . . . . . . . . . . . . . . 59
Lernweg . . . . . . . . . . . . . . . . . . . 18
Lernziel . . . . . . . . . . . 15, 16, 19, 89
Lernzieltaxonomie . . . . . . . . . . . . 16
Lesbarkeit . . . . . . . . . . . . . . . . . . 63
Levenshtein-Distanz . . . . . . . . . . 123
Lifecycle . . . . . . . . . . . . . . . . . . . 27
Likert-Skala . . . . . . . . . . . . . . . . 120
Long-Menu . . . . . . . . . . . . . . . . . 19

## M

Mündliche Antwort . . . . . . . . . . . 127
Maluspunkt . . . . . . . . . . . . . . . . . 190
Manipulation . . . . . . . . . . . . . . . 184
Matrix . . . . . . . . . . . . . . . . . . . . . 25
Mehrfachauswahl . . . . . . . . . . 21, 120
Meinungsbild . . . . . . . . . . . . . . . . 44
Messgenauigkeit . . . . . . . . . . . . . 115
Messinstrument . . . . . . . . . . . . . . 73
Messung . . . . . . . . . . . . . . . . . . . 19
Metapher . . . . . . . . . . . . . . . . . . . 90
Methode . . . . . . . . . . . . . . . . . . . 144
Methodenauswahl . . . . . . . . . . . . . 18
Methodenkompetenz . . . . . . . . . . 23
Mischklausur . . . . . . . . . . . . . . . 191
Motivation . . . . . . . . . . . . . . . . . . 56
Motivationstest . . . . . . . . . . . . . . 36
Multimedia . . . . . . . . . . . . . . . . . 19
Multiple-Choice . . . . . . . . . . 21, 120

## N

N2E2 . . . . . . . . . . . . . . . . . . . . . 150
Nachbereitung . . . . . . . . . . . . . . . 49
Nachholbedarf . . . . . . . . . . . . . . . 18
Nachweis . . . . . . . . . . . . . . . . . . 166
Notfallplan . . . . . . . . . . . . . . . . . 109
Notfallvorsorge . . . . . . . . . . . . . . 97
Numerische Aufgabe . . . . . . . . . . 124

## O

Objektivität . . . . . . . . . . . . . . . . 115
Online Self Assessment . . . . . . . . . 29
Optical Character Recognition . . . 67
Optical Mark Recognition . . . . . . . 67
Organisation . . . . . . . . . . . . . . . . 105
Orientierung . . . . . . . . . . . . . . . . 29
Orientierungshilfe . . . . . . . . . . . . 32
Ort . . . . . . . . . . . . . . . . . . . . . . . 23

## P

Panne . . . . . . . . . . . . . . . . . 96, 108
Paper & Pencil-Ansatz . . . . . . . . . 67
Paralleltest . . . . . . . . . . . . . . . . . 115
Peer Assessment . . . . . . . . . . . . . 23
Peer Instruction . . . . . . . . . . . . . . 45
Peer Reviewing . . . . . . . 24, 127, 201
Performanz . . . . . . . . . . . . . . . . . 21
PIN/TAN-Verfahren . . . . . . . . . . . 166
Plagiaterkennung . . . . . . . . . . . . . 77
Planung . . . . . . . . . . . . . . . . . . . 41
Portfolio . . . . . . . . . . . . . . . . . . . 91
Prüfende . . . . . . . . . . . . . . . . . . . 23
Prüfung . . . . . . . . . . . . . . . . . . . 15
Prüfungsamt . . . . . . . . . . . . . . . . 107
Prüfungsform . . . . . . . . . . . . . . . . 19
Prüfungsitem . . . . . . . . . . . . . . . . 16
Prüfungsnetz . . . . . . . . . . . . . 66, 101
Prüfungsordnung . . . . . . . . . . . . . 156
Prüfungsort . . . . . . . . . . . . . . . . . 23
Prüfungsverwaltung . . 103, 107, 110

Prüfungsvorbereitung . . . . . . . . . . 85
Prüfungszeit . . . . . . . . . . . . . . . . . 161
Prüfungszulassung . . . . . . . . . . . 169
Praktomat . . . . . . . . . . . . . . . . . . . 55
Praxiseinsatz . . . . . . . . . . . . . . . . . 21
Praxisnähe . . . . . . . . . . . . . . . 19, 201
Praxisorientierung . . . . . . . . . . . . . 22
Praxistest . . . . . . . . . . . . . . . . . . . . 73
Problemlösekompetenz . . . . . . . . . 21
Professionalisierungsgrad . . . . . . . 20
Prognose . . . . . . . . . . . . . . . . . . . . . 35
Programmierübung . . . . . . . . . . . . . 54
Programmqualität . . . . . . . . . . . . . . 54
Progresstest . . . . . . . . . . . . . . . . . . . 75
Projektbeispiel . . . . . . . . . . . . . . . 150
Protestknopf . . . . . . . . . . . . . 98, 108
Protokollierung . . . . . . . . . . . 98, 179
Protokollierungspflicht . . . . . . . . 177
Prozess . . . . . . . . . . . . . . . . . . . . . 106

**Q**

Qualifikation . . . . . . . . . . . . . . . . . 23
Qualität . . . . . . . . . . . . . . . . . 75, 203
Qualitätssicherung . . . . 27, 114, 161
Quiz . . . . . . . . . . . . . . . . . . . . . . . . 56

**R**

Rücklaufquote . . . . . . . . . . . . . . . . 82
Rückmeldung . . . . . . . . . . . . . . . . . 50
Ranking . . . . . . . . . . . . . . . . . . . . . 37
Raumbüro . . . . . . . . . . . . . . . . . . . 106
Rechner-Pool . . . . . . . . . . . . . . . . . 65
Rechtschreibfehler . . . . . . . . . . . . 135
Rechtsfragen . . . . . . . . . . . . . . . . 155
Rechtssicherheit . . . . . . . . . . . . . . 18
Referenzgruppe . . . . . . . . . . . . . . 116
Reflexion . . . . . . . . . . . . . . . . . . . . 44
Regelkreis . . . . . . . . . . . . . . . . . . 112
Reihenfolge . . . . . . . . . . . . . . . . . 118
Reliabilität . . . . . . . . . . . . . . . . . . 115

Reproduktion . . . . . . . . . . . . . . . . 123
Retest . . . . . . . . . . . . . . . . . . . . . . 115
Risikobereitschaft . . . . . . . . . . . . . 75
Rolle . . . . . . . . . . . . . . . . . . . . . . . 145

**S**

Sachkompetenz . . . . . . . . . . . . . . . 23
Scan-Klausur . . . . . . . . . . . . . . . . . 66
Schlagwort . . . . . . . . . . . . . . . . . . 135
Schwierigkeitsgrad . . . . . . . . 23, 116
Secure Browser . . . . . . . . . . . . . . 101
Selbsteinschätzung . . . . . . . . . 19, 30
Selbstkompetenz . . . . . . . . . . . . . . 23
Selbstlernphase . . . . . . . . . . . . . . . 58
Selektion . . . . . . . . . . . . . . . . . . . 117
Self Assessment . . . . . . . . . . . . . . 23
Short-Answer-Aufgabe . . . . . . . . 123
Sicherheit . . . . . . . . . . . . . . . . . . . . 98
Simulation . . . . . . . . . . . . . . . . . . . 91
Simulator . . . . . . . . . . . . . . . . . 21, 73
Single-Choice . . . . . . . . . . . . . . . 119
Software . . . . . . . . . . . . . . . . . . . . . 92
Sozialkompetenz . . . . . . . . . . . . . . 23
Sprachfähigkeit . . . . . . . . . . . . . . . 39
Sprachverständnis . . . . . . . . . . . . . 63
Störung . . . . . . . . . . . . . . . . . . 96, 184
Steuerung . . . . . . . . . . . . . . . . . 18, 41
Student Lifecycle . . . . . . . . . . . . . 27
Studienabbrecher . . . . . . . . . . . 30, 34
Studienberatung . . . . . . . . . . . . . . 32
Studienbewerber . . . . . . . . . . . . . . 29
Studiendekanat . . . . . . . . . . . . . . 112
Studienerfolg . . . . . . . . . . . . . . . . . 35
Studienorientierung . . . . . . . . . . . 29
Studienplanung . . . . . . . . . . . . . . . 32
Studienverlauf . . . . . . . . . . . . . 63, 90
Studienwahl . . . . . . . . . . . . . . . 29, 32
Studierfähigkeitstest . . . . . . . . . . . 34
Studium . . . . . . . . . . . . . . . . . . . . . 27
Stufenform . . . . . . . . . . . . . . . . . . 107

Summativ . . . . . . . . . . . . . . . . . . . . 18
Systembruch . . . . . . . . . . . . . . . . . 99
Systemlandschaft . . . . . . . . . . . 147
Szenarioauswahl . . . . . . . . . . . . . . 90

**T**

Täuschung . . . . . . . . . . . . . . . . . 108
Taxonomie . . . . . . . . . . . . . . . . 16, 89
Teacher Assessment . . . . . . . . . . . 23
Technik . . . . . . . . . . . . . . . . . . . . . 92
Technologie . . . . . . . . . . . . . . . 15, 19
Teilnahmeliste . . . . . . . . . . . . 47, 107
Termin . . . . . . . . . . . . . . . . . . . . 106
Test-Wiseness . . . . . . . . . . . . . . . 135
Testcenter . . . . . . . . . . . . . . . . . . 65
Testwerkzeug . . . . . . . . . . . . . . . . 54
Text-Box-Aufgabe . . . . . . . . . . . 125
Textpassage . . . . . . . . . . . . . . . . . 78
Textteilmenge . . . . . . . . . . . . . . . 125
Themenfindung . . . . . . . . . . . . . . 128
Themenfreigabe . . . . . . . . . . . . . . 46
Tracking . . . . . . . . . . . . . . . . . . . 179
Transparenz . . . . . . . . . . . . . . . . 115
Trennschärfe . . . . . . . . . . . . . . . 116
True Answer Form . . . . . . . . . . . 121
True/False-Aufgabe . . . . . . . . . . 119
Typ . . . . . . . . . . . . . . . . . . . . . . . 22

**U**

Unabhängigkeit . . . . . . . . . . . . . . 115
Unterstützung . . . . . . . . . . . . 19, 148
Urheberrecht . . . . . . . . . . . . . . . 162

**V**

Validität . . . . . . . . . . . . . . . . 22, 115
Veränderung . . . . . . . . . . . . . . . . 61
Veranstaltungssteuerung . . . . . . . . 44
Veranstaltungstyp . . . . . . . . . . . . 22
Veranstaltungsvorbereitung . . . . . . 41
Verbesserungsvorschlag . . . . . . . . 82
Verlauf . . . . . . . . . . . . . . . . . 19, 108

Verlust . . . . . . . . . . . . . . . . . . . . 185
Verstetigung . . . . . . . . . . . . . . . . 146
Vervielfältigung . . . . . . . . . . . . . . 164
Verwaltungsakt . . . . . . . . . . . . . . 156
Verwertungsrecht . . . . . . . . . . . . 163
Videoüberwachung . . . . . . . . . . . 178
Videoanalyse . . . . . . . . . . . . . 63, 91
Videokonferenz . . . . . . . . . . . . . . 71
Videoprüfung . . . . . . . . . . . . . . . . 71
Virtuelles Labor . . . . . . . . . . . . . . 21
Visopoly . . . . . . . . . . . . . . . . . . . 32
Vorbereitung . . . . . . . . . . . . . 19, 107
Vorher-/Nachher-Messung . . . . . . 61
Vorkenntnisse . . . . . . . . . . . . . . . 18
Vorwissen . . . . . . . . . . . . . . . . . . 37

**W**

Werkzeugeinsatz . . . . . . . . . . . . . 73
Wiedererkennung . . . . . . . . . . . . 117
Wiederholung . . . . . . . . . . . . 50, 56
Wissen . . . . . . . . . . . . 15, 16, 20–22
Wissensprüfung . . . . . . . . . . . . . . 22

**Z**

Zeit . . . . . . . . . . . . . . . . . . . . . . . 24
Zeitmanagement . . . . . . . . . . . 18, 41
Zeitverlängerung . . . . . . . . . . . . . 185
Ziel . . . . . . . . . . . . . . . . . . . . . . . 23
Zielbereich . . . . . . . . . . . . . . . . . 124
Zieleinheit . . . . . . . . . . . . . . . . . . 47
Zielsetzung . . . . . . . . . . . . . . . . . 22
Zufallswert . . . . . . . . . . . . . . . . . 124
Zufriedenheit . . . . . . . . . . . . . 82, 204
Zulassung . . . . . . . . . . . . . . . 37, 169
Zuordnung . . . . . . . . . . . . . . 118, 175
Zutrauen . . . . . . . . . . . . . . . . . . . 59
Zuverlässigkeit . . . . . . . . . . . . . . 96
Zweck . . . . . . . . . . . . . . . . . . 23, 88
Zweiprüfer/innenprinzip . . . . . . . 192
Zwischentest . . . . . . . . . . . . . 18, 58